本丛书得到何东先生独资赞助

This series of books is financially supported exclusively by Mr. Eric Hotung.

20世纪中国文物考古发现与研究丛书

古代陶瓷

权奎山　孟原召／著

文物出版社

一　马家窑文化彩陶壶

二　东周原始青瓷鼓座

三　隋代白釉双螭柄双身瓶

四　唐代秘色瓷八棱净瓶

五　北宋景德镇窑青白釉注壶

六　金代磁州窑白地黑花瓶

七　南宋龙泉窑青釉鬲式炉

八　明永乐青花开光桃纹执壶

20 世纪中国文物考古发现与研究丛书

序 / 张文彬

俗称“锄头考古学”的田野考古学的诞生以及中国考古学学科体系的基本完善，由此而引起的古物鉴玩观赏著录向科学的文物学的转变，是20世纪中国学术与文化界的大事。它从材料与方法两个方面彻底刷新了持续了数千年之久的中国古代史学传统，不但为中国学术界和文化界开拓出更加广阔的研究天地，也为一切关心中华民族悠久历史和灿烂文明的人们不断地提供了可贵的精神滋养和力量源泉。

仰古、述古、探古，进而考古，向来为我国传统文化中一个明显的学术特点。先秦时期诸子百家发其端，汉代司马迁撰写《史记》，北魏郦道元作注《水经》。他们对相关的遗迹遗物，尽可能地做到亲自考察和调查，既能辨史又可补史。这种寻根追源的治学态度，为后世学术上的探古、考古树立了榜样。此后，山河间的访古和书斋式的究古相继开展，特别是对古器物的研究，成了唐、宋时期的文化时尚。不少学者热衷于青铜铭文、碑刻、陶文、印章等古文字的考释，进而有了对器物的辨伪鉴定、时代判断、分类命名等，逐渐兴起了一门新的学问——金石学，涌现出许多著名的古器物鉴赏家和收藏家。只是囿于当时的历史条件，金石学家们无法了解所见文物的出土地点和情况，也难以涉及史前时代漫长的演进历程，因而长期以来始终脱离不了考证文字和证经补史的窠臼。即使如此，他们的艰辛努力和取得的成绩，还是为推动我国传统文化的发展起到了积极作用，并且在事实上也为中国考古学和中国文物学的起步铺设了最早的一段道路。

20世纪初，近代考古学由西方传入。中国学者继承金石学的研究成果，学习并运用西方考古学方法，开始从事田野考古，通过历史物质文化遗存，探寻和认识古代社会，揭示人类社会发展规律。早在1926年，中国学者就自行主持山西南部汾河流域的调查和夏县西阴村史前遗址的发掘。随后，我国学者同美国研究机构合作，有计划地发掘周口店遗址，发现了北京猿人。从1928年起至1937年，连续十五次发掘安阳殷墟遗址，取得了较大收获，引起了国内外学术界的重视。自20世纪50年代以后，随着国家大规模经济建设的进行，田野考古勘探、调查和科学发掘工作在全国范围内蓬勃有序地开展，许多重要的典型遗址和墓地被揭露出来，重大发现举世瞩目。它们脉络清晰，层位分明，文化相连，不仅弥补了某些地域上的空白，而且衔接了年代上的缺环，为研究中国古代史、文化史、科学史以及其他学科领域，提供了珍贵、丰富的实物资料，极大地影响着人文社会科学诸多学科专业的研究与发展。这段时间被学术界称为中国考古学的黄金时代。在马列主义理论指导下，具有中国特色的考古学理论体系和方法论逐渐形成。有关研究成果不仅极大地改变和丰富了人们对中国文明起源、中国古史发展等重大问题的认识，同时也扩展了中国文物的研究领域和研究方式。可以说，考古学的发展与进步，直接影响到文物学的形成与发展，而且影响到全社会对文化遗产重要作用的认识以及世界学术界对中国古代文明的重新认识。

从20世纪80年代开始，文物界就中国文物学的创立，逐渐取得共识，在共同探讨的基础上，初步形成了学科体系。不少学者发表了有关论文，出版了专著，就文物的历史价值、科学价值、艺术价值以及在社会主义的物质文明与精神文明建设中如何对文物进行有效保护、合理利用发表意见。这些研究成果已获得学术界的赞同。

在这世纪之交和千年更替之际，对中国考古学和中国文物事业作一次世纪性的回顾和反思，给予科学的总结，是许多学者正在思考和研究的问题。如果能通过梳理20世纪以来重大发现和研究成果，透视学科自身成长的历程，从而展望未来发展的方向，以激励后来者继续攀登科学高峰，无疑是一件很有意义的事。为此，经过酝酿、商讨和广泛征求意见，我们约请一批学者（其中有相当多的中青年学者）就自己的专长选择一个专题，独立成篇，由文物出版社编辑出版一套《20世纪中国文物考古发现与研究丛书》，并以此作为向新世纪的献礼。

从某种意义上说，《20世纪中国文物考古发现与研究丛书》是一套学科发展史和学术研究史丛书。其内容包括对20世纪考古与文物工作概况的综合阐述；对一些重要的考古学文化和古代区域文化研究情况的叙述；对文物考古的专题研究；对重要的文物考古发现、发掘及研究的个例纪实。

此套丛书的内容面广，而且彼此关联。考虑到各选题在某些内容上难免会有重叠或复述，因此在编撰之初，我们要求各选题之间互有侧重，彼此补充，以期为读者了解20世纪中国考古学和文物学的发展提供更多的视角。

我国的文物与考古工作，虽在20世纪得到了迅速发展，但仍有许多重大学术问题需要进一步探索。我们主持编辑这套丛书，除了强调材料真实，考释有据，写作态度严谨求实外，也不回避以往在工作或研究上曾经产生的纰漏差错和不足之处，以便为今后的工作和研究提供借鉴。虽然我们尽了很大努力，但限于水平，各篇仍很难整齐划一。由于组稿和作者方面的困难和变化，一些计划之中的题目也未能成书。这些不周之处，敬请专家、学者和广大读者批评指正。

在丛书编印过程中，我们得到了文物、考古界的广泛支持。何东先生在出版经费上给予了热情帮助。在此，一并深表感谢。

2000年6月于北京

目　录

插 图 目 录

前言

“陶瓷”是陶器和瓷器的统称。所谓陶器是指人类用陶土做成所设计的形状、一般经700—800℃的温度焙烧而成的物品；瓷器则是人类用瓷土（含瓷石）做成所设计的形状、表面施钙系釉、经1200℃以上高温焙烧而成的物品。中国陶瓷手工业历史悠久，至迟在距今12000年时就出现了陶器，是世界上最早烧造和使用陶器的国家之一；瓷器则是中国的伟大发明，早在距今3600—3100年的商代就能烧造瓷器了。

陶器出现之后，经过缓慢的发展，到距今7000—6000年的仰韶文化半坡期，制陶手工业已达到了较高的水平，器物的种类急剧增加，造型更趋美观、实用，特别是彩陶，造型匀称，线条流畅，花纹图案丰富多彩，艺术效果颇佳。至距今4500—4000年的龙山文化时期，由于快轮技术的普遍应用，陶器的造型规整，胎体厚薄均匀，质量进一步提高，产量也大幅度增长，尤其是黑陶，漆黑光净，有一些胎壁则薄如蛋壳，别具一格。商周秦汉时期，尽管有原始瓷器、铜器、漆器等质料的器物，但陶器仍然是人们特别是一般民众的主要生活用器，并在汉代还流行了彩绘陶器、创制了带釉（铅釉）的陶器。汉代以后，虽然人们的日常生活用器逐渐使用了瓷器，但瓷器并没有完全取代陶制品，特别是随葬用的俑、动物模型和模型器等，主要还是陶制的。并在长期的发展进程中还有所创新，如在唐代创烧了绚丽的三彩陶器、在宋元时代创烧了紫砂器、明代创烧了珐华器等，以其独特的艺术风格赢得了世人的喜爱。陶器始终同人类的生活和生产息息相关。它在改善人们物质生活条件、提高人们精神生活水平等方面起到了积极、重要的作用。

商代的制瓷手工业尚处于初级阶段，产品还比较粗糙，故称之为“原始瓷器”。这时期的原始瓷器往往与印纹硬陶同窑合烧，制瓷手工业还没有成为一个独立的手工业部门。历经西周、春秋、战国、秦、西汉时代的缓慢、长时间的发展，到东汉晚期制瓷工艺技术水平有了显著提高，使原始瓷器摆脱了原始状态，烧造出了质量较高的瓷器，即通常所说的“成熟瓷器”。并出现了专门烧造瓷器的窑，结束了陶瓷同窑合烧的状况，制瓷手工业成为一个独立的手工业部门，从此中国的制瓷手工业进入了新纪元。成熟瓷器美观、实用，造价低于铜器、漆器，更低于金器、银器，再加上制瓷原料蕴藏丰富、易开采等优势，制瓷手工业发展较快。到三国两晋南北朝时，即进入了普及和快速发展时期，产品质量进一步提高，产量增加，在人们的日常生活用器中逐渐占据了主导地位。之后的隋唐五代时期，遂进入了全面发展时期。其在瓷器品种、器类乃至工艺技术等方面有了许多发展和创新，并逐渐形成了南方地区以烧造青瓷、北方地区以烧造白瓷为主的所谓“南青北白”的制瓷手工业的生产格局。在此基础上，宋元时进入了繁荣、兴盛时期，在全国逐渐形成了以耀州窑、定窑、磁州窑、钧窑、景德镇窑、龙泉窑、建窑为主体的七大窑（瓷）系。这时期新品种、新工艺辈出，无论是在制瓷工艺水平上，还是在瓷器的艺术效果上，都达到了前所未有的高度。明清时期尤其是明清时期景德镇的制瓷手工业跨入了一个崭新阶段。为了满足宫廷的需要，明清两代在景德镇设置御窑。御窑的产品制作工艺精细，代表了这时期瓷器的最高水平。青花瓷器兴旺，彩瓷盛行，单色釉瓷器倍增，是这时期制瓷手工业产品的突出特征。中国的制瓷手工业自商代至清代的3500余年中从未间断，并一直处于良好的发展势头，其产品在人们的生活中发挥了巨大的作用。

中国陶瓷手工业具有辉煌的历史。陶器和瓷器是科学技术与文化艺术结合的产物，充分体现了古代劳动人民的聪明和才智，是一份宝贵的文化遗产。

20世纪是陶瓷文物考古与研究事业由起步到蓬勃发展的时期。这时期尤其是在新中国建立后，文物考古工作者对古代陶瓷窑遗址做了普遍调查，并配合基本建设工程或带着学术问题进行了考古发掘，发现了一大批窑炉等遗迹和大量的陶瓷器（片）。并在考古发掘的古代遗址、城址、墓葬、窖藏、塔基地宫、水域沉船中出土或出水了数量众多的陶瓷器。与此同时，研究者们从文物、考古、科学技术、工艺美术等不同的角度对发现的陶瓷器做了广泛的研究。

本书是对20世纪陶瓷文物考古发现和研究成果的初步总结（所收资料原则上截止到2000年，少数之处引用了2000年以后的资料），力求全面、系统、客观。可是由于考古发现很多，研究范围很广，限于本书的体例、篇幅，有未提及之处，敬请谅解。有疏漏和不当之处，请读者不吝批评指正。

一 陶瓷考古发现与研究概述

中国古代陶瓷的考古发现与研究可追溯到20世纪20年代，之后尤其是新中国建立后，迅速发展，队伍也不断发展壮大，成为考古学的一个分支学科。通观近一个世纪的中国古代陶瓷的考古发现与研究，大体可以分为三个阶段：20—40年代、50—70年代、80—90年代。

（一）第一阶段（20—40年代）

古代陶瓷器（主要是瓷器）的收藏和鉴别是陶瓷考古研究的前身。据古代文献记载，对古代瓷器的收藏和鉴别，大约始于元代。元代孔齐《至正直记》记载，当时曾有人收藏北宋定窑和宋代官窑瓷器，孔齐认为其“不足为珍玩”[1]。明代初年已渐成风气，出现了收藏家。江苏松江人曹真隐“平生好古博雅，素蓄古法书、名画、古琴、旧砚、彝、鼎、尊、壶之属，置之斋阁，以为珍玩”[2]。其子曹昭在其父亲的影响下，苦心钻研，遂成一位颇有见识的古物鉴赏专家，他“取古铜器、书法、异物分其高下，辨其真赝，正其要略”，于明洪武二十一年（公元1388年）编著成《格古要论》[3]一书。此书按古物门类分十三个专论，在《古窑器》专论中共举述了五代宋元时期的瓷窑14座，以每个窑为一个题目，叙述了它们的所在地和所烧造瓷器的特点，并用简练的文字从收藏、鉴赏的角度加以评论。其中有很多值得重视的论述，基本反映了当时古瓷收藏、鉴定者的看法。此外，在古瓷收藏方面值得注意的是，明代人比较推崇宋代汝窑、官窑、哥窑、定窑、钧窑瓷器，它们后来被称为宋代五大名窑。清代、民国初年，收藏、鉴定古瓷器的态势急剧发展，先后出版了一些有关这方面的著作，如陈浏《匋雅》[4]、许之衡《饮流斋说瓷》[5]、邵蛰民撰余戟门增补的《增补古今瓷器源流考》[6]等。这个时期的著作，研究、考证的内容增多了。值得注意的是，还有了陶瓷史方面的著作，清乾隆三十九年（公元1774年）刻印的朱琰《陶说》[7]是我国第一部陶瓷史著作。此书主要是根据文献资料和作者的所见所闻写成的，较详细论述了陶瓷的源流和名物制度，其中有很多非常好的总结性见解。

通观元代至民国初年古代陶瓷的研究，大多属于收藏、鉴赏的范畴，依据的基本都是文献资料和传世瓷器，涉及的内容主要限于传世瓷器的断代、描述和文献资料的考证。

以有限的传世品和不多的文献资料进行研究，已经难于对古代陶瓷的发展演变规律、生产面貌作出科学、合理的总结。正如陈万里所说："照过去的老路——只靠点滴的文献史料进行研究，是无法取得显著成效的。"[8]需要新的资料和开辟新的研究途径。于是20世纪20—40年代陈万里等走出书斋，对古代生产瓷器的窑址进行考古调查，开拓了一条古代陶瓷研究的新路子。

20—40年代对古代瓷窑遗址进行考古调查的学者很少，陈万里、叶麟趾具有代表性。

陈万里早年从医，一生爱好颇多。自20年代起，对中国古代陶瓷研究产生了浓厚的兴趣。他从1928年起，先后调查了浙江龙泉窑、越窑、婺州窑、瓯窑遗址等，其中对龙泉窑、越窑遗址调查尤为详细，“他曾到过八次龙泉、七次绍兴”[9]。在调查中搜集了大量的瓷片标本，之后对所获资料做了整理研究，于1937年、1946年分别出版了《越器图录》[10]、《瓷器与浙江》[11]研究著作。《瓷器与浙江》是第一部以田野考古资料为基本资料、结合墓葬出土瓷器和古代文献资料进行研究的专著。他在这部专著中，对浙江青瓷的时代、秘色瓷、吴越贡瓷、哥窑等诸多问题做了较为深入、细致的探讨，发表了自己的真知灼见。此书是这阶段陶瓷考古研究的代表作，其意义正如李辉柄所言：“堪称是从传统‘书斋考古’迈向窑址考古的一座丰碑。”[12]

叶麟趾清末曾赴日本留学，专攻窑业，归国后从事陶瓷工业及教学等工作，并抽时间对北方地区的定窑遗址等瓷窑址做了考古调查，他在1934年出版的《古今中外陶瓷汇编》[13]中，发表了对定窑遗址等窑址调查资料的研究成果，提出定窑遗址在“今河北曲阳县”等重要结论，为定窑等北方地区瓷窑的考古研究作出了贡献。

在这阶段，对山东历城龙山镇城子崖新石器时代遗址[14]、甘肃临洮寺洼山史前遗址[15]、河南安阳殷墟[16]、陕西宝鸡斗鸡台古墓葬[17]、四川彭山汉代崖墓[18]等的考古发掘中，出土了一批陶器，增加了研究资料，而且在发掘报告中，作者都对陶器做了专门研究[19]。除此之外，也有研究者对陶器做了专题研究，如裴文中的《中国古代陶鬲及陶鼎之研究》[20]、黄文弼的《雅尔崖古冢中陶器之研究》[21]等。

此外，30年代初，周仁对中国古代陶瓷产生了兴趣，创办了陶瓷试验场，聘请名家高手，开展对中国传统陶瓷工艺技术的研究[22]。这是一项开创性的工作，开辟了古代陶瓷研究的新领域。

（二）第二阶段（50—70年代）

1949年10月新中国建立后，文物考古事业蓬勃发展，陶瓷考古和研究也呈现出日益兴旺的局面。在这阶段，文物考古工作者对古代瓷窑遗址做了普遍调查，并配合基本建设工程展开了考古发掘工作。同时，古代城址、墓葬、窖藏、塔基地宫、沉船等考古遗迹中陆续出土了一大批陶瓷器，极大丰富了陶瓷考古研究的资料，随之研究工作逐渐展开。

1. 瓷窑遗址考古调查

这阶段对古代瓷窑遗址逐步展开了考古调查，经过三十年的辛勤耕耘和不懈努力，在全国二十余省、市、自治区内发现了“数以千计”的古代瓷窑遗址[23]（图一）。通过考古调查，基本掌握了古代瓷窑的分布情况；初步了解了各瓷窑的产品及其主要特征。对后来瓷窑址的考古发掘和深入研究起到了积极的作用。

2. 陶瓷窑址考古发掘

这阶段发掘了一批陶瓷窑址。陶窑址尤其是先秦时期的陶窑址多是发掘居住遗址时发现的，从新石器时代至明代均有出土。1958—1960年、1977—1978年发掘陕西宝鸡北首岭新石器时代遗址时清理4座陶窑遗迹[24]，Y3保存较好，全长2.6、宽1.4米；窑室作圆形，底部直径约1米左右，四周设有一道环带形火道；火膛设在窑室的南面，口大底小，呈椭圆形坑状；火膛与火道相接处即是火口。窑内的周壁、底均先抹一层

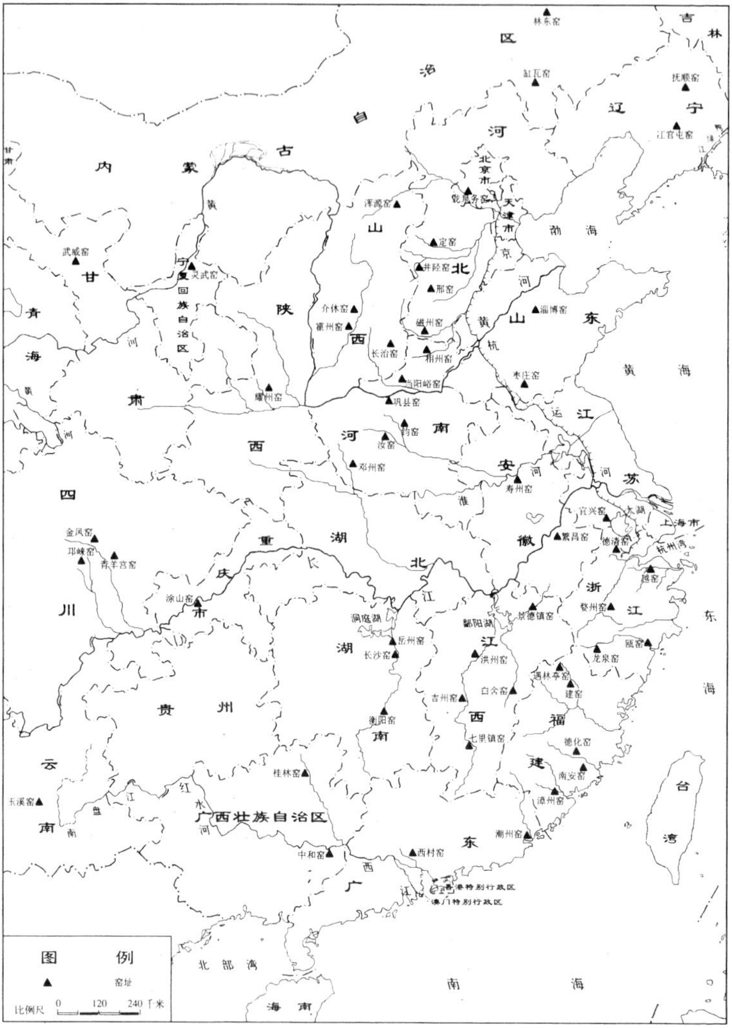

图一 中国古代主要瓷窑分布示意图

料薑石浆，再抹一层草泥土，呈红及青灰色，非常坚硬。其年代为仰韶文化时期。在江苏南京聚宝山的地面上见有明代烧造琉璃的窑炉遗迹约60余座，1959年发掘了3座[25]。窑由窑门、火膛、窑室、烟囱和窑门前的工作面组成，火膛与窑室的平面合成一个圆形，内径3米左右。火膛在窑室前，烟囱在后，发掘的2号窑床上砌有与烟囱相通的吸火孔，可知其应是全倒焰式的馒头窑。出土遗物有琉璃瓦、砖等建筑材料和建筑构件等。

瓷窑遗址的考古发掘大多是配合基本建设工程进行的，据发表的资料统计，先后对30余座瓷窑遗址做了发掘，有的发掘了二次甚至三次。陕西铜川耀州窑是北方唐至元时期的著名窑场，1959年[26]、1973年[27]二次进行发掘。1959年发掘面积1427平方米，清理馒头窑遗迹12座、地面作坊遗迹4间、窑洞式作坊遗迹1座，出土瓷器85000余件（片）和一大批窑具。此次发掘于1965年出版了考古发掘报告（《陕西铜川耀州窑》，科学出版社1965年版），这是第一部古代瓷窑遗址的考古发掘报告。1973年发掘面积113平方米，清理宋代馒头窑遗迹1座和部分作坊遗迹，出土瓷器、瓷片、窑具等近万件。这次发掘最重要的收获是在唐宋遗物中分辨出了五代时期的产品。德化窑是福建地区古代颇具特色的窑场，1976年发掘[28]，发掘面积1102.25平方米，出土龙窑遗迹3座和瓷器15000余件（片），同时还出土了一批模具等制瓷工具和匣钵、间隔具等窑具。出土资料的时代为北宋至元代。此次发掘资料1990年出版了发掘报告（《德化窑》，文物出版社1990年版）。

陶瓷窑遗址发掘工作开展比较广泛，覆盖面较大，出土了一大批资料，为开展陶瓷考古编年、分期研究提供了可靠的依据，为全面开展古陶瓷研究打下了基础。

3. 考古遗迹出土的陶瓷器

陶瓷器除了出土于陶瓷窑遗址之外，还大量发现于城址、墓葬、窖藏、塔基地宫、沉船等考古遗迹之中。

（1）城址出土的陶瓷器

陶瓷器（片）是城址考古中常见的遗物之一。无论是都城址，还是州、县城址，均有出土。1975 年发掘的唐扬州城址[29]，发掘面积 1100 平方米，出土瓷器 15585 件（片）。品种有青釉、白釉、黄釉、褐釉、黑釉、青花瓷器等，器类有盘口壶、注壶、罐、碗、钵、盘、杯、盏、盒、唾盂、枕等，同时还出土了人物、羊、狗、龟、狮、虎等玩具，均出土于唐代文化层中。窑口有江苏宜兴窑、浙江越窑、河北邢窑、湖南长沙窑、安徽寿州窑等。值得注意的是，在出土的瓷片中有一片青花瓷枕的残片，这是考古发现的最早的青花瓷器，为研究青花瓷器的起源提供了重要的资料。都城遗址出土的瓷器往往是名窑的产品，1972 年发掘的北京后英房元代大都居住址出土了一批瓷器[30]，品种有青釉、白釉、青白釉、黑釉、白地黑花、青花瓷器等，器类有罐、瓶、碗、盘、觚、观音像等，均为元代遗物，产自于浙江龙泉窑、江西景德镇窑、河南钧窑、河北磁州窑等名窑。这里出土的瓷器，基本包括了当时元大都常用的瓷器。

（2）墓葬出土的陶瓷器

陶瓷器是墓葬的主要随葬器物之一，无论是大墓还是小墓，均有出土，使用相当普遍。1974—1978 年在青海柳湾发掘了 1500 座原始社会的墓葬[31]，出土陶器 15393 件，彩陶占相当的比例。按其质地可分为泥质红陶、泥质灰陶和夹砂红陶等。器物的种类有容器和工具，容器全是平底，器型有瓮、罐、壶、瓶、钵、盆、盂等，皆为手制，采用泥条盘筑法；工具有球和纺轮等。这批陶器对研究甘青地区原始文化具有重要的学术价值。河南安阳北齐武平六年（公元575年）范粹墓出土了有明确纪年的最早的白釉瓷器[32]。该墓1971年发掘，出土陶俑、家畜家禽、模型器79件，陶器皿4件。出土瓷器14件，其中白釉瓷器10件，器型有壶、长颈瓶、三系罐、四系罐、碗、杯。这批白釉瓷器的发现，将中国烧造白釉瓷器的历史由隋代提早到了北朝晚期，为探索白釉瓷器的起源提供了重要的资料。墓葬尤其是大型墓出土的瓷器往往都是上乘之作，例如浙江临安唐钱宽、水邱氏墓。钱宽、水邱氏是夫妇俩，两墓同一封土，东西排列，相距6米。钱宽墓，1978年发掘[33]，出土瓷器22件，其中白釉瓷器19件，有精、粗之别，精制者15件，器型有执壶、碗、盘、碟、海棠杯，除1件执壶外，其余底圈足内均有草刻的“官”或“新官”字款；粗制者4件，均为碗。青釉瓷器3件，器型有壶、盆、盏。钱宽葬于唐光化三年（公元900年）。水邱氏墓，1980年发掘[34]，出土瓷器42件，白釉瓷器17件，制工精良，器型有执壶、碗、盘、海棠杯、杯、杯托，除1件执壶、1件碗外，其余11件刻“新官”、4件刻“官”字款；青釉瓷器25件，做工精细，器型有盘口壶、罐、碗、粉盒、油盒、灯碗、香炉、器盖。水邱氏约葬于唐天复元年（公元901年）。两墓出土瓷器数量较多，绝大部分都是晚唐瓷器中的精品。青釉瓷器是浙江越窑生产，白釉瓷器是北方地区所烧造。值得注意的是，“官”和“新官”字款白釉瓷器，是迄今发现的有明确纪年的最早的资料，也是数量最多的一批，是当时白釉瓷器中的佳作。

（3）窖藏出土的瓷器

瓷器窖藏在田野考古中时有发现，所出瓷器数量不等，少者6件，多者80余件。有时还伴出铁器、铜器，多是元末人所为。1964年发掘的河北保定元代窖藏[35]，出土瓷器11件，青花釉里红开光镂空盖罐2件；青花瓷器4件，有八棱梅瓶、玉壶春瓶、执壶；白釉瓷器2件，有盘、杯；蓝釉瓷器3件，有匜、杯、盘。均是江西景德镇烧造，皆是元代瓷器中的上乘之作，尤其是青花釉里红开光镂空盖罐和青花八棱梅瓶乃是稀见的珍品。这是元代青花瓷器的一次重要考古发现。1970年发掘的内蒙古呼和浩特元代窖藏[36]，出土瓷器6件，置装在二个黑釉大瓷瓮内。钧釉瓷器3件，有镂空高座双螭耳瓶、香炉，河南钧窑或钧窑系的窑烧制，在香炉的颈部有一方形凸起，其上刻“己酉年九月十五小宋自造香炉一个”的铭文，“己酉年”应为公元1309年；青釉瓷瓶3件，浙江龙泉窑烧造。这6件瓷器具有显著的元代瓷器的特征，是元代钧窑系、龙泉窑的代表作。

（4）塔基地宫出土的瓷器

这阶段发掘清理的塔基地宫内，时有瓷器出土，少者1件，多者达115件。1969年发掘的河北定县北宋静志寺真身舍利塔塔基和净众院舍利塔塔基地宫[37]具有代表性。静志寺塔，北宋太平兴国二年（公元977年）建筑，地宫出土瓷器115件，白釉瓷器所占比例最大，器型有净瓶、罐、碗、盘等十余种，有1件盘的底外侧有墨书的“太平兴国二年”题记，并有“许多瓷器”的底外侧刻划“官”字款；青釉瓷器有长颈瓶、碗、盘等；还有青黄釉瓷盒、褐釉瓷罐、黄釉鹦鹉形注壶、绿釉净瓶等。净众院塔，北宋至道元年（公元 995 年）建筑，地宫出土瓷器 55 件，白釉瓷器数量多，器型有净瓶、长颈瓶、执壶、罐、盒等，有 1 件罐的外腹部有刻划的“至道元年”题记；还有褐釉瓷瓶等。这两座塔基地宫出土的白釉瓷器、黄釉鹦鹉形注壶、绿釉净瓶均为河北定窑烧造，是定窑瓷器中的精品。在有明确纪年的考古遗迹中，出土如此数量的定窑精品，实属罕见。1963 年发掘的北京顺义辽代净光舍利塔塔基地宫[38]，出土瓷器 16 件，均为白釉瓷器，器型有净瓶、长颈瓶、人形注壶、罐、盘、盒，其中有 1 件罐底外侧刻“官”字款。该塔建于辽开泰二年（公元 1013 年），所出瓷器基本是河北定窑的产品。人形注壶呈童子诵经状，极为罕见，是一件难得之精品。

（5）沉船中发现的瓷器

这阶段发现装载瓷器的沉船很少，韩国新安海域元代沉船出水的瓷器数量多，种类丰富[39]。该沉船 1976 年发现，出水陶瓷器 20850 件[40]。浙江龙泉窑系产品数量最多，有 10652 件，器型有梅瓶、瓶、罐、执壶、碗、盘等近 20 种。江西景德镇窑产品次之，品种有白釉、青白釉、枢府釉瓷器，器型有瓶、梅瓶、罐、执壶、碗、盘、枕等。其他还有福建建窑的黑釉瓷盏、小罐，江西吉州窑的白地黑花长颈瓶等，河北磁州窑的白地黑花瓷罐、黑釉瓷罐，浙江金华一带仿烧的钧釉瓷花盆等，普通民窑烧制的酱釉、黑釉瓷罐等，均为元代中晚期的产品。船的沉没时间约在元至治三年（公元 1323 年）或此后不久。这批瓷器的发现，引起了学术界的广泛注意和长久、极大兴趣，是探讨元代制瓷手工业和瓷器外销的珍贵资料。

考古遗迹中出土的陶瓷器是产成品，绝大部分是完整器，最能体现陶瓷手工业的水平。其有明确的出土单位，很大一部分有明确纪年，是探讨陶瓷手工业编年、分期和销售市场的重要依据之一。同时，它还弥补了窑址出土资料的不足之处，是一批珍贵的资料，促进了陶瓷手工业的研究。

4. 陶瓷手工业研究

这阶段，随着陶瓷考古资料的日益增多，研究工作也逐渐展开。研究者们从考古学、科学技术、产品的销售等方面进行了讨论，取得了可喜的成果。

考古学研究的论文、专著较第一阶段明显增多，广度和深度也有所增强。安金槐对中国瓷器起源问题做了探讨[41]，认为新石器时代末期的白陶和几何印纹硬陶是原始素烧瓷，在此基础上商代早期创造出了原始青瓷器，战国汉代烧制出了青瓷器。李知宴对唐代瓷器做了分期研究[42]，将其分为三期，并总结归纳了各期的特征。刘新园对江西景德镇宋元芒口瓷器与覆烧工艺做了研究[43]，他依据在景德镇湖田窑址采集的覆烧窑具、芒口瓷器以及覆烧窑具和芒口瓷器粘连在一起的标本，对覆烧窑具的使用方法做了复原，并认为景德镇湖田等窑场采用覆烧工艺的“极盛时期是南宋到元代”，同时还讨论了覆烧窑具的优点和覆烧法对器物造型、装饰的影响等问题。值得一提的是，有的研究者以考古资料为基础，结合古代文献记载，对有关瓷窑、瓷器品种乃至中国瓷器发展史进行了研究和总结，出版了专著，主要有江西省轻工业厅陶瓷研究所编著的《景德镇陶瓷史稿》[44]、蒋玄佁著的《吉州窑》[45]、陈万里著的《中国青瓷史略》[46]、傅振伦著的《中国伟大的发明——瓷器》[47]和江西省轻工业厅景德镇陶瓷研究所编著的《中国的瓷器》[48]等。此外，冯先铭[49]、李德金[50]还专门对这阶段古代瓷窑遗址调查和发掘的收获做了总结。

科学技术方面的研究较第一阶段有明显进展，先后对陶器和一些名窑瓷器做了分析研究，分析、测试的方法和设备也有所增加、更新。周仁等对黄河流域新石器时代和商周时代制陶工艺做了研究[51]，研究结果表明，中国制陶工艺早在新石器时代的仰韶文化和龙山文化时期就已达到相当成熟的水平；仰韶文化时已出现初级形式的陶车，龙山文化时采用快轮制陶；白陶系用高岭土或瓷土制成；绳纹和篮纹在极大部分陶器上都是用带有花纹的拍板在半干的坯体上拍印出来的；龙山文化薄胎黑陶的器壁是在比较进步的陶车上制成的，它的黑色是由于在烧成晚期用烟熏法进行渗碳的结果，它的光滑和带有光泽的表面是在半干的陶坯上用鹅卵石等坚硬而光滑的东西进行打磨所致。李家治对中国瓷器出现的时间做了研究[52]，认为在商、周出现原始瓷器，在公元1—2世纪的东汉即已出现（成熟）瓷器。周仁等还对历代龙泉青瓷烧制工艺做了研究[53]，认为梅子青釉色的形成是由于烧成温度较高、还原气氛较强以及釉层较厚等一系列因素综合影响的结果。陈尧成等研究了历代青花瓷器的色料[54]，认为国产青花料都属于含氧化锰很高、含氧化铁低的钴土矿。郭演仪等研究了中国历代南北方青瓷[55]，认为南方青瓷胎含 Al_2O_3 量低、含 SiO_2 量高，而北方青瓷则相反；南北方青瓷从东汉至五代都属高钙石灰釉，含 CaO 量在15%—20%，北宋以后含 CaO 量有所降低，在15%以下，并引入了高钾成分的原料，创烧了石灰碱釉；当釉中含铁量过高或处于氧化焰烧成时，铁呈 Fe^{2+} 离子在釉中着成褐黄色。

这阶段，瓷器的外销问题引起了研究者的关注和兴趣。陈万里研究了宋末至清初的外销瓷器[56]，并还专门对明清外销瓷器做了讨论[57]，叶文程对晋江泉州古外销瓷做了探讨[58]。与此同时，研究者们对中国以外发现的中国外销瓷器进行了整理和研究，例如，日本东京国立博物馆编著的《日本出土の中国陶磁》[59]、尚菩琼的《泰国发现的中国陶瓷》[60]、菲律宾富斯的《菲律宾发掘的中国陶器》[61]、欧志培的《中国古代陶瓷在西亚》[62]、日本三杉隆敏的《中近东の中国陶磁》[63]、英国弗利尔曼的《从考古发现看外销西方的唐宋瓷器》[64]等。日本三上次男据这些发现编撰了《陶瓷之路》[65]这一名著。也有研究者对中国制瓷技术对东南亚的传播问题做了探讨[66]。此外，还有研究者以陶瓷器资料为依据，讨论了中外或东西方的文化交流，如夏鼐的《作为古代中非交通关系证据的瓷器》[67]、三上次男的《从陶瓷上看东西方的文化交流》[68]、荷兰沃尔克的《瓷器与荷兰东印度公司》[69]等。上述研究，涉及中国古代外销瓷器的品种、器类、产地（窑口）、输出路线、制瓷技术传播、文化交流等问题。

总之，这阶段陶瓷手工业研究有了较大的进展，其中科学技术方面的研究成果较为突出，解决了一些重大问题。

这阶段，古代瓷窑遗址调查、发掘初步展开，获得一批遗迹和遗物，在墓葬等考古遗迹中出土了数量众多的陶瓷器，积累了一大批科学资料。与此同时，研究工作逐步展开，解决了中国陶瓷史的一些重大问题，取得了令人瞩目的成果。

（三）第三阶段（80—90年代）

这阶段陶瓷考古进入了发展、兴盛时期，文物考古工作者继续对古代陶瓷窑遗址进行调查或复查，除了继续配合基本建设工程进行考古发掘外，还带着学术问题做了一些主动发掘，在墓葬等考古遗迹发掘中仍然大量出土陶瓷器，研究工作全面展开。

1. 瓷窑遗址考古调查

瓷窑遗址考古调查仍然是这阶段陶瓷田野考古的重要内容。除了广泛的常规的调查之外，还对一些名窑遗址做了全面、细致调查，例如，90 年代初对浙江慈溪上林湖越窑址的调查尤为详细[70]，并还做了勘测，基本搞清了上林湖窑区各窑场产品的特点、年代；1992 年对江西丰城洪州窑遗址的调查和对调查所获资料的整理[71]，基本解决了洪州窑各窑址之间的关系，确定了洪州窑遗址的范围，明确了烧造年代。此外，通过考古调查还找到了文献记载长期以来不能确定窑址的瓷窑的具体地点，例如，80 年代早中期通过对河北临城、内丘古窑址的调查[72]，解决了邢窑窑址所在地点问题，同时还证明，邢窑窑址不仅分布在内丘，而且还延伸到临城南部一带；1986 年以在河南宝丰清凉寺窑址采集的一件御用瓷器残片为线索，对清凉寺窑址进行了详细调查[73]，确认了北宋汝官窑遗址在宝丰清凉寺村。这阶段的瓷窑遗址调查，一般目的性较强，工作多较细致，解决了小面积或局部发掘难以解决的问题，较好地体现了调查工作在研究工作中的作用。

2. 陶瓷窑址考古发掘

这阶段陆续发现、发掘了一批陶瓷窑址。陶窑发掘的数量增多，发现的窑炉形制有圆形升焰窑、长条形平焰龙窑和椭圆形半倒焰式馒头窑。1997 年在山西垣曲宁家坡发掘了两座保存较完整的新石器时代庙底沟二期文化时期的陶窑[74]，并在窑前清理出活动场、小路、制坯取土坑。窑由火膛、火道、窑室、窑门组成，南北水平长3.05、垂直高3米，窑室呈圆形，是升焰窑。保存如此完整的新石器时代的陶窑，是相当少见的。1984年在浙江上虞李家山清理了6座商代烧造印纹硬陶的龙窑遗迹，并出土了一些陶片[75]，其中2号窑保存较完整，全长5.1、最宽处1.22米，倾斜度为6度。其均是平焰窑，还比较原始。这是迄今发现的最早的龙窑之一。80年代末90年代初，在西安汉长安城址清理西汉时期的半倒焰式的馒头窑遗迹27座，并出土了一批陶俑、陶器等遗物[76]。窑由窑门、火膛、窑室、烟囱和窑前的工作面组成，窑室作长方形，烟囱呈方形或圆形。

瓷窑遗址的考古发掘工作做得比较多，据报道的资料统计，先后对40余座窑址进行了发掘，其中50%以上是首次发掘。河北磁县观台磁州窑是宋元时期北方地区著名的民间窑场，1987年做了发掘[77]，发掘面积约480平方米，清理馒头窑遗迹10座，作坊遗迹7座，出土完整和可复原瓷器及其他遗物9870件，瓷片30余万片。瓷器品种繁多。出土资料表明，观台磁州窑始烧于五代末，盛于金代中后期，停烧于元末或明初。这次发掘出土资料颇成系统，地层叠压关系清楚，为磁州窑的分期研究及其瓷器的断代提供了可靠的依据。浙江慈溪寺龙口窑址，是越窑的重要窑场之一，1998、1999年对其进行了发掘[78]，发掘面积1044平方米，清理龙窑遗迹1座、作坊遗迹1处，出土瓷器5万余件（片），并获得大量窑具标本。产品均为青釉瓷器。出土资料表明，此窑址的年代为晚唐五代至南宋早期。这次发掘出土资料非常重要，尤其是南宋龙窑遗迹和相应堆积地层的发现，纠正了越窑“消亡于北宋”的传统观点，揭示了南宋越窑的真实情况，同时还证实此窑址是南宋初年为朝廷烧造明堂祭器和宫廷生活用瓷的窑场之一。

陶瓷窑址发掘的数量多，发掘面积一般较大，有不少是带着学术问题进行的主动发掘。在发掘中，注重发掘方法的探索，地层划分较为细致、科学。出土遗迹、遗物丰富，其中有许多重要发现。为全面、深入研究中国古代陶瓷手工业提供了系统、科学的资料。

3. 考古遗迹出土的陶瓷器

这阶段发掘的城址、墓葬、窖藏、塔基地宫等遗迹数量多，并对海域沉船进行了勘测、试掘，出土、出水陶瓷器数量巨大，品种丰富，器型多样。

（1）城址出土的陶瓷器

在配合市政建设工程或主动对有关城址的考古发掘中，出土了一批可复原的陶瓷器和陶瓷片。1985—1989 年发掘的北魏洛阳城址出土一批瓷器残片[79]，其中可复原的有 79 件。品种有青釉、黑釉、酱釉瓷器，器型有罐、壶、钵、碗、盘、杯、盂、盏、盏托、砚台，时代为北朝晚期。其绝大多数是北方地区的瓷窑烧造，个别的是南方地区的产品。1995 年发掘的宋扬州大城西门址出土了一大批晚唐至元代的瓷片[80]，可复原 117 件。有越窑青瓷，寿州窑黄瓷，定窑白瓷，景德镇窑青白瓷、枢府瓷，繁昌窑青白瓷，临汝窑青瓷，吉州窑黑瓷，龙泉窑青瓷，磁州窑白瓷、褐瓷，钧窑淡蓝釉瓷等，涉及的窑口多，器型有罐、碗、盘、碟、盏、盏托、盒、鸟食罐等。这批瓷器是研究宋元时期扬州的经济、文化的珍贵资料。

（2）墓葬出土的陶瓷器

墓葬出土陶瓷器数量颇多，绝大部分为完整器和可复原器。1989 年发掘的江西新干商代大墓出土完整和可复原陶瓷器 139

件[81]，有陶、硬陶、原始瓷三种。陶器83件，器型有鼎、鬲、盆、盘等10余种，质地有夹砂、泥质两种，以灰、灰黄色为主。硬陶器20件，器型有瓮、尊、罐、釜等，胎质坚硬，呈灰色。原始瓷器36件，器型有瓮、尊、罐等，以罐为大宗，胎壁较薄，质地坚硬，施青灰、青黄或褐色釉。这批陶瓷器大部分器物外表饰有花纹，有些还刻划单个的文字或符号。均为江西地区烧造。此墓年代约为商代后期早段，即相当于殷墟中期。1984年、1985年发掘的河南巩县宋太宗元德李后陵出土瓷器82件[82]。青瓷3件，为碗、盘、盒，是越窑烧造。细白瓷37件，器型为碗、盘，其中16件外底圈足内刻划“官”字款，是定窑烧造。粗白瓷14件，有壶、罐、碟，是北方民窑烧造。粗黑瓷28件，有瓶、罐、碗，是北方一般民窑烧造。墓主人元德皇太后李氏，是北宋太宗的妃子，真宗的生母，于真宗咸平三年（公元1000年）四月八日祔葬在太宗永熙陵西北。此墓随葬瓷器数量多，其中越窑青瓷和定窑白瓷均是当时瓷器中的精品，龙纹青瓷盘和白瓷“官”字款碗、盘尤为珍贵。1996年、1997年发掘的浙江临安五代吴越国康陵出土青釉瓷器44件[83]，器型有执壶、碗、盘、盏托等10余种。康陵为五代吴越国二世王钱元瓘妃马氏墓，葬于后晋天福四年（公元939年）。这批青瓷制作工艺精湛，造型端庄大方，胎质细腻致密，釉层均匀，釉面莹润，应是越窑烧造的秘色瓷。这是越窑秘色瓷的一次重要发现，其不但数量多、器类丰富，而且年代明确、使用者的身份清楚，对研究越窑秘色瓷具有重要的价值。

（3）窖藏出土的瓷器

这阶段发现的瓷器窖藏有所增多，每座窖藏中出土瓷器数量不等，多者竟达900余件。1991年发掘的四川遂宁南宋窖藏出土完整和可修复瓷器985件[84]。青釉瓷器357件，器型有瓶、尊、炉、执壶、碗、盘、杯等10余种，绝大多数是浙江龙泉窑的产品，少数是陕西耀州窑烧造的。青白釉瓷器598件，器型有梅瓶、瓶、炉、尊、碗、盘、杯等10余种，均是江西景德镇窑的产品。白釉瓷器28件，器型有碗、盘2种，是河北定窑、四川彭县窑等窑烧造。黑釉瓷盏2件，江西吉州窑产品。此窖藏的年代为南宋后期，具体时间很可能是端平三年（公元1236年）遂宁府治因兵乱废弃之时。所出瓷器绝大多数是南宋后期产品，少数可能早到南宋前期。这是一次空前的重要的陶瓷考古发现，出土瓷器数量多，质量好，品种、器类丰富，是研究长江上游地区和长江中下游地区的商业往来和地方经济史的珍贵资料。1980年发掘的江西高安元代窖藏出土瓷器239件[85]。江西景德镇窑产品67件，青花瓷器19件，器型有梅瓶、罐、觚、高足杯等；釉里红瓷器4件，器型有罐、匜、高足杯；青白釉瓷器8件，器型有执壶、碗、高足杯；卵白釉瓷器33件，器型有玉壶春瓶、碗、碟、高足杯；其他3件。浙江龙泉窑青釉瓷器168件，器型有罐、碗、盘、碟、洗、高足杯等。河南钧窑系瓷碗3件。另外还有孔雀蓝釉梅瓶1件。此窖藏的年代为元代晚期，所出瓷器一般为元代中晚期的产品，个别的可能早到元代早期。这批瓷器品种丰富，质量高，尤其青花、釉里红瓷器是罕见的珍品。

（4）塔基地宫出土的瓷器

这阶段发掘的塔基地宫中时有瓷器出土。1987年发掘的陕西扶风法门寺塔基唐代地宫出土瓷器16件[86]。青釉瓷器14件，器型有八棱净水瓶、碗、盘、碟，均是浙江越窑烧造。据同出的物品入藏时镌刻的供养藏品之物品账目，即《应从重真寺随真身供养道具及恩赐金银器物宝函等并新恩赐金银宝器衣物账》（石碑）记录，其中碗、盘、碟共13件，是“秘色瓷”，是唐懿宗（公元860—874年在位）恩赐的供奉之物。白釉瓷瓶、碗各1件，北方地区瓷窑烧造。此地宫封闭于唐懿宗咸通十五年（公元874年）。这批青釉瓷器造型端庄大方，胎细、釉润，充分展示了唐代晚期越窑制瓷工艺的高超水平，尤其是秘色瓷的发现，对研究秘色瓷提供了重要的资料。1988年发掘的北京密云辽代冶仙塔基地宫出土瓷器11件[87]。绿釉净水瓶1件，定窑产品；青釉瓷盘1件，越窑烧造，属于秘色瓷；白釉瓷器9件，器型有方形碟、碟和葫芦形坠，前两种是定窑产品。此塔为辽代修建。其出土瓷器制作工艺精良，尤其是绿釉净水瓶，乃是难得之珍品。

（5）沉船中发现的瓷器

1990年、1994年对福建连江定海沉船做了勘测和试掘[88]，所获陶瓷器不下4000件，有黑釉、青釉、青白釉、青花瓷器和陶器，时代为宋至清代。黑釉瓷器不下2000件，器型仅盏一种；青釉、青白釉瓷器以碗为大宗；青花瓷器数量不多，均为明清时期的。这些瓷器皆为连江一带或闽江流域的瓷窑烧造。另有陶罐、壶等陶器，可能是船工的用具。这批瓷器为研究宋至清代福建地区的外销瓷增添了新资料。1998年在印尼勿里洞岛（Belitung Island）附近海域发现一艘古代沉船，因推测该船是撞到一块黑色大礁石而沉没的，故将其称之为“黑石号”（Batu Hitam）[89]。从黑石号沉船打捞出水的遗物种类丰富，数量很多，计有金、银、铜器和瓷器等。瓷器的数量最多，约有67000余件，产自于湖南长沙窑、浙江越窑、广东青瓷窑和北方白瓷窑等窑场，其中长沙窑产品的数量占绝大多数。出水瓷器的品种有长沙窑的釉下彩绘瓷、青瓷，越窑青瓷，广东青瓷窑的青瓷，北方白瓷窑的白瓷、白釉绿彩瓷、青花瓷等。器型有碗、盏、盘、碟、高足杯、托杯、杯、钵、盒、盂、罐、执壶、壶等。黑石号沉船的年代约在公元9世纪前半叶的后期。黑石号沉船出水瓷器资料丰富，其对深入研究唐代制瓷手工业和瓷器的外销等有重要的学术意义。

这阶段考古遗迹中出土的陶瓷器数量巨大，内容丰富，其中有许多不见于窑址的重要发现，为陶瓷手工业的研究提供了大量的科学资料。

4. 陶瓷手工业研究

前一阶段的陶瓷考古工作已积累了一大批资料，这阶段又有大量新资料出土，为开展研究工作奠定了坚实的基础。这阶段的研究工作十分活跃，发表的论文数量多，专著频出，取得了丰硕的成果。

考古学研究的成果数量众多，涉及的范围比较广泛，讨论的也较为深入。李文杰以考古发掘出土陶器上所见的制作痕迹为依据，采用模拟实验方法，对黄河流域、长江流域等地区新石器时代至汉代的陶器制作工艺做了复原和研究[90]。任世龙对龙泉青瓷的类型与分期做了研究[91]，将龙泉青瓷划分为厚胎薄釉和薄胎厚釉两大类，后者又分为黑胎和白胎两个类型，并依据窑址发掘所获取的地层，进而将龙泉窑瓷器划分为六期。李德金对杭州乌龟山南宋官窑址出土的瓷器及烧造工艺做了较细致的分析[92]，结果表明，乌龟山南宋官窑主要产品是日用瓷器；厚胎薄釉瓷器占65%，薄胎厚釉瓷器占35%；烧制工艺不是仿效某一窑口，而是融合了南北方制瓷工艺的经验和成就；建窑年代当在公元12世纪中叶，南宋灭亡停烧。刘新园对景德镇珠山出土的明初与永乐、宣德官窑瓷器做了深入研究[93]，认为“清乾隆七年《浮梁县志》中关于明王朝于洪武二年在珠山设置官窑的记载是可靠的”，并对洪武、永乐、宣德官窑瓷器的特征及其成就做了归纳总结。刘新园还对高岭土史做了考证[94]。权奎山对南方古代名窑中心区域移动问题做了讨论[95]，认为一座名窑从创烧到停烧的全部生产期间内，烧瓷的中心区域不是固定不变的，而是在有一定规律地移动；其移动的原因，与交通运输、地理环境、原料、劳力来源、产品销售等有直接的关系。秦大树对磁州窑的装烧技术[96]、刘凤君对山东地区古代烧瓷窑炉结构和装烧技术[97]、栗建安对福建漳州明清时期的窑业技术[98]、刘兰华对中国古代陶瓷窑址的类别[99]、孙新民对越窑秘色瓷的烧造历史与分期[100]、禚振西等对法门寺出土的唐代秘色瓷器[101]、王光尧对唐代双龙柄盘口壶[102]、何翠媚对闽南地区宋元时期制瓷手工业的繁荣[103]等做了研究。值得注意的是，较多地开展了对中国陶瓷史和地方陶瓷史的研究和总结工作，出版的专著主要有中国硅酸盐学会编著的《中国陶瓷史》[104]、叶喆民著的《中国陶瓷史纲要》[105]、李知宴等著的《中国陶瓷简史》[106]、周世荣著的《湖南陶瓷》[107]、叶文程等著的《福建陶瓷》[108]、赵青云著的《河南陶瓷史》[109]、余家栋著的《江西陶瓷史》[110]等。此外，还出版了《中国陶瓷文献指南》[111]和《中国古陶瓷图典》[112]等有影响的工具书。

科学技术方面的研究非常活跃，全面展开。研究的方法和手段有了显著进步，开展了无损分析，尤其是核技术的采用，使科学技术的研究提高到了一个新水平。研究的内容拓宽，除了继续常量元素分析之外，还较多地开展了微量元素的分析。

罗宏杰等对北方出土的原始瓷器的烧造地区做了研究[113]，认为北方出土的原始瓷器应是南方烧造的。陈铁梅等用中子活化分析技术对5个商代遗址中出土的陶片和原始瓷片的胎的化学元素组成进行了测量[114]，提出江西吴城及其邻近地区可能是商代原始瓷器的生产中心。陈显求等对宋代建盏做了研究[115]，探明了兔毫生成的机理，认为液相分离这种结构是控制兔毫生成的重要机理，并指出兔毫的形成与烧成气氛和冷却制度有关。张斌等对杭州乌龟山南宋官窑瓷器着色机理进行了分析研究[116]，指出铁为主要的着色元素，烧制气氛是还原气氛，粉青釉是重还原气氛中烧成的，灰青釉是中等还原气氛中烧成的，米黄釉是在轻还原气氛中烧成的。李虎侯用中子活化分析法，对浙江越窑[117]等窑瓷器中的微量元素进行了测试。此外，刘振群从科学技术的角度对古代窑炉和烧成工艺做了研究[118]。值得注意的是，研究者们还对陶瓷科学技术成就和陶瓷科学技术发展史进行了总结和研究，出版的主要专著有李家治等著的《中国古代陶瓷科学技术成就》[119]、李国桢等著的《中国名瓷工艺基础》[120]、李家治主编的《中国科学技术史·陶瓷卷》[121]等。

由于中外学术交流活动的全面展开，外销瓷器研究的广度和深度都超过了前一阶段，成果颇丰。叶文程等对中国瓷器外销开始的年代特别是作为商品出现于国际市场的年代做了研究[122]，认为应始于公元9世纪初。李德金对公元8—14世纪中国的外销瓷[123]、张浦生等对景德镇元代青花瓷器的外销[124]做了探讨。同时中外研究者对中国以外发现的中国外销瓷器做了整理和研究，代表性的论文和专著主要有冯先铭的《元以前我国瓷器销行亚洲的考察》[125]、叶文程等的《明代我国瓷器销行东南亚的考察》[126]、苌岚的《中国唐五代时期外销日本的陶瓷》[127]、长谷部乐尔的《日本出土的元、明陶瓷》[128]、马文宽等的《中国古瓷在非洲的发现》[129]、秦大树《埃及福斯塔特遗址中出土的中国瓷器》[130]等。此外，研究者们还对中外制瓷技术交流和文化交流问题做了讨论，主要的论著有熊海堂的《东亚窑业技术发展与交流史研究》[131]、朱杰勤的《十七、十八世纪华瓷传入欧洲的经过及其相互影响》[132]、陈克伦的《略论元代青花瓷器中的伊斯兰文化因素》[133]、马文宽的《明代瓷器中伊斯兰因素的考察》[134]、朱培初的《明清陶瓷和世界文化的交流》[135]、班臣的《从经济角度看贸易瓷——十七世纪的亚洲面貌》[136]等。上述研究，涉及的面很广，分析较为细致，讨论较为深入。

这阶段陶瓷手工业的研究全面展开，出了一大批论文和不少专著，综合研究尤其是陶瓷史方面的成果较为突出。

这阶段，陶瓷考古不断有重要发现，研究工作有了长足的进展，陆续解决了中国陶瓷史上的一些问题。

70 多年来，陶瓷考古由兴起（第一阶段）到发展（第二阶段），再到逐渐成熟（第三阶段）。在此期间，逐渐积累了数量巨大的陶瓷资料，同时也从单一的文物研究转向了多角度的全方位的研究，取得了令人瞩目的成绩。

注　释

[1] [元] 孔齐《至正直记》，《粤雅堂丛书》三编第二十三集，清道光、光绪间南海伍氏刊本。

[2] [明] 曹昭《格古要论·序》，《四库全书·子部·杂家类》，台湾商务印书馆 1986 年版。

[3] [明] 曹昭《格古要论》,《四库全书·子部·杂家类》,台湾商务印书馆 1986 年版。
[4] [清] 陈浏《匋雅》,《中国陶瓷名著汇编》,中国书店 1991 年版。
[5] 许之衡《饮流斋说瓷》,《中国陶瓷名著汇编》,中国书店 1991 年版。
[6] 邵蛰民撰、余戟门增补《增补古今瓷器源流考》,《古瓷鉴定指南》,北京燕山出版社 1991 年版。
[7] [清] 朱琰《陶说》,傅振伦译注本,轻工业出版社 1984 年版。
[8] 李辉柄《陈万里陶瓷考古文集·前言》引,紫禁城出版社 1997 年版。
[9] 陈万里《瓷器与浙江》,中华书局 1946 年版。
[10] 陈万里《越器图录》,中华书局 1937 年版。
[11] 同 [9]。
[12] 李辉柄《陈万里陶瓷考古文集·前言》,紫禁城出版社 1997 年版。
[13] 叶麟趾《古今中外陶瓷汇编》,(北平) 文奎堂书店 1934 年版。
[14] 傅斯年等《城子崖》,中央研究院历史语言研究所 1934 年版。
[15] 夏鼐《临洮寺洼山发掘记》,《中国考古学报》第四册,1949 年。
[16] 李济主编《安阳发掘报告》(一至四册),中央研究院历史语言研究所 1929—1933 年版。
[17] 苏秉琦《斗鸡台沟东区墓葬》,北平研究院史学研究所 1948 年版。
[18] 南京博物院《四川彭山汉代崖墓》,文物出版社 1991 年版。
[19] 见 [14] — [18] 所列考古发掘报告。
[20] 裴文中《中国古代陶鬲及陶鼎之研究》,《现代学报》第一卷第 2、3 期合刊,第 4、5 期合刊,1947 年。
[21] 黄文弼《雅尔崖古冢中陶器之研究》,《高昌匋集》,西北科学考查团理事会 1934 年版。
[22] 周仁《陶瓷试验场工作报告》,《中国古陶瓷研究论文集》,轻工业出版社 1982 年版。
[23] 冯先铭《三十年来我国陶瓷考古的收获》,《故宫博物院院刊》1980 年第 1 期。
[24] 中国社会科学院考古研究所《宝鸡北首岭》,文物出版社 1983 年版。
[25] 南京博物院《明代南京聚宝山琉璃窑》,《文物》1960 年第 2 期。
[26] 陕西省考古研究所《陕西铜川耀州窑》,科学出版社 1965 年版。
[27] 禚振西等《耀州窑遗址调查发掘新收获——兼谈对耀州窑的几点新认识》,《考古与文物》1980 年第 3 期。

[28] 福建省博物馆《德化窑》，文物出版社 1990 年版。
[29] 南京博物院等《扬州唐城遗址 1975 年考古工作简报》，《文物》1977 年第 9 期。
[30] 中国科学院考古研究所等《北京后英房元代居住遗址》，《考古》1972 年第 6 期。
[31] 青海省文物管理处考古队等《青海柳湾》，文物出版社 1984 年版。
[32] 河南省博物馆《河南安阳北齐范粹墓发掘简报》，《文物》1972 年第 1 期。
[33] 浙江省博物馆等《浙江临安晚唐钱宽墓出土天文图及“官”字款白瓷》，《文物》1979 年第 12 期。
[34] 明堂山考古队《临安县唐水邱氏墓发掘报告》，《浙江省文物考古所学刊》，文物出版社 1981 年版。
[35] 河北省博物馆《保定市发现一批元代瓷器》，《文物》1965 年第 2 期。
[36] 李作智《呼和浩特市东郊出土的几件元代瓷器》，《文物》1977 年第 5 期。
[37] 定县博物馆《河北定县发现两座宋代塔基》，《文物》1972 年第 8 期。
[38] 北京市文物工作队《顺义县辽净光舍利塔基清理简报》，《文物》1964 年第 8 期。
[39] 李德金等《朝鲜新安海底沉船中的中国瓷器》，《考古学报》1979 年第 2 期。
[40] 韩国文化公报部文化财管理局《新安海底遗物》（综合篇），高丽书籍株式会社 1988 年版。
[41] 安金槐《对于我国瓷器起源问题的初步探讨》，《考古》1978 年第 3 期。
[42] 李知宴《唐代瓷窑概况与唐瓷的分期》，《文物》1972 年第 3 期。
[43] 刘新园《景德镇宋、元芒口瓷器与覆烧工艺初步研究》，《考古》1974 年第 6 期。
[44] 江西省轻工业厅陶瓷研究所《景德镇陶瓷史稿》，三联书店 1959 年版。
[45] 蒋玄佁《吉州窑》，文物出版社 1958 年版。
[46] 陈万里《中国青瓷史略》，上海人民出版社 1956 年版。
[47] 傅振伦《中国伟大的发明——瓷器》，三联书店 1955 年版。
[48] 江西省轻工业厅景德镇陶瓷研究所《中国的瓷器》，中国财政经济出版社 1963 年版。
[49] 同 [23]。
[50] 李德金《古代瓷窑遗址的调查和发掘》，《新中国的考古发现和研究》第六章《隋唐至明代》，文物出版社 1984 年版。

[51] 周仁等《我国黄河流域新石器时代和殷周时代制陶工艺的科学总结》，《考古学报》1964 年第 1 期。
[52] 李家治《我国瓷器出现时期的研究》，《硅酸盐学报》1978 年第 3 期。
[53] 周仁等《龙泉历代青瓷烧制工艺的科学总结》，《考古学报》1973 年第 1 期。
[54] 陈尧成等《历代青花瓷器和青花色料的研究》，《硅酸盐学报》1978 年第 4 期。
[55] 郭演仪等《中国历代南北方青瓷的研究》，《硅酸盐学报》1980 年第 3 期。
[56] 陈万里《宋末—清初中国对外贸易中的瓷器》，《文物》1963 年第 1 期。
[57] 陈万里《再谈明清两代我国瓷器的输出》，《文物》1964 年第 10 期。
[58] 叶文程《晋江泉州古外销陶瓷初探》，《厦门大学学报》（哲学社会科学版）1979 年第 1 期。
[59] 日本东京国立博物馆《日本出土の中国陶磁》，日本东京国立博物馆 1978 年版。
[60] 尚菩琼《泰国发现的中国陶瓷》，故宫博物院研究室编译《文博参考资料》1979 年第 3、4 期。
[61] （菲）富斯著，许其田译《菲律宾发掘的中国陶瓷》，《中国古外销瓷研究资料》第 1 辑，1981 年。
[62] 欧志培《中国古代陶瓷在西亚》，《文物资料丛刊》第 2 辑，文物出版社 1978 年版。
[63] （日）三杉隆敏《中近东の中国陶磁》，东京学芸书林 1972 年版。
[64] （英）弗利尔曼《从考古发现看外销西方的唐宋瓷器》，故宫博物院研究室编译《文博参考资料》1979 年第 1 期。
[65] （日）三上次男著，李锡经、高喜美译《陶瓷之路》，文物出版社 1984 年版。
[66] 朱杰勤《中国陶瓷和制瓷技术对东南亚的传播》，《世界历史》1979 年第 2 期。
[67] 夏鼐《作为古代中非交通关系证据的瓷器》，《文物》1963 年第 1 期。
[68] （日）三上次男著，贾玉芹译《从陶瓷上看东西方的文化交流》，《社会科学战线》1980 年第 1 期。
[69] T. Volker, Porcelain and the Dutch East India Company, Leiden, Holland : Rijksmuseum voor Volkenkunde, 1954.
[70] 慈溪市博物馆《上林湖越窑》，科学出版社 2002 年版。

[71] 江西省文物考古研究所等《江西丰城洪州窑遗址调查报告》，《南方文物》1995 年第 2 期。

[72] 河北临城邢瓷研制小组《唐代邢窑遗址调查报告》，《文物》1981 年第 9 期；内丘县文物保管所《河北省内丘县邢窑调查简报》，《文物》1987 年第 9 期。

[73] 汪庆正等《汝窑的发现》，上海人民美术出版社 1987 年版。

[74] 山西省考古研究所《垣曲宁家坡陶窑址发掘简报》，《文物》1998 年第 10 期。

[75] 浙江省文物考古研究所《浙江上虞县商代印纹陶窑址发掘简报》，《考古》1987 年第 11 期。

[76] 中国社会科学院考古研究所汉城工作队《汉长安城 1 号窑址发掘简报》，《考古》1991 年第 1 期；中国社会科学院考古研究所汉城工作队《汉长安城 2—8 号窑址发掘简报》，《考古》1992 年第 2 期；中国社会科学院考古研究所汉城队《汉长安城窑址发掘报告》，《考古学报》1994 年第 1 期；中国社会科学院考古研究所汉城工作队《汉长安城 23—27 号窑址发掘简报》，《考古》1994 年第 11 期。

[77] 北京大学考古学系等《观台磁州窑址》，文物出版社 1997 年版。

[78] 浙江省文物考古研究所等《寺龙口越窑址》，文物出版社 2002 年版。

[79] 中国社会科学院考古研究所洛阳汉魏城队《北魏洛阳城内出土的瓷器与釉陶器》，《考古》1991 年第 12 期。

[80] 中国社会科学院考古研究所、南京博物院、扬州市文化局扬州城考古队《扬州宋大城西门发掘报告》，《考古学报》1999 年第 4 期。

[81] 江西省文物考古研究所等《新干商代大墓》，文物出版社 1997 年版。

[82] 河南省文物研究所等《宋太宗元德李后陵发掘报告》，《华夏考古》1988 年第 3 期；河南省文物考古研究所编《北宋皇陵》第四章，中州古籍出版社 1997 年版。

[83] 杭州市文物考古所等《浙江临安五代吴越国康陵发掘简报》，《文物》2000 年第 2 期。

[84] 遂宁市博物馆等《四川遂宁金鱼村南宋窖藏》，《文物》1994 年第 4 期。

[85] 江西省高安县博物馆《江西高安县发现元青花、釉里红等瓷器窖藏》，《文物》1982 年第 4 期。

[86] 陕西省法门寺考古队《扶风法门寺塔唐代地宫发掘简报》，《文物》1988 年第 10 期。

[87] 王有泉《北京密云冶仙塔塔基清理简报》，《文物》1994 年第 2 期。

[88] 吴春明《福建连江定海沉船陶瓷的考察》，《福建文博》1996 年第 2 期。

[89] 谢明良《记黑石号（Batu Hitam）沉船中的中国陶瓷器》，《美术史研究集刊》第 13 期，台湾大学美术史研究所发行，2002 年。

[90] 李文杰《中国古代制陶工艺研究》，科学出版社 1996 年版。

[91] 任世龙《龙泉青瓷的类型与分期试论》，《中国考古学会第三次年会论文集》(1981)，文物出版社 1984 年版。

[92] 李德金《乌龟山南宋官窑出土的产品及烧制工艺》，《庆祝苏秉琦考古五十五年论文集》，文物出版社 1989 年版。

[93] 刘新园《景德镇明御厂故址出土永乐、宣德官窑瓷器之研究》，《景德镇珠山出土永乐宣德官窑瓷器展览》（图录），香港市政局 1989 年版；刘新园《景德镇珠山出土的明初与永乐官窑瓷器之研究》，《鸿禧文物》（台北）创刊号，1996 年。

[94] 刘新园等《高岭土史考——兼论瓷石、高岭土与景德镇十至十九世纪的制瓷业》，《中国陶瓷》1982 年第 7 期（增刊）。

[95] 权奎山《试论南方古代名窑中心区域移动》，《考古学集刊》第 11 集，中国大百科全书出版社 1997 年版。

[96] 秦大树《论磁州观台窑制瓷工艺、技术的发展》，《华夏考古》1996 年第 3 期。

[97] 刘凤君《山东地区古代烧瓷窑炉结构和装烧技术发展序列初探》，《考古》1997 年第 4 期。

[98] 栗建安《明清福建漳州地区的窑业技术》，《福建文博》1999 年增刊，总第 35 期。

[99] 刘兰华《中国古代陶瓷窑址的三大类别》，《跋涉集》，北京图书馆出版社 1998 年版。

[100] 孙新民《越窑秘色瓷的烧造历史与分期》，《文博》1995 年第 6 期。

[101] 禚振西等《法门寺出土唐代秘色瓷初探》，《越窑、秘色瓷》，上海古籍出版社 1996 年版。

[102] 王光尧《唐代双龙柄盘口壶研究》，《华夏考古》1999 年第 3 期。

[103] Ho Chuimei, The Ceramic Boom in Minnan during Song and Yuan Times, The Emporium of the World - Maritime Quanzhou, 1000 - 1400, Netherland: Leiden, 2001.

[104] 中国硅酸盐学会《中国陶瓷史》，文物出版社 1982 年版。

[105] 叶喆民《中国陶瓷史纲要》，轻工业出版社 1989 年版。
[106] 李知宴等《中国陶瓷简史》，外文出版社 1996 年版。
[107] 周世荣《湖南陶瓷》，紫禁城出版社 1988 年版。
[108] 叶文程等《福建陶瓷》，福建人民出版社 1993 年版。
[109] 赵青云《河南陶瓷史》，紫禁城出版社 1993 年版。
[110] 余家栋《江西陶瓷史》，河南大学出版社 1997 年版。
[111] 徐荣《中国陶瓷文献指南》，轻工业出版社 1988 年版。
[112]《中国古陶瓷图典》编辑委员会《中国古陶瓷图典》，文物出版社 1998 年版。
[113] 罗宏杰等《北方出土原始瓷烧造地区的研究》，《硅酸盐学报》1996 年第 3 期。
[114] 陈铁梅等《中子活化分析对商时期原始瓷产地的研究》，《考古》1997 年第 7 期。
[115] 陈显求等《宋代建盏的科学研究》，《中国古陶瓷研究》，科学出版社 1987 年版。
[116] 张斌等《南宋官窑着色机理的研究》，《古陶瓷科学技术 1999 年国际讨论会论文集》，上海科学技术文献出版社 1999 年版。
[117] 李虎侯等《越窑瓷中的微量元素》，《考古》1995 年第 7 期。
[118] 刘振群《中国历代陶瓷窑炉和烧成工艺考证》，《中国古陶瓷研究》，科学出版社 1987 年版。
[119] 李家治等《中国古代陶瓷科学技术成就》，上海科学技术出版社 1985 年版。
[120] 李国桢等《中国名瓷工艺基础》，上海科学技术出版社 1988 年版。
[121] 李家治主编《中国科学技术史·陶瓷卷》，科学出版社 1998 年版。
[122] 叶文程等《中国古外销陶瓷的年代》，《江西文物》1991 年第 4 期。
[123] 李德金《8—14 世纪中国古外销陶瓷》，《中国考古学论丛——中国社会科学院考古研究所建所 40 年纪念》，科学出版社 1993 年版。
[124] 张浦生等《元代景德镇青花瓷器的外销》，《中国古代陶瓷的外销》，紫禁城出版社 1988 年版。
[125] 冯先铭《元以前我国瓷器销行亚洲的考察》，《文物》1981 年第 6 期。
[126] 叶文程等《明代我国瓷器销行东南亚的考察》，《景德镇陶瓷》总第 21 期，1983 年。
[127] 苌岚《中国唐五代时期外销日本的陶瓷》，《唐研究》第四卷，北京大学出

版社 1998 年版。
[128] (日) 长谷部乐尔著，王仁波、程维民译《日本出土的元、明陶瓷》，《中国古外销陶瓷研究资料》第 3 辑，1983 年。
[129] 马文宽等《中国古瓷在非洲的发现》，紫禁城出版社 1987 年版。
[130] 秦大树《埃及福斯塔特遗址中出土的中国瓷器》，《海交史研究》1995 年第 1 期。
[131] 熊海堂《东亚窑业技术发展与交流史研究》，南京大学出版社 1995 年版。
[132] 朱杰勤《十七、十八世纪华瓷传入欧洲的经过及其相互影响》，《中国史研究》1980 年第 4 期。
[133] 陈克伦《略论元代青花瓷器中的伊斯兰文化因素》，《上海博物馆集刊》第六期，上海古籍出版社 1992 年版。
[134] 马文宽《明代瓷器中伊斯兰因素的考察》，《考古学报》1999 年第 4 期。
[135] 朱培初《明清陶瓷和世界文化的交流》，轻工业出版社 1984 年版。
[136] Bennet Bronson, Export Porcelain in Economic Perspective: The Asian Ceramic Trade in the 17th Century, Ho Chuimei ed. Ancient Ceramic Kiln Technology in Asia, Centre of Asian Studies University of Hong Kong, 1990.

其二，人类学会使用火之后，发现黏土经过火烧之后变得坚硬，这也是陶器产生的前提。

但陶器究竟是如何发明的，众说不一。陶器的出现“是由于在编制的或木制的容器上涂上黏土使之能够耐火而产生的”[4]。这一点目前还缺乏确凿证据。它可能是由于涂有黏土的篮子经过火烧，不易漏水，得到进一步启发而发明的[5]。随后，便出现了使用黏土捏制而成的陶器。根据考古发现与云南傣族[6]、佤族[7]、台湾高山族、耶美族等地的民族学调查，制陶工艺的发展经历了一个“从泥条盘筑到慢轮修整”、“从露天平地堆烧到棚内平地封泥烧制”的过程，也是从手制向轮制、从无窑到有窑过渡的阶段，是我们探讨早期制陶工艺发展的宝贵资料[8]。

陶器的出现时间在世界各地是不同的。据目前所知，世界上最早的陶器都出现在东亚地区，其中“日本、俄罗斯西伯利亚远东、中国华北北部和中国南方南岭两侧是集中出土早期陶器的四个地域”[9]。日本最早的陶器是青森县大平山元Ⅰ、上野遗址出土的无纹陶器，陶器表面的校正年代为距今16520—14920年，这种无纹陶即是素面陶，制作工艺原始；俄罗斯远东地区最早出现的陶器也是无纹陶器和条纹陶器，条纹陶稍晚，距今约13000年[10]。而西亚最早的陶器出现在今伊朗、土耳其的新石器时代遗址，据^{14}C测年，距今约9000年左右[11]。而欧洲希腊半岛马其顿新石器早期遗址，距今约8000—7000年，出土了丰富的陶器，并有一些彩陶等[12]。

中国的陶器可以追溯到距今10000年以前，过去认为其出现于距今9000—8000年前的河南新郑裴李岗遗址和河北武安磁山遗址，此时的陶器已经比较成熟。新的发现和研究、测年表明，中国最早的陶器首先在南方地区出现，江西万年仙人洞及其附近的吊桶环遗址最新的发掘和测年表明，样本年代在距今15000年以前[13]。广西桂林甑皮岩遗址出土的早期陶片年代距今约10000—9000年左右[14]。而华北地区的河北阳原于家沟、徐水南庄头和北京东胡林等遗址，也出了距今约11000年或距今约10000年的早期陶片[15]。由此，我们可以看出，中国陶器的出现时间可以上溯到距今15000—10000年。

中国的陶器发明以后，经历了一个漫长摸索、逐步发展的过程，至新石器时代中期开始迅猛发展，已相当成熟，成为人们基本的日常生活用器，贯穿了新石器时代的始终。

（二）新石器时代早期

华北北部和南方南岭两侧是中国新石器时代早期陶器出土比较集中的两个区域，且这一时期陶器都比较原始，制作工艺比较简单，数量也有限，尚处于陶器的初创阶段。

1. 北方地区

目前中国北方地区新石器时代早期遗址发现较少，出土早期陶器的遗址均位于华北北部，主要有河北阳原于家沟、徐水南庄头和北京东胡林等，年代距今约11000年或距今约10000年。

于家沟层位最早的一片陶片为平底罐底残片，夹砂褐色胎，外拍印粗松的绳纹，层位偏晚的还有数片夹砂黑陶片，胎质粗，外拍印粗绳纹[16]。南庄头出土陶片50多片，均夹砂粒，有的还杂有石英、云母或蚌壳粉末等，陶色不纯，以灰陶居多，还有少量黄褐陶，烧成温度普遍偏低，胎质多较松软，腹部拍粗松绳纹，器型为直口有颈鼓腹平底罐，颈部贴一圈泥条，还可能有钵类器[17]。东胡林出土了一定数量的陶片，多为夹砂黑陶片，胎质粗，口沿唇部还压印有较细的绳纹，器型不详[18]。

2. 南方地区

南方地区是中国早期陶器发现较为集中的区域，主要是位于岭南两侧的洞穴遗址或贝丘遗址。

湖南道县玉蟾岩遗址，1993 年、1995 年的发掘中，发现了数片很小的碎陶片和两堆可复原为 2 件陶器的陶片[19]，同出的残留炭的 AMS 测年为距今 14810 ± 230 年[20]。陶器制作粗糙，壁厚薄不匀，内侧多凸凹不平，烧成温度偏低。陶色不纯，胎质疏松，多含有石英砂粒。外壁多拍印有绳纹，粗细不匀。器型可辨的有釜。

江西万年仙人洞遗址，1962 年、1964 年两次发掘，出土了早期陶片 400 片，并有 1 件可以复原的器物[21]；1993 年、1995 年、1999 年，中美联合考古队对仙人洞遗址再次进行了发掘，并对附近的吊桶环遗址做了发掘，共出土了早期陶片 200 余片，对采集木炭标本的 AMS 测年显示，距今约 15000—12000 年以前甚至更早[22]。陶片为夹砂陶，大多疏松，含有大量石英颗粒等，少数则较为细腻。陶色不一，有褐、红褐和灰褐色等，多数陶片还有灰色或灰黑色夹心。烧成温度不高，且不均匀，低的约 600℃，很有可能是露天堆烧的，多数标本在 740℃—840℃ 之间[23]。采用泥条成形法或泥片成形法，可分为条纹陶、绳纹陶、编织纹陶和素面陶等几类[24]。

广西桂林甑皮岩遗址，20 世纪 70 年代三次发掘了 560 余片陶片[25]；2001 年再次发掘，第一期出土可复原陶器 1 件，年代距今约 12000—11000 年，第二期出土陶片 34 片，距今约 11000—10000 年[26]。陶器多夹粗细不等的石英颗粒，制作粗糙，厚薄不匀，有褐色、灰褐色、灰白色陶。器表多有纹饰，以绳纹为主，划纹、席纹、篮纹较少。可辨器型有罐、釜、钵等（图二）。

20 世纪 70 年代，广西南宁豹子头遗址也出有少量夹砂红褐或灰褐色陶，陶质松软，多拍绳纹，为圜底器[27]。1980 年广西柳州大龙潭鲤鱼嘴遗址下层也出了 8 片陶片[28]，多为红色夹砂陶，火候较低，拍粗、细绳纹；2003 年发掘出土陶片的年代测年为距今 9000 年[29]。1985 年广西桂林岩庙洞穴遗址也出土了少量早期陶片[30]，夹石英颗粒，灰褐色，壁厚，素面无纹。

由此可见，南方地区的早期陶器较之北方地区，发现较多，时代也较早，并且经历了一个缓慢发展的过程。

总体而言，新石器时代早期的陶器胎质较为疏松，大部分为夹砂陶，杂有石英颗粒或贝壳等。均为手制而成，多以泥条圈筑或泥片成形法，胎壁厚薄不均匀，内壁多凸凹不平。烧成温度不高，有的胎中间夹心。陶色不一，有灰褐、红褐或黄褐色等。外壁多拍饰粗、细绳纹，篮纹、编织纹较少。其中，仙人洞遗址出土的各类陶器中，有颈的鼓腹罐（釜）出现最晚，“它的器形和制法已经与新石器时代中期彭头山文化的同类器很接近了”[31]。这一阶段，并未发现窑的痕迹，从陶器来看，应该是无窑堆柴露天烧造而成。

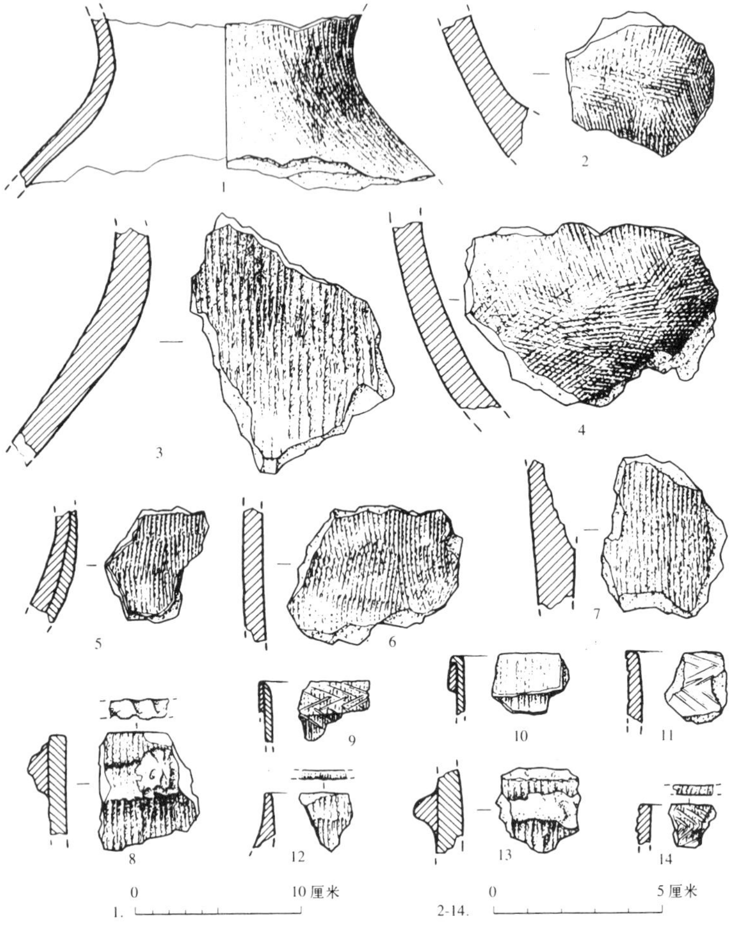

图二　中国南方地区新石器时代早期陶器

1－5. 敞口罐　6－14. 未定名器（广西桂林甑皮岩遗址出土，引自中国社会科学院考古研究所等《桂林甑皮岩》，文物出版社2003年版）

（三）新石器时代中期

新石器时代中期，陶器得到很快发展，质量得到提高，人们已普遍使用。同时，各区域在不同的阶段，逐渐形成自己的特色，陶器类别和器型丰富多样，这也构成了考古学文化的重要内容之一。

1. 黄河流域

黄河流域新石器时代中期的文化主要有裴李岗文化、磁山文化、老官台文化、北辛文化等。

裴李岗文化因河南省新郑裴李岗遗址而得名[32]，其分布大体上以太行山南侧和秦岭东侧的黄河与淮河冲积平原的西部较为密集。密县莪沟北岗与马良沟[33]、长葛石固[34]、舞阳贾湖[35]、郏县水泉[36]、巩义瓦窑嘴[37]、汝州中山寨[38]、新郑沙窝李[39]等，也是裴李岗文化重要的遗址。裴李岗文化陶器分为夹砂和泥质两大类，胎质较为细腻，壁较薄，且比较均匀，多为红色或红褐色。陶器素面为主，少数压印有连续折线纹或篦点纹。器型以小口双耳壶、三足钵、筒形深腹罐和圜底钵等为主，制作以泥条盘筑和泥片贴塑法为主。其年代约在公元前6100—前5000年之间[40]。

磁山文化以河北省武安磁山遗址而得名[41]，武安洺河流域[42]和河北省中部的易县涞水一带[43]的少数遗址也有类似遗存。磁山文化陶器以夹砂陶居多，泥质陶较少，大多呈褐色或灰褐色，而裴李岗文化中见的红色、红褐色陶则很少。器物素面为主，常见绳纹，篦纹和压印的编织纹较少，附加堆纹和锥刺纹最少。器型有直筒形盂、筒腹罐、靴形陶支脚、杯等，还有小口细颈鼓腹双耳壶、三足钵和钵等与裴李岗文化相似的器型。其^{14}C测定的年代约在公元前6100—前5600年之间。

老官台文化首先发现于陕西华县老官台遗址[44]，分布地域较广，关中和汉水上游地区最为集中。主要遗址有宝鸡北首岭下层[45]、临潼白家村早晚两期[46]、秦安大地湾一期[47]、天水西山坪早期和师赵村一期[48]、西乡李家村[49]等。老官台文化陶器的成形方法有泥条盘筑、泥片贴塑、直接捏塑法等，分为夹砂陶和泥质陶两种，不同遗址所占比例不同。夹砂陶有红褐、灰褐色，泥质陶多呈红或红褐色，还有一定数量的白陶、灰白陶及少数黑陶等。器表多有花纹装饰，最多见的是拍印绳纹，一般是通体拍印，还有少量的刻划纹、锥刺纹、附加堆纹等。此外，白家村、大地湾一期还有相当多的彩陶，多以红彩在钵、碗类腹上部口沿处涂绘一周宽带纹，有的则在陶器内壁上绘直线、弧形、点、圈及水波纹等几何形纹样。器类多见圜底器和带有乳突形足的三足器，圈足器也不少，但平底器不多，主要有浅腹圜底钵或碗、三足钵或碗、筒形深腹三足罐、圈足碗或钵等。其^{14}C测年在公元前6000—前5000年之间[50]。

北辛文化是黄河下游地区的新石器时代中期文化，它是以山东省滕州北辛遗址的发掘得名[51]。类似文化的遗址还有泰安大汶口遗址下文化层[52]、兖州王因遗址的下文化层[53]等，而淄博临淄后李官庄遗址等则有略早于北辛文化的遗存[54]，也称为后李文化。北辛文化陶器分泥质、夹砂两种。素面居多，早期装饰流行长细泥条堆纹，后期锥刺纹和刻划纹流行，并出现了红衣陶和单彩陶。彩陶花纹一般是口沿涂绘一圈红或黑色宽带纹。器物多三足器和平底器，圜底器趋少，主要有鼎、釜、盆、钵，还有双耳壶、三足钵、陶支脚等。其年代大体在公元前5500—前4200年之间。

2. 长江流域

长江中游地区主要有城背溪文化[55]、皂市下层文化[56]、彭头山文化[57]等。陶器胎质较松，多夹砂或夹炭，呈红褐、灰褐色等。成形以泥片贴塑、泥条盘筑为主，器壁不匀，多装饰粗、细绳纹、线纹等。少数施红、黄或白色陶衣。器物流行圜底器和圈足器，平底器较少，主要有圜底釜、圜底罐、圈足盘、钵、陶支脚等。彭头山文化年代略早，在公元前6500—前5500年之间，城背溪文化、皂市下层文化均在公元前5500年左右。

长江下游地区为河姆渡文化，主要有河姆渡遗址[58]和罗家角下层遗存[59]。陶器多夹炭，壁较厚，以黑陶、灰褐陶为主。器表多拍印绳纹或刻划几何纹。器物多为圜底、平底器，不见圈足、三足器，主要有圜底釜、罐、钵、盆等，还有不少陶纺轮。其年代在公元前5200—前4200年之间。罗家角下层遗存器物素面居多，并有少量矮圈足盘、矮三足钵等。

3. 东北地区

东北地区新石器时代中期文化主要有辽河流域的兴隆洼文化[60]、新乐下层遗存[61]、小珠山下层遗存[62]等。这些文化的陶器群有一个共同特征，那就是以筒形罐为主体。兴隆洼文化陶器夹砂粒，胎质疏松，壁较厚，呈灰褐、黄褐或红褐色，烧成温度大多不高，多以泥条盘筑法制成。器型以深腹、平底的筒形罐为主，还有少量的碗、钵、杯等。多压印竖压横排的线式“之”字纹或横“人”字纹，线条粗细较均匀，排列比较密集，辅以弦纹、短线纹等。其年代在公元前6200—前5400年之间。新乐下层遗存陶器器类除筒形罐之外，还有少量斜口

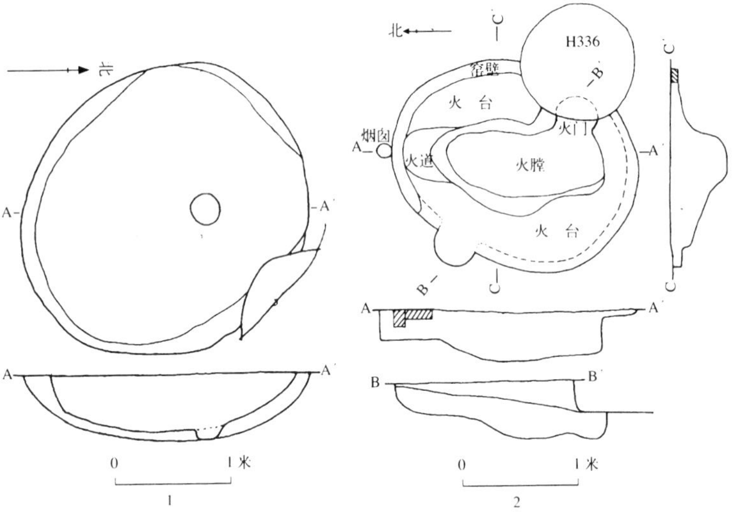

图三 裴李岗文化陶窑遗迹平、剖面图

（河南舞阳贾湖遗址出土；引自河南省文物考古研究所《舞阳贾湖》，科学出版社1999年版）

器、钵、碗等，纹饰多见竖压横排的“之”字纹、弦纹和篦点纹等。小珠山下层遗存陶器常见压印的“之”字纹、席纹、几何形纹等，器型以筒形罐为主，还见有动物类陶塑等。其年代稍晚于兴隆洼文化。

由此，新石器时代中期各文化陶器，基本上都是手制，成形方法有泥条盘筑、泥片贴塑、直接捏塑法等。有夹砂陶、泥质陶之分，胎质较好，有红、褐、灰、黑等色。器物装饰以拍印、压印、刻划等为主，纹饰内容多见几何形纹、绳纹、弦纹、席纹等，有些区域还出现了少量的彩陶。这一时期出现了窑室与火膛在一起的陶窑（图三），仍比较原始，但烧成温度有了提高。

（四）新石器时代晚期

新石器时代晚期文化更为发达，制陶工艺继续发展，陶器风格多样，类别丰富。

1. 黄河流域

这一时期黄河流域的文化主要有仰韶文化、马家窑文化和大汶口文化。

仰韶文化分布地域很广，大体分为渭河流域、伊洛河流域和豫北冀南三个区域，比较典型的有陕西西安半坡[63]、临潼姜寨[64]、宝鸡北首岭[65]、河南陕县庙底沟[66]、洛阳王湾[67]、郑州大河村[68]等遗址。早期的半坡类型陶器以泥质红陶和夹砂红陶居多，皆为手制，器型主要有杯形口尖底瓶、深腹小平底瓮、鼓腹弦纹罐、平底盆、钵等。流行绳纹和锥刺纹。彩陶主要是黑彩的几何形纹样和鸟、鱼、人面纹等。稍晚的庙底沟类型陶器以泥质红陶居多，器型有环形口尖底瓶、小口平底瓶、夹砂罐、圜底釜、灶、曲腹盆、曲腹钵等。彩陶发达，以黑彩勾绘圆点、弧三角、涡纹和网纹等，组成复合纹样，也有少量红彩。晚期的庙底沟二期类型陶器以夹砂粗灰陶和泥质灰陶为主，多拍印横篮纹，还有绳纹、附加堆纹，彩陶已很少见。器型有小口尖底瓶、釜、灶、夹砂罐、盆形鼎等。仰韶文化各类型各阶段的陶器亦有较大区别（图四）。值得注意的是姜寨、半坡、北首岭等遗址内还发现有烧造陶器的窑炉遗迹，相对比较集中。其年代约公元前5000—前3000年。

马家窑文化主要分布于西北甘青地区[69]，一般可分为前后相继的马家窑、半山、马厂三期，而马厂后期已经进入了铜

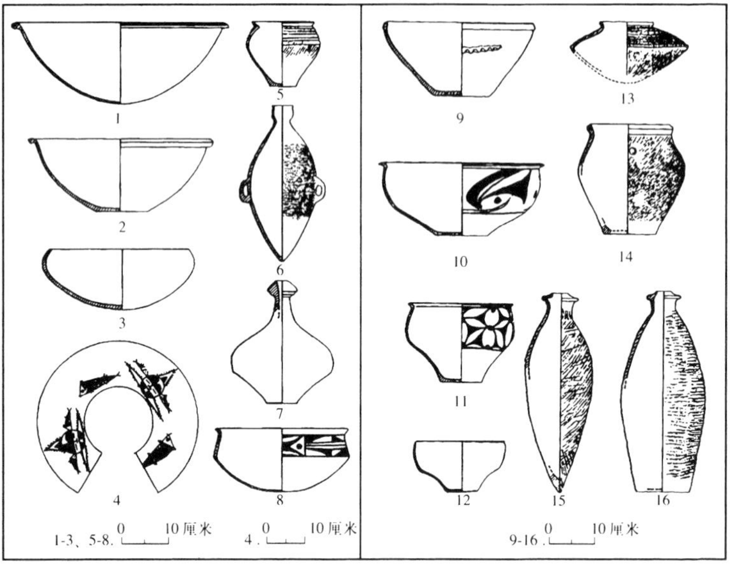

图四　仰韶文化陶器

1、2、8－11. 盆　3. 钵　4. 盆展开图　5、14. 罐　6、15. 尖底瓶　7. 壶　12. 碗　13. 釜　16. 平底瓶　1－8. 半坡类型（陕西西安半坡遗址出土）　9－16. 庙底沟类型（河南陕县庙底沟遗址出土）（均引自中国社会科学院考古研究所《新中国的考古发现和研究》，文物出版社 1984 年版）

石并用时代。马家窑期陶器以红、橙黄色为主，烧成温度较高，夹砂陶多饰有绳纹和附加堆纹。泥质彩陶十分发达，多为黑彩的弧线、弧边三角、圆点等组成的几何形纹样，变形鸟纹和写实蛙纹也较为常见。器型有盆、钵、碗、瓶、束腰带耳罐、彩陶瓮等。年代范围在公元前 3200—前 2600 年之间。半山期陶器以彩陶为主，花纹多见黑、红相间的锯齿纹、漩涡纹和圆圈纹等[70]，器型有小口细颈壶、细颈瓶、钵、双耳彩陶罐、单耳罐、长颈壶等。夹砂陶均为罐，多饰附加堆纹。年代大约为公元前2600—前2300年。马厂期陶器红陶居多，多施红陶衣，夹砂陶多素面。彩陶多为黑彩涂绘几何形纹样或变体蛙纹，线条变得潦草简单。器型有彩陶壶、长颈壶、双耳彩陶罐、单耳罐、瓮等。陶窑多为成群分布的竖穴窑，作坊规模较大，出现了陶器的专门化生产[71]。年代约在公元前2300—前2000年之间。

大汶口文化主要分布于山东全境、苏皖北部地区，遗址主要有泰安大汶口[72]、兖州王因[73]、邹县野店[74]、枣庄建新[75]等。陶器分夹砂、泥质两类，多素面。早期以红陶、红褐陶为主，仅有少量灰褐陶和黑皮陶，也有少量彩陶，多为几何形纹样和花瓣纹。成形方法为泥条盘筑、泥片贴塑，有的用慢轮修整器口。中期灰陶数量增加，出现少量黑陶，仍手制成形，但器型较为规整。装饰以镂空编织纹为多，彩陶多见红、白、黑等彩共施，纹样增多。晚期以黑陶为主，灰陶其次，红陶最少，同时出现少量白陶。制作以轮制成形为主，出现了快轮制陶。装饰多见弦纹、镂空，还有少量篮纹。彩陶极少见。陶器群始终流行三足器、圈足器，平底器也不少，圜底器则极少。器型主要有鼎、鬶、三足钵、觚形杯、圈足豆、高柄杯、背壶等（图五）。陶器烧成温度较高，窑炉从不封口到封口，使得窑内气氛发生变化，从而在早、中、晚出现了红、灰、黑陶比例的变化。其年代约在公元前4200—前2500年之间。

2. 长江流域

长江中游地区以前后相继的大溪文化、屈家岭文化、石家河文化为代表。大溪文化遗址有重庆巫山大溪[76]、湖南安乡划城岗[77]、汤家岗[78]等，陶器有夹炭、夹砂红陶、泥质红陶和灰陶等。装饰较少，主要有戳印纹。彩陶在鄂西、川东地区

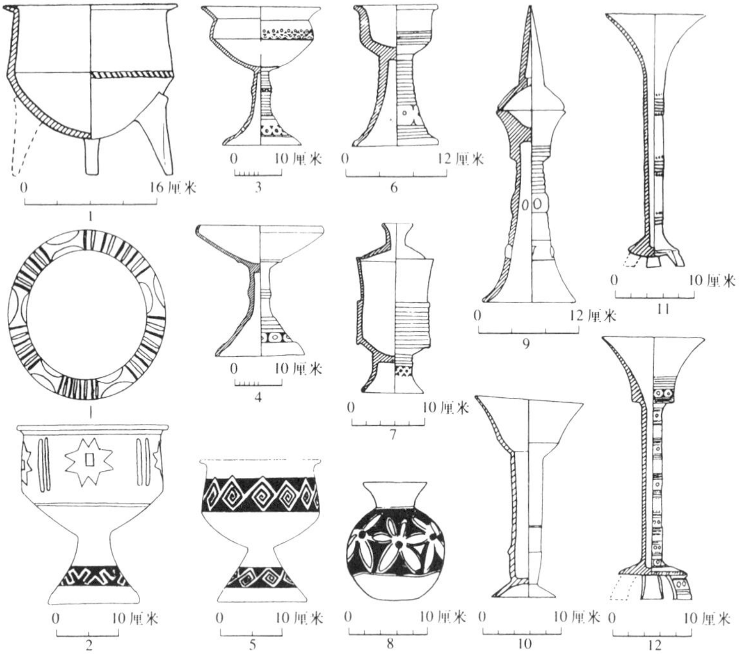

图五　大汶口文化陶器

1. 鼎　2－5. 豆　6、9. 高柄杯　7. 圈足杯　8. 壶　10－12. 觚形器（山东泰安大汶口遗址出土；引自山东省文物考古研究所《大汶口续集》，科学出版社 1997 年版）

较多，纹样多见绞索纹、横“人”字纹，以及直线、斜线构成的块状图案。器型主要有圈足盘和碗、豆、曲腹杯等。年代约为公元前4200—前3000年。屈家岭文化遗址有湖北京山屈家岭[79]、天门邓家湾[80]、湖南安乡划城岗等，陶器分手制、轮制两种，泥质陶居多，夹砂陶较少，以灰陶为主，其次为黑陶。器表大多素面，纹饰多为弦纹、镂空、篮纹。彩陶比较多，先施红或白色陶衣，然后用黑或赭色彩绘圆点、弧三角、网格纹、宽带纹，并盛行彩陶纺轮，多几何形纹样。圈足器、三足器发达，平底器较少。器型有鼎、圈足盘、双腹豆、双腹碗、壶形器、高领罐、薄胎杯、高圈足杯等。年代约在公元前3000—前2500年之间。

石家河文化是长江中游地区继屈家岭文化之后的一种文化，代表遗址有天门石家河遗址群[81]（谭家岭、邓家湾、罗家柏岭等）、郧县青龙泉[82]、当阳季家湖[83]等。陶器多为轮制，也有手制。以灰陶、灰褐陶为主，次为红陶，还有少量黑皮陶。多素面，装饰以篮纹为主，也有方格纹、弦纹、镂空等，绳纹少见。圈足器、三足器较多，还有凹底器和少量平底器，器型主要有高领罐、宽扁足鼎、豆、钵、厚胎斜腹凹底红陶杯、折腹圈足杯、尊、彩陶纺轮等。其中邓家湾遗址出土了数量众多的陶塑小动物等工艺品，有猪、狗、羊、龟、虎、象、鸟、鸡、鸭、鹅等，还有少量的人物小塑像，形态多样（图六）。年代大致在公元前2500—前2200年之间。其后受到中原龙山时代文化的影响，在湖北均县乱石滩[84]、郧县大寺[85]、天门肖家屋脊[86]、当阳季家湖、河南淅川下王岗[87]等遗址中均有体现，有研究者称之为“乱石滩文化”[88]，已经步入铜石并用时代。

长江下游地区以马家浜—崧泽文化、良渚文化为代表。马家浜—崧泽文化遗址主要有浙江嘉兴马家浜[89]、桐乡罗家角、江苏吴县草鞋山[90]、上海崧泽[91]等。马家浜陶器为手制，以夹砂和泥质红陶为主，器表施红陶衣，素面居多。陶器以圈足器、圜底器居多，还有三足器和少量平底器，器型主要有腰檐圜底釜、鼎、盆、钵、豆、罐等。崧泽晚于马家浜，陶器多采用了慢轮修整技术，以夹砂红褐陶、泥质灰陶为主，出现少量泥质黑皮陶。器型多见鼎、折腹盘、豆、罐、折腹壶、杯等。

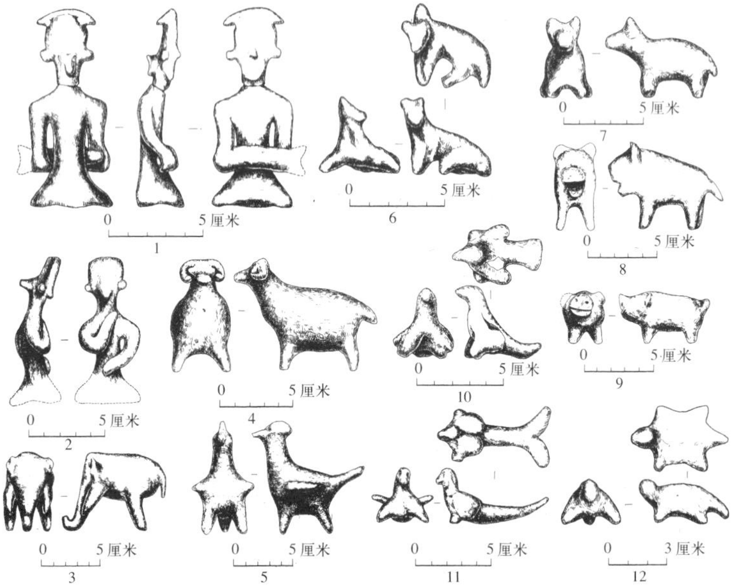

图六 石家河文化陶塑

1、2. 人偶 3. 大象 4. 羊 5. 雄鸡 6、7. 狗 8、9. 猪 10、11. 鸟 12. 鳖（湖北天门石家河邓家湾遗址出土，引自湖北省文物考古研究所等《邓家湾》，文物出版社 2003 年版）

年代约为公元前 4300—前 3900 年和公元前 3900—前 3300 年。

良渚文化是长江下游地区新石器时代晚期比较发达的一个文化，主要有浙江余杭良渚[92]、反山[93]、瑶山[94]、江苏吴县草鞋山、上海马桥[95]、青浦福泉山[96]等。良渚文化陶器制作精细，以轮制为主，多为夹砂灰褐陶、泥质灰胎黑皮陶。器表多素面，装饰以弦纹、竹节纹、镂空、针刻纹为多，线条很细，纹样复杂。以圈足器和三足器为多，流行贯耳、盲鼻、宽把等附件。器型有宽足鼎、细长颈袋足鬶、双鼻壶、鼓腹圈足壶、竹节状圈足豆、圈足盘、带流杯等。年代约为公元前3300—前2500年。

3. 辽河流域

辽河流域以红山文化为代表，主要有内蒙古赤峰红山遗址等[97]。陶器分为夹砂灰褐陶和泥质红陶两类。前者大多是筒形罐，还有少量斜口器，装饰以横压竖排的“之”字纹最多，往往还配以附加堆纹、弦纹、刻划纹等。后者器型有盆、钵、瓮等，器表刻划直线、斜线纹、锥刺纹等，还有一些彩陶，绘黑或红色几何形纹样。此外，喀左东山嘴遗址还有一些陶塑裸体人像残件和彩陶筒形器残块[98]，牛河梁遗址也有裸体女塑像残件出土[99]，这些可能是带有宗教意义的祭祀用品。其年代一般约在公元前4000—前3000年之间。

综上，新石器时代晚期各文化陶器发展迅速，制作方法有手制、轮制，手制成形方法有泥条盘筑、泥片贴塑、直接捏塑法等，轮制包括慢轮修整和快轮制陶技术。陶器分夹砂、泥质，胎质精细，壁变薄，有红、褐、灰、黑、白等色。器物装饰技法以拍印、压印、刻划等为主，纹饰内容多见绳纹、弦纹、锥刺纹、镂空等。彩陶比较发达，特别是仰韶文化等，纹饰多样，多以黑彩、红彩绘几何形纹、仿生植物纹、动物纹等。这一时期的陶窑有横穴窑和竖穴窑，出现了窑箅等，多为升焰式，一般封口烧造，保证和提高了烧成温度。窑炉多成群分布，出现了陶器的专门化生产与烧造。

（五）铜石并用时代

铜石并用时代又被称为“龙山时代”[100]或新石器时代末

期，其文化主要有山东地区的龙山文化，中原地区的王湾三期、陶寺等中原龙山文化，关中地区的客省庄文化。此外，还有黄河上游地区的马厂晚期遗存、长江中游地区的乱石滩文化遗存等。

1. 山东地区

这一时期山东地区的文化为龙山文化，它是由大汶口文化发展而来的，以章丘龙山镇城子崖[101]、两城镇为代表[102]。陶器以轮制为主，器壁厚薄均匀，器型规整，胎质细腻，色纯净，以黑陶、灰陶数量为多，还有一定数量的白陶、橙黄陶。器物多素面，表面磨光，多三足器、圈足器和平底器，器型丰富，主要有鼎、袋足鬶、豆、蛋壳陶杯、单把杯、盆、盘、罐、瓮等，多带有嘴、流、耳、鼻、把等附件。蛋壳陶制作极为精巧，器表光滑细腻，壁薄而均匀，是龙山文化陶器的典型代表。年代在公元前2500—前2000年之间。

2. 中原地区

铜石并用时代的中原地区文化主要有王湾三期[103]、后岗二期[104]、辉县孟庄[105]、新密古城寨[106]、驻马店杨庄、造律台[107]、陶寺[108]、三里桥二期[109]等遗存，遗址遍布黄河中游地区。陶器制作有轮制、模制和手制，各地区所占比例不同。多为灰陶，也有少量褐陶、黑陶或白陶、红陶等，分泥质和夹砂两类。器物装饰以拍印的篮纹、方格纹、绳纹为主。胎壁厚薄均匀，一般略厚，器型主要有斝、罐、盆、高领瓮、甑、鼎、豆等，有的还多见单把杯、袋足甗、双鋬鬲、单把鬲、双腹盆等，各地区类别也有所不同。其年代一般在公元前2500年或公元前2400—前2000年之间。

3. 关中地区

这一时期的关中地区文化主要为客省庄文化。客省庄文化因首先发现于陕西长安客省庄遗址而得名[110]，其后，在临潼康家[111]、姜寨[112]、武功赵家来[113]、岐山双庵[114]、宝鸡石嘴头[115]、商县紫荆[116]等遗址均发现有此类遗存。陶器有手制、轮制，以夹砂灰陶为主。器类有鬲、单耳鬲、斝、豆、罐、单耳罐、双耳罐、三耳罐、折肩罐、碗、盆等，装饰多见拍印较粗的绳纹。其年代约为公元前2500—前2000年之间。

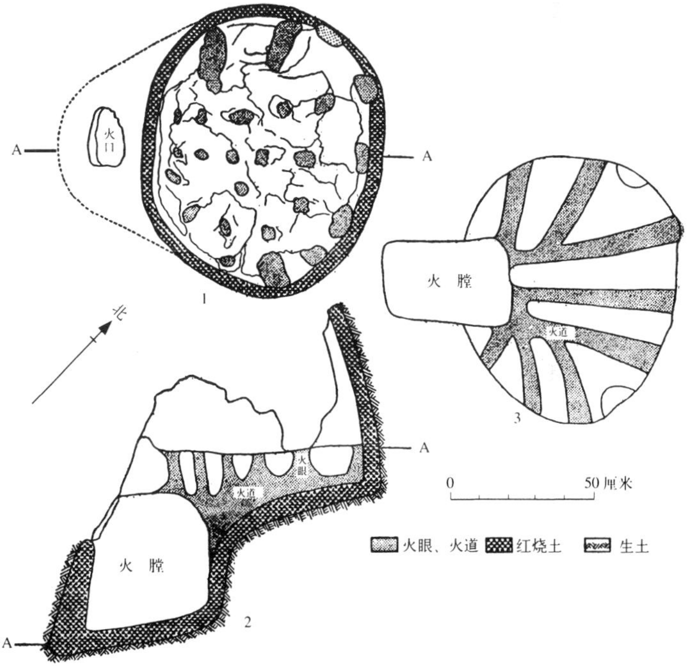

图七　龙山文化陶窑遗迹平、剖面图

1. 窑箅平面图　2. 窑内结构剖面图　3. 火道平面图（河南陕县庙底沟遗址出土，Y1；引自中国科学院考古研究所《庙底沟与三里桥》，科学出版社1959年版）

综上所述，铜石并用时代的陶器成形方法有轮制、模制、手制等多种形式，分泥质陶和夹砂陶，主要有灰陶、灰褐陶、黑陶、红陶、白陶等。装饰多见绳纹、篮纹、方格纹等，彩陶数量减少。器类丰富，制作较为复杂。以龙山文化的磨光黑陶，尤其是蛋壳陶制作最为精细。陶窑一般为半地穴式的竖穴窑或横穴窑（图七），烧成温度、气氛相对比较稳定。

注　释

[1] 李家治主编《中国科学技术史·陶瓷卷》，科学出版社1998年版。

[2] 张江凯、魏俊《新石器时代考古》，文物出版社2004年版。

[3] 中国硅酸盐学会《中国陶瓷史》第一章第一节，文物出版社1982年版。

[4] 恩格斯在《家庭、私有制和国家的起源》中说："可以证明，在许多地方，也许是在一切地方，陶器的制造都是由于在编制的或木制的容器上涂上黏土使之能够耐火而产生的。在这样做时，人们不久便发现，成型的黏土不要内部的容器，同样可以使用。"《马克思恩格斯选集》第四卷，人民出版社1995年版。

[5] 刘敦愿《恩格斯陶器起源说新证》，《文史哲》1987年第5期。

[6] 傣族制陶工艺联合考察小组《记云南景洪傣族慢轮制陶工艺》，《考古》1977年第4期。

[7] 李仰松《云南省佤族制陶概况》，《考古通讯》1958年第2期。

[8] 同[3]。

[9] 张弛《中国南方的早期陶器》，《古代文明》第5卷，文物出版社2006年版。

[10]（日）堤隆著，岳晓桦译，赵辉校《日本列岛晚冰期人类对环境的适应和陶器的起源》，《稻作　陶器和都市的起源》，文物出版社2000年版。

[11] 陈进海《世界陶瓷艺术史》，黑龙江美术出版社1995年版。

[12] Emmanuel Cooper, Ten Thousand Years of Pottery (A History of World Pottery), 4th ed., London: British Museum Press, 2000.

[13] 张弛《江西万年早期陶器和稻属植硅石遗存》，《稻作　陶器和都市的起源》，文物出版社2000年版。

[14] 中国社会科学院考古研究所等《桂林甑皮岩》，文物出版社 2003 年版。

[15] 同 [9]。

[16] 同 [9]。

[17] 保定地区文物管理所等《河北徐水县南庄头遗址试掘简报》，《考古》1992 年第 11 期。

[18] 国家文物局主编《2005 中国重要考古发现》，文物出版社 2006 年版。

[19] 袁家荣《湖南道县玉蟾岩 1 万年以前的稻谷和陶器》，《稻作　陶器和都市的起源》，文物出版社 2000 年版。

[20] Yuan Sixun, et al, Applications of AMS Radiocarbon Dating in Chinese Archaeological Studies, AIPCP392, pp. 803 - 806, AIP Press, New York, 1997.

[21] 江西省文物管理委员会《江西万年大源仙人洞洞穴遗址试掘》，《考古学报》1963 年第 1 期；江西省博物馆《江西万年大源仙人洞洞穴遗址第二次发掘报告》，《文物》1976 年第 12 期。

[22] 同 [13]。

[23] 吴瑞等《江西万年仙人洞遗址出土陶片的科学技术研究》，郭景坤主编《古陶瓷科学技术 5——国际讨论会论文集（ISAC'02）》，上海科学技术文献出版社 2003 年版。

[24] 同 [9]。

[25] 广西壮族自治区文物工作队等《广西桂林甑皮岩洞穴遗址的试掘》，《考古》1976 年第 3 期；胡大鹏等《广西桂林甑皮岩遗址历次发掘出土的陶器》，《中石器文化及有关问题研讨会论文集》，广东人民出版社 1999 年版。

[26] 同 [14]。

[27] 广西壮族自治区文物工作队《广西南宁地区新石器时代贝丘遗址》，《考古》1975 年第 5 期。

[28] 柳州市博物馆等《柳州市大龙潭鲤鱼嘴新石器时代贝丘遗址》，《考古》1983 年第 9 期。

[29] 傅宪国等《柳州鲤鱼嘴遗址再度发掘》，《中国文物报》2004 年 8 月 4 日。

[30] 湛世龙《桂林岩庙洞穴遗址的发掘与研究》，《中石器文化及有关问题研讨会论文集》，广东人民出版社 1999 年版。

[31] 同 [9]。

[32] 开封地区文管会《裴李岗遗址 1978 年发掘简报》，《考古》1979 年第 3 期；中国社会科学院考古研究所河南一队《1979 年裴李岗遗址发掘报告》，《考古学报》1984 年第 1 期。

[33] 开封地区文管会等《河南密县马良沟遗址调查和试掘》,《考古》1981年第3期。

[34] 河南省文物研究所《长葛石固遗址发掘报告》,《华夏考古》1987年第1期。

[35] 河南省文物研究所《舞阳贾湖》,科学出版社1999年版。

[36] 中国社会科学院考古研究所河南一队《河南郏县水泉裴李岗文化遗址》,《考古学报》1995年第1期。

[37] 郑州市文物工作队等《河南巩义市瓦窑嘴新石器时代遗址的发掘》,《考古》1999年第11期。

[38] 中国社会科学院考古研究所河南一队《河南汝州中山寨遗址》,《考古学报》1991年第1期。

[39] 中国社会科学院考古研究所河南一队《河南新郑沙窝李新石器时代遗址》,《考古》1983年第12期。

[40] 同[2]。以下各文化的绝对年代范围,如未注明,均出自原报告或此书。

[41] 河北省文物管理处等《河北武安磁山遗址》,《考古学报》1981年第3期。

[42] 河北省文物管理处等《河北武安洺河流域几处遗址的试掘》,《考古》1984年第1期。

[43] 拒马河考古队《河北易县涞水古遗址试掘报告》,《考古学报》1988年第4期。

[44] 北京大学历史系考古教研室《华县、渭南古代遗址调查与试掘》,《考古学报》1980年第3期。

[45] 中国社会科学院考古研究所《宝鸡北首岭》,文物出版社1983年版。

[46] 中国社会科学院考古研究所《临潼白家村》,巴蜀书社1994年版。

[47] 甘肃省文物考古研究所《秦安大地湾》,文物出版社2006年版。

[48] 中国社会科学院考古研究所《师赵村与西山坪》,中国大百科全书出版社1999年版。

[49] 陕西省社会科学院考古研究所汉水队《陕西西乡李家村新石器时代遗址一九六一年发掘简报》,《考古》1962年第6期。

[50] 中国社会科学院考古研究所《中国考古学中碳十四年代数据集(1965—1991)》,文物出版社1991年版。

[51] 中国社会科学院考古研究所山东队等《山东滕县北辛遗址发掘报告》,《考古学报》1984年第2期。

[52] 山东省文物考古研究所《大汶口续集》,科学出版社1997年版。

［53］中国社会科学院考古研究所《山东王因》，科学出版社 2000 年版。

［54］济青公路文物考古队《山东临淄后李遗址第一、二次发掘简报》，《考古》1992 年第 11 期；济青公路文物考古队《山东临淄后李遗址第三、四次发掘简报》，《考古》1994 年第 2 期。

［55］湖北省文物考古研究所《宜都城背溪》，文物出版社 2001 年版。

［56］湖南省博物馆《湖南石门县皂市下层新石器遗存》，《考古》1986 年第1 期。

［57］湖南省文物考古研究所等《湖南澧县彭头山新石器时代早期遗址发掘简报》，《文物》1990 年第 8 期。

［58］浙江省文物考古研究所《河姆渡》，文物出版社 2003 年版。

［59］罗家角考古队《桐乡县罗家角遗址发掘报告》，《浙江省文物考古所学刊》，文物出版社 1981 年版。

［60］中国社会科学院考古研究所内蒙古工作队《内蒙古敖汉旗兴隆洼遗址发掘简报》，《考古》1985 年第 10 期；中国社会科学院考古研究所内蒙古工作队《内蒙古敖汉旗兴隆洼聚落遗址 1992 年发掘简报》，《考古》1997 年第 1 期。

［61］沈阳市文物管理办公室等《沈阳新乐遗址第二次发掘报告》，《考古学报》1985 年第 2 期。

［62］辽宁省博物馆等《长海县广鹿岛大长山岛贝丘遗址》，《考古学报》1981 年第 1 期。

［63］中国科学考古研究所等《西安半坡》，文物出版社 1963 年版。

［64］西安半坡博物馆等《姜寨》，文物出版社 1988 年版。

［65］同［45］。

［66］中国科学院考古研究所《庙底沟与三里桥》，科学出版社 1959 年版。

［67］北京大学考古文博学院《洛阳王湾考古发掘报告》，北京大学出版社 2002 年版。

［68］郑州市文物考古研究所《郑州大河村》，科学出版社 2001 年版。

［69］谢端琚《甘青地区史前考古》，文物出版社 2002 年版。

［70］李水城《半山与马厂彩陶研究》，北京大学出版社 1998 年版。

［71］甘肃省文物管理委员会《兰州新石器时代的文化遗存》，《考古学报》1957 年第 1 期；甘肃省博物馆《甘肃古文化遗存》，《考古学报》1960 年第 2 期。

［72］山东省文物管理处等《大汶口》，文物出版社 1974 年版。

［73］同［53］。

［74］山东省博物馆等《邹县野店》，文物出版社 1985 年版。

[75] 山东省文物考古研究所《枣庄建新》，科学出版社1996年版。
[76] 长江流域文物保护委员会文物考古队《四川巫山大溪新石器时代遗址发掘纪略》，《文物》1961年第11期。
[77] 湖南省博物馆《安乡划城岗新石器时代遗址》，《考古学报》1983年第4期。
[78] 湖南省博物馆《湖南安乡汤家岗新石器时代遗址》，《考古》1982年第4期。
[79] 中国科学院考古研究所《京山屈家岭》，文物出版社1965年版。
[80] 湖北省文物考古研究所等《邓家湾》，文物出版社2003年版。
[81] 石家河考古队《石家河遗址群调查报告》，《南方民族考古》第五辑，四川科学技术出版社1993年版。
[82] 长办文物考古队直属工作队《一九五八至一九六一年湖北郧县和均县发掘简报》，《考古》1961年第10期。
[83] 杨权喜《当阳季家湖考古试掘的主要收获》，《江汉考古》1980年第2期。
[84] 中国社会科学院考古研究所长江队《湖北均县乱石滩遗址发掘报告》，《考古》1986年第7期。
[85] 中国社会科学院考古研究所《青龙泉与大寺》，科学出版社1991年版。
[86] 石家河考古队《肖家屋脊》，文物出版社1999年版。
[87] 河南省文物研究所等《淅川下王岗》，文物出版社1989年版。
[88] 樊力《乱石滩文化初论》，《江汉考古》1998年第4期。
[89] 浙江省文物管理委员会《浙江嘉兴马家浜新石器时代遗址的发掘》，《考古》1961年第7期。
[90] 南京博物院《江苏吴县草鞋山遗址》，《文物资料丛刊》第3辑，文物出版社1980年版。
[91] 上海市文物保管委员会《崧泽》，文物出版社1987年版。
[92] 浙江省文物考古研究所《良渚遗址群》，文物出版社2005年版。
[93] 浙江省文物考古研究所《反山》，文物出版社2005年版。
[94] 浙江省文物考古研究所《瑶山》，文物出版社2003年版。
[95] 上海市文物管理委员会《马桥》，上海书画出版社2002年版。
[96] 上海市文物管理委员会《福泉山》，文物出版社2000年版。
[97] 郭大顺《红山文化》，文物出版社2005年版。
[98] 郭大顺等《辽宁喀左东山嘴红山文化建筑遗址发掘简报》，《文物》1984年第11期。

[99] 辽宁省文物考古研究所《牛河梁红山文化遗址与玉器精粹》，文物出版社1997年版。
[100] 严文明《龙山文化和龙山时代》，《文物》1981年第6期。
[101] 傅斯年等《城子崖》，中央研究院历史语言研究所1934年版。
[102] 张学海《龙山文化》，文物出版社2006年版。
[103] 同［67］。
[104] 中国社会科学院考古研究所安阳工作队《1979年安阳后岗遗址发掘报告》，《考古学报》1985年第1期。
[105] 河南省文物考古研究所《辉县孟庄》，中州古籍出版社2003年版。
[106] 蔡全法等《河南新密市古城寨龙山文化城址发掘简报》，《华夏考古》2002年第2期。
[107] 李伯谦《论造律台类型》，《文物》1983年第4期。
[108] 中国社会科学院考古研究所山西工作队等《山西襄汾县陶寺遗址发掘简报》，《考古》1980年第1期；《1978—1980年山西襄汾陶寺墓地发掘简报》，《考古》1983年第1期。
[109] 同［66］。
[110] 中国科学院考古研究所《沣西发掘报告》，文物出版社1963年版。
[111] 陕西省考古研究所康家考古队《陕西临潼康家遗址发掘简报》，《考古与文物》1988年第5、6期；陕西省考古研究所康家考古队《陕西省临潼县康家遗址1987年发掘简报》，《考古与文物》1992年第4期。
[112] 同［64］。
[113] 中国社会科学研考古研究所《武功发掘报告——浒西庄与赵家来遗址》，文物出版社1983年版。
[114] 西安半坡博物馆《陕西岐山双庵新石器时代遗址》，《考古学集刊》第3集，中国社会科学出版社1983年版。
[115] 西北大学历史系考古专业82级实习队《宝鸡石嘴头东区发掘报告》，《考古学报》1987年第2期。
[116] 西安半坡博物馆等《陕西商县紫荆遗址发掘简报》，《考古与文物》1981年第3期；王世和等《1982年商县紫荆新石器时代遗址的发掘》，《文博》1987年第3期。

别丰富，主要有炊器、饮食器、盛储器等。制法以轮制为主，还有模制、手制等方法。罐、瓮、盆、钵等圆形器物多是轮制而成，鬲、鬶、甗等采用模制与轮制修整相结合的方法，而一些器物附件如足、耳、鋬等，则是成形之后粘接而成的。一些器物还沿用了新石器时代传统的泥条盘筑法制作。

除了传统的日常生活用陶器之外，这一时期还出现了特殊的陶质制品，主要有建筑用陶，包括陶水管、板瓦、筒瓦、瓦当等；陶质生产工具，包括陶拍、印模、坩埚，更为突出的是各类陶范和陶模，是制造青铜器十分重要的工具；还有丰富多样的陶塑制品，主要为动物类陶塑，生动逼真。

1. 二里头文化

一般认为二里头文化是夏文化[1]，主要分布于河南中西部地区的郑州、洛阳和山西西南部的运城、临汾地区。遗址主要有河南省的郑州洛达庙[2]、东干沟[3]、偃师二里头[4]、灰嘴[5]、登封王城岗[6]、驻马店杨庄[7]，山西省的夏县东下冯[8]、垣曲商城[9]等。根据^{14}C常规测年和AMS测定数据[10]，其年代范围约在公元前19世纪中叶至公元前16世纪中叶。

二里头文化陶器以夹砂灰陶为主，其次为泥质灰陶，还有部分黑陶、白陶，以及少量红陶、褐陶。灰陶比例逐渐增大，色由深重变浅淡，色调多样，砂粒由大变小，制作越来越精细。泥质黑陶、白陶逐渐减少。夹砂陶器多有纹饰，以篮纹、绳纹、方格纹为主，特别是粗、细绳纹比例越来越高，种类多样，密布器表。泥质陶多是磨光，纹饰有篮纹、弦纹等。器型丰富多样，主要有深腹罐、圆腹罐、鼎、甑、壶、觚、鬶、爵、豆、圈足盘、折沿盆、卷沿盆、小口尊、大口尊、缸、鬲、盉、簋等，前后流行种类不甚相同，前段流行折沿、平底器，少见三足器，后期流行翻沿或卷沿圜底器，常见三足器。

二里头文化陶器一般以快轮成形，三足器的足则模制而成，瓮、缸等大型器物多为泥条盘筑制成，耳、鋬、流等附件用手捏制而成，器物口沿多经过慢轮修整。装饰手法主要有拍印、刻划、磨光、压印、堆塑等，以绳纹、篮纹、方格纹多见，也有少数动植物纹、几何形纹等。其制陶工艺水平，以精巧的酒具为代表，主要有鬶、盉、觚、爵等，胎体轻薄，造型优美，做工精细。

二里头遗址发现有较多的陶水管，直径可达30—40厘米，长达50厘米以上，为泥质灰陶，筒形，外壁施绳纹。

二里头文化陶窑在二里头、东下冯、洛达庙等遗址中均有发现，平面大多呈圆形，直径一般在1.2—1.9米之间，由窑室、窑箅、窑柱、火膛组成，有的火膛前还有操作坑。窑室一般隆起呈馒头状，以窑柱支撑，火膛居于其下，窑箅位于二者之间，火眼多且比较均匀，为竖穴窑。经火烧，周壁已被烧成坚硬的青灰色或灰色。这种设置窑箅和火眼的窑炉，可以使由火膛进入窑室的火焰比较均匀，从而提高了陶器的烧成质量。

2. 商代

商文化集中分布于中原地区，其遗址主要有河南郑州商城[11]、偃师商城[12]、河北藁城台西[13]、山西夏县东下冯[14]、垣曲商城[15]、湖北黄陂盘龙城[16]，郑州白家庄[17]、安阳洹北商城[18]，安阳殷墟[19]等。

商代陶器数量很多，其中普通陶器以泥质灰陶为主，还有夹砂灰陶和少量的红陶。胎料淘洗较细，胎质较硬，烧成温度一般在850℃—950℃[20]。陶器的制法有轮制、模制、手制等，有的是几种方法综合使用制成。装饰技法有印、刻、划、贴塑等，内容丰富多样，以滚印的绳纹为主，还有拍印的方格纹、篮纹等，模印的饕餮纹、方格纹、云雷纹和夔纹则是源自青铜器纹饰图案；还有一些附加堆纹、镂空、弦纹等。器类多样，有炊器、饮食器、盛储器等，包括鬲、甗、甑、簋、豆、觚、爵、尊、壶、卣、罐、盆、瓮等（图八）。此外，商代也有各种具有特殊用途的陶器，如用于建筑陶水管，用于铸铜的陶缸、陶模、陶范，作为生产工具的陶拍、陶垫、制陶印模、网坠、纺轮，还有用于乐器的陶埙，各种陶塑人物、动物等。

商代的陶窑和制陶作坊遗址发现比较多，如郑州铭功路发现有专门的制陶作坊[21]，有陶窑14座，位于遗址的东部和南部，同时还发现有房基、墓葬、灰坑、白灰地面等遗迹，出土了大量的日用陶器、未经火烧的陶坯、烧坏的陶器废品及各种制陶工具。偃师商城的北部发现有陶窑15座，分布集中，皆为竖穴窑，平面呈圆形，直径一般为1—1.5米。垣曲商城的城东南部发现有陶窑6座。这时陶器生产已经出现专门化，如河北邢台贾村遗址发现的4座商代陶窑，窑址附近只有鬲及其残片，可以断定这是一处专门生产陶鬲的作坊[22]。商代陶窑均为圆形或近圆形，由火门、火膛、窑箅、窑室、窑前的操作坑几部分组成。窑以草拌泥抹墙垒筑而成，直径1—1.2米，窑室上部略呈半圆形。火膛略低于地面，下挖而成。窑箅之下、火膛中间一般设有窑柱，以起支撑作用。这一时期窑炉主要是竖穴窑，火焰为升焰式，形制比较固定。此外，河北邢台东先贤殷墟一期遗址已经出现了半倒焰式的横穴窑[23]，窑室

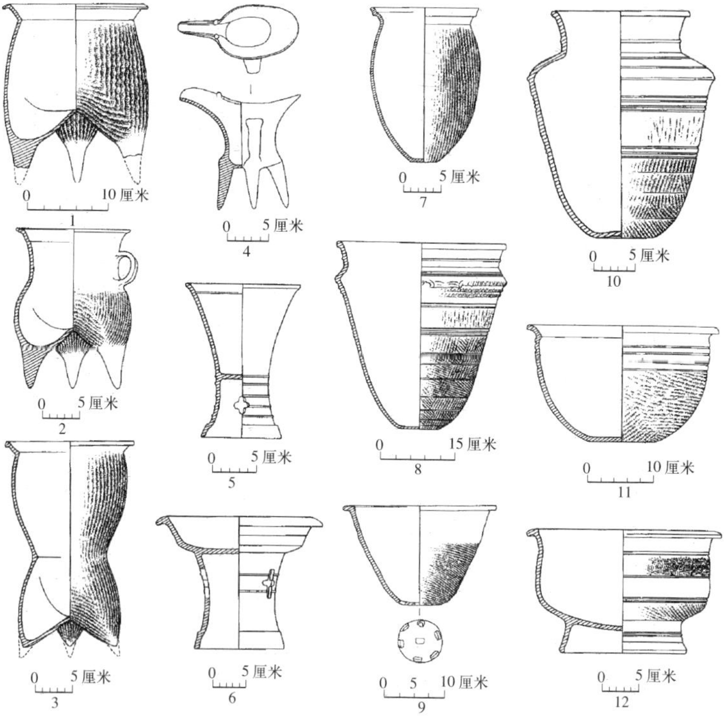

图八　商代早期陶器

1、2. 鬲　3. 甗　4. 爵　5. 觚　6. 豆　7. 罐　8. 大口尊　9. 甑　10. 尊　11. 盆　12. 簋（河南郑州商城二里冈下层出土，引自河南省文物考古研究所《郑州商城》，文物出版社2001年版）

位于火膛之后，窑室后侧向上设有斜向排烟道，这就使得火焰在窑室内先向上再向下从排烟道排出，延长了火焰在窑炉内的时间，提高了烧成温度，这是窑炉技术发展史上的一个重大进步。

3. 西周时期

西周时期文化面貌复杂，20世纪30年代以来，发掘清理了许多重要的城址、墓葬，如丰镐遗址[24]、周原遗址[25]以及南方地区土墩墓[26]等，出土了大量的陶器。

西周陶器仍是基本生活用器，各个地域，尤其是南方和中原地区，差异比较明显。普通陶器以灰陶为主，有泥质、夹砂之分，还有少量褐陶、红陶、黑陶等。装饰技法有拍印、模印、刻划等，内容以绳纹为主，还有几何形纹、弦纹等，也有不少仿青铜器纹饰的云雷纹、重环纹等。器类丰富，有炊器、饮食器、盛储器等，包括鬲、甗、甑、鼎、簋、豆、壶、罐、盆、瓮等（图九）。西周时期的建筑用陶增多，除了陶水管外，还出现了板瓦、筒瓦、瓦当和砖等。铸铜用陶模、陶范制作十分精细，陶拍、陶垫、网坠、纺轮也比较多见。陶器制作方法有手制、模制、轮制等，普遍采用了慢轮修整技术[27]。

西周的陶窑多发现于都城内，往往是几座、十几座连成一个颇具规模的窑群，遗址有丰镐遗址的张家坡[28]、客省庄[29]、洛水村[30]、白家庄[31]、马王村[32]等。西周时期烧造普通陶器的陶窑均为圆形或椭圆形，直径1.6—2米左右，由火膛、窑室、烟囱等组成，窑室多为穹隆顶，呈馒头形。其不同在于：一是火膛位于窑室之下，中间有窑箅相隔，箅上有圆形火眼若干，这与商代陶窑基本相同，属于竖穴式升焰窑；另一则是无窑箅，火膛在窑室一旁，在窑室底部挖出火道，直通烟囱，即位于窑室后部底端的排烟道，为半倒焰式横穴窑，如天马—曲村西周早期陶窑[33]、洛阳王湾遗址两周之际陶窑[34]（图一〇）等。此外，陕西岐山赵家台发现了一座保存完好的陶窑[35]，顶部为半圆形，壁较直，窑顶一边有一出烟孔，出土的既有日用陶器残片，又有砖残片，说明有的陶窑是既烧日用陶器也烧建筑用陶。

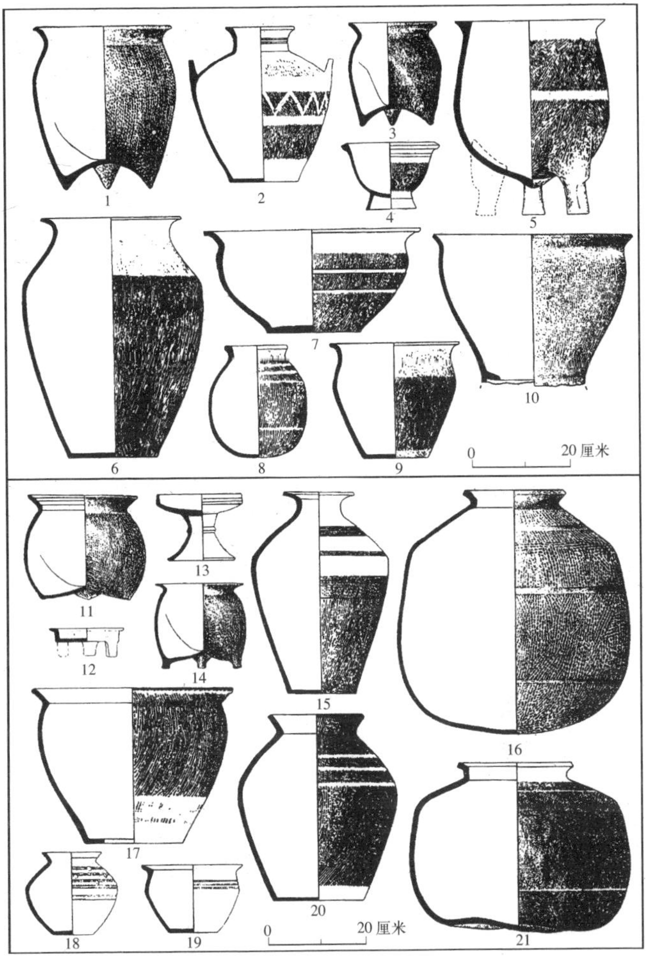

图九　西周时期陶器

1、3、11、14. 鬲　2、8、15、18. 罐　4. 簋　5. 鼎　6、9. 尊　7. 盆　10. 甗　12. 盘 13. 豆　16、20、21. 瓮　17. 甑　19. 盂（1－10. 西周早期，11－21. 西周晚期，均为陕西长安张家坡居住址出土，引自中国社会科学院考古研究所《中国考古学·两周卷》，中国社会科学出版社 2004 年版）

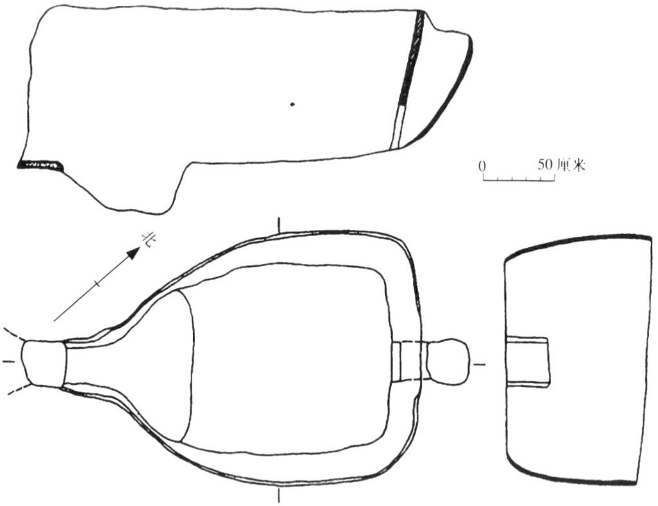

图一〇 周代陶窑遗迹平、剖面图

（河南洛阳王湾遗址出土，Y22；引自北京大学考古文博学院《洛阳王湾》，北京大学出版社 2002 年版）

4. 东周时期

东周时期的文化更为多样，诸侯列国势力强大，城市得到很大发展[36]，20 世纪以来的考古工作，使得列国都城、墓葬遗址都发现了大量的陶器。

东周时期的陶器区域性特征明显，大体可分为中原三晋地区、关中秦国地区、南方楚国地区和以土墩墓为特点的吴越地区等[37]。陶器以灰陶为主，分泥质和夹砂两类，胎质细腻。装饰有绳纹、弦纹、暗刻纹等，还出现了彩绘陶器。器型丰富多样，以鬲、盆、罐、豆等最为常见，还有鼎、壶、盘、杯、匜等。秦国流行鬲、豆、盆、罐的组合，仿铜陶礼器比较发达，以鼎、簋、方壶、甗、匜为代表，器表多彩绘图案；战国中期以后出现了釜、蒜头壶、茧形壶等，陶礼器为鼎、盒、壶。楚国陶器流行楚式鬲、盆、罐、长颈壶、豆、瓮等，仿铜陶礼器也比较流行[38]。南方地区普通陶器较少，而是出现了较多的印纹硬陶和原始瓷器，后文再述。建筑用陶、陶模、陶范及陶工具等依然比较常见。

这一时期，普通陶器的器类比较突出的特征是除了日常生活用器之外，出现了较多的仿铜陶礼器，特别是后期墓葬中更为流行，形制与铜器相似，制作精细。有的器表还以红、白彩绘制花纹，线条流畅。

东周时期的陶窑发现较多，多位于城市中相对独立的手工业作坊区域，一般也是集中分布，如河南洛阳东周王城[39]、新郑郑韩故城[40]、河北武安午汲古城[41]、山东临淄齐故城[42]、山西侯马遗址[43]等各国城内均发现有制陶作坊遗迹群，东周王城还有专门烧造坩埚[44]、砖瓦的陶窑。东周时期的陶窑为圆形、圆角长方形或近方形，由窑室、火膛、烟囱、操作坑等组成，窑室变大，有的直径可达 3 米以上。窑炉有升焰式竖穴窑和半倒焰式横穴窑两种，竖穴窑的窑室与火膛是上下安排的；而横穴窑火膛与窑室基本是前后安排的，属于半倒焰式窑。1992 年郑州商城宫殿区发掘一座东周时期窑炉[45]，其结构即属半倒焰式横穴馒头窑，窑室近方形，长、宽均在 2 米以上，后设有烟囱 3 个，火膛呈半圆形，用长方形砖砌成，外部涂抹草拌泥，形制十分规整。窑室的增大，提高了装烧量，结构的变化也保证了器物的烧成质量，这也是陶器烧成技术提高的表现。

（二）白陶器

白陶器以瓷土为原料，它的主要成分是氧化硅和氧化铝，起呈色作用的氧化铁的含量比陶土低得多，因而烧成后胎与器表皆呈白色。白陶器成形方法以手制为主，辅以慢轮修整，做工较细，装饰也很讲究。它出现于新石器时代，以浙江桐乡罗家角遗址（距今约7000年左右）的刻纹白陶为最早[46]，仰韶文化晚期、大溪文化、大汶口文化晚期、龙山文化、广东石峡文化等遗址中也有发现，烧成温度600℃—900℃，器型以鬶为多。夏商周时代是白陶比较发达的一个时代，特别是二里头文化和商代早、中期比较流行，到了西周以后，白陶器减少，并逐渐消失。

二里头文化白陶器主要出土于豫西地区，常见的器型有鬶、盉、斝等酒器。陶色白，有的微泛红或泛黄。一般胎体轻薄，器壁厚薄均匀，造型规整，是二里头文化陶器中的精品。鬶、盉、斝等这类白陶酒具，结构比较复杂，采用多种手法制成，器物表面经过精心修整打磨，流、鋬、足等做法讲究，与器体衔接自然，整个器物多显得修长，线条流畅、美观大方。一些器物还刻划有兽面纹、几何形纹等，与青铜酒器相似。

商代白陶器制作工艺水平得到提高，多轮制而成，其硬度在4度以下，吸水率在5%以上。商代早、中期，白陶器发现较少，除了黄河中下游地区之外，长江中下游地区也有，如湖北黄陂盘龙城[47]、江西清江筑卫城[48]等。器型逐渐丰富，除了鬶、盉、斝酒器外，增加了爵、豆、罐、钵等，多素面磨光，少量拍印有绳纹。到了商代晚期的殷墟阶段，白陶器发现较多，是白陶发展的鼎盛阶段，在河南、河北、山西、山东等地均有发现，其中以河南安阳殷墟数量最多、制作最精，一般多出土于殷墟早期的大中型墓葬中。器型有豆、罍、壶、觯、卣、盂、簋等，器表经过细心修磨，装饰花纹复杂，多是在陶坯晾干后刻上去的。花纹有饕餮纹、夔纹、龙纹、兽面纹、蝉纹、云雷纹、三角纹、方格纹、曲折纹、乳钉纹、涡纹、弦纹、绳纹、附加堆纹等，丰富多样，线条刻划细腻、规整。白陶器制作精美，多为社会上层使用，其造型、纹饰等均与当时青铜器十分相似，并多见于墓葬中，可能是青铜器的替代品。

西周时期，白陶器仍有少量生产。随着印纹硬陶器和原始瓷器的流行和发展，白陶器已很少见，并逐渐消失。

从目前考古资料来看，白陶器应当是在当地陶器作坊制作并烧造的。

（三）印纹硬陶器

印纹硬陶是指器表印有纹饰的硬陶。硬陶的胎土原料主要是瓷土，含有较高的氧化硅和氧化铝，而氧化铁较少。原料的精心挑选，使得陶器烧成温度较高，胎体较硬。硬陶的烧成温度由普通陶器的800℃左右提高到了1100℃左右[49]，而其硬度一般在5度左右，吸水率在3%以下，多数不足2%。这类硬陶一般采用泥条盘筑法成形，多在半干的坯体上印出各种花纹，然后入窑烧造。因此，称其为印纹硬陶器。印纹方法主要有压印、拍印和戳印三种，其中拍印较为常见，拍印时以砾石或陶垫抵在陶坯对应位置的内部，以防止陶坯变形，同时起加固作用，因此，其内壁往往可见有凹窝痕迹。由于其坚固耐用，故其绝大多数为盛储器，纹饰多为几何纹、云雷纹、席纹等（图一一）。印纹硬陶多发现于江南地区夏商周时代遗址中，尤以宁镇地区、太湖地区、赣鄱地区、闽粤地区等最为集中[50]。

图一一　南方地区印纹硬陶印纹纹样

1. 梯格纹　2. 贝形纹　3. 回字纹与曲折纹　4. 菱形填线纹　5. 辫形堆纹　6. 米字纹　7. 模印鱼鸟纹　8. 模印云雷纹　9、19. 回字纹　10. 圆圈纹　11. S形纹　12、17、18. 云雷纹　13. 圈点纹　14、21. 方格纹　15、20、26、27. 曲折纹　16. 大漩涡纹　22. 阳线云雷纹　23. 小方格纹　24. 竖篮纹　25. 水波纹　28. 长方格纹　29. 夔纹　30. 回字凸块纹　31. 窗格纹与小方格纹（引自李伯谦《我国南方几何形印纹陶遗存的分区、分期及其有关问题》，《中国青铜文化结构体系研究》，科学出版社1998年版）

印纹硬陶器首先出现于中国南方地区新石器时代晚期，如福建昙石山文化[51]、江西清江筑卫城遗址[52]等。二里头遗址晚期地层中也发现过少数印纹硬陶[53]，胎呈紫褐色，坚硬致密，器表拍印有几何形花纹。从造型上看，其属于二里头文化器物，而非由南方传入[54]。器型主要是罐、瓮类日常生活用器。

商代印纹硬陶器的产地进一步扩大，在陶器中所占比例也增加。主要分布于黄河中下游、长江中下游和闽广地区，典型遗址有河南郑州商城[55]、山东济南大辛庄[56]、湖北黄陂盘龙城[57]、江西樟树吴城[58]、浙江钱山漾[59]、上海马桥[60]、福建闽侯黄土仑[61]等。硬陶有紫褐色、橙黄色、灰色、灰白色、白色等。纹饰主要有几何形纹、云雷纹、人字纹、席纹、涡纹、圆圈纹、方格纹、回纹、绳纹等。器类多为圜底器，器型有瓮、罍、尊、瓿、罐、釜、豆等。

西周时期是印纹硬陶器发展的兴盛阶段，主要盛行于长江中下游地区，尤其是江南地区的土墩墓[62]，出土数量众多。在许多遗址出土器物中所占的比例进一步增加，并且多与原始瓷器共同出土，如安徽屯溪西周墓[63]、江苏句容浮山果园西周墓[64]、上海马桥遗址等均有发现。东周春秋时期基本沿袭西周风格，战国时期则颇有地方特色，但出土数量已不多，亦盛于长江中下游和东南沿海的吴越地区，如苏州真山大墓[65]、浙江绍兴凤凰山木椁墓[66]、漓渚墓葬[67]等。周代印纹硬陶器的器类多为平底器，且器型较大，主要有罐、瓮、瓿、坛等盛储器。纹饰多样，有云雷纹、方格纹、回纹、夔纹、波浪纹等。黄河中下游地区发现较少。

印纹硬陶器主要流行于夏商周时代的江南地区，且一直比较多见，而北方中原地区并不盛行。二里头遗址已有少数出现，至商代的黄河中下游地区较多，西周以后主要发现在长江中下游的吴越地区。总体而言，西周是其发展的盛期，至东周时期逐渐减少，这与原始瓷器的大量使用有很大关系。秦汉时期印纹硬陶器的产量也较大，后逐渐被成熟瓷器所取代。

根据考古资料，商、周时期的印纹硬陶器，有些是与原始瓷器同窑合烧的。印纹硬陶器的烧成温度较高，因此窑炉结构也相应地发生了一些变化，大致有两种情况。

第一，龙窑开始出现。浙江上虞李家山发现的5座商代窑炉遗迹[68]，由火膛、窑室、排烟道等组成，窑炉略呈长条形，火膛位于前段，窑床前低后略高，有一定的坡度，是南方地区龙窑的最初形制（图一二）。江西樟树吴城[69]、鹰潭角山[70]也发现了商代的龙窑遗迹，类似的还有福建闽侯商周时期烧造印纹硬陶的窑炉等[71]。到了春秋战国时期，印纹硬陶器虽仍与

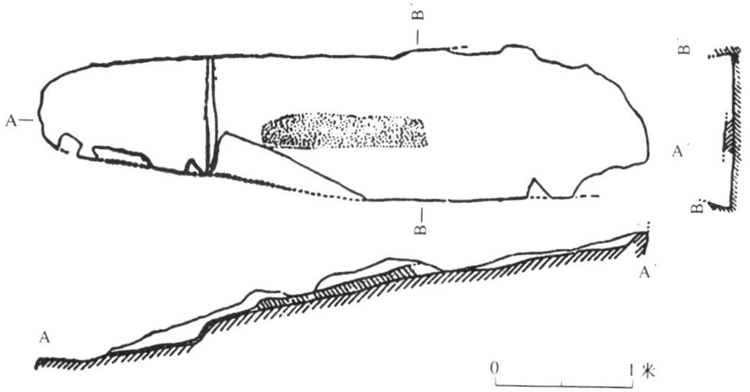

图一二　上虞李家山商代龙窑遗迹平、剖面图

（浙江上虞李家山窑址，Y2；引自浙江省文物考古研究所《浙江上虞县商代印纹陶窑址发掘简报》，《考古》1987年第11期）

原始瓷器同窑烧造，但已以烧原始瓷器为主，如浙江绍兴富盛战国窑址[72]、德清窑址[73]等，形制变化不大。

第二，圆形窑增大火膛，提高窑炉内的温度。江西修水山背商代陶窑[74]即属此类，窑室和火膛呈椭圆形，后设两个烟囱；浙江萧山进化区战国陶窑形制与之类似[75]，窑室和火膛构成圆形，后设有三个烟囱。

（四）原始瓷器

原始瓷器已经具备了瓷器的基本条件，只是制作工艺比较原始。它出现于商代前期，盛行于商、周时代，到东汉晚期发展为成熟瓷器。

中国瓷器的起源，学术界历来有不同的看法[76]。随着科学技术方法在陶瓷器成分分析中的应用，学界对瓷器本身有了更为客观的认识，逐渐形成了瓷器的判断标准。一般来讲，瓷器要具备以下四个条件：

第一，瓷器必须用瓷土作胎。

第二，瓷器一般要经过1200℃以上的高温焙烧。这样才能使胎体烧结，结构致密。

第三，瓷器表面多施高温下烧成的玻璃质釉，即高温釉。

第四，瓷器烧成后胎体结实坚硬，断面见有玻璃相，无吸水性或吸水性较弱，叩之可发出清脆的金属声。

这四个条件中，瓷土作胎是瓷器产生的最基本的条件，烧成温度也是不可缺少的重要条件。后两个条件则是一般瓷器所具有的。正是基于这几个条件，学术界才把瓷器出现的时间确定在商代前期，并将商代至东汉中期的青釉瓷器叫做“原始瓷器”[77]。

原始瓷器固然与陶器有着明显的区别，但它的出现，与白陶器和印纹硬陶器关系密切。经过科学测定，白陶器与原始瓷器一样，均是以瓷土作胎，均含有较高的氧化硅和氧化铝，而氧化铁的含量均相对较低，烧成温度也较高。印纹硬陶器的化学组成与原始瓷器也是相似的，同样含有较高的氧化硅和氧化铝，只是原始瓷器氧化铁的含量较印纹硬陶器要少一些[78]。此外，根据考古资料，商、周时期的原始瓷器，很多是与印纹硬陶器同窑合烧的。

原始瓷器胎质坚硬，胎色有灰白、灰褐、青黄、浅黄等。釉是以石灰石和瓷土添加草木灰制成的石灰釉，有的器物通体施釉，有的仅施至器物上部。釉色呈青色、青黄色、酱色等，属于青瓷系统[79]。器型和纹饰与同时代的陶器或青铜器基本一致。常见器型有尊、罍、钵、罐、豆、簋等。

二里头遗址晚期地层中发现有少数印纹硬陶片的表面挂有薄薄的透明釉[80]，可能已经属于原始瓷器，数量极少，这也有可能是烧造过程中偶然形成的。

商代是原始瓷器的创烧和初步发展时期，出土地点有中原地区河南郑州商城[81]、安阳殷墟、山西垣曲商城、山东济南大辛庄等遗址；长江中下游地区更为多见，有湖北黄陂盘龙城、江西樟树吴城、新干大洋洲商代大墓[82]、上海马桥、浙江吴兴钱山漾等遗址和墓葬。胎多为灰白色，有的略泛黄。釉以青绿色为主，也有淡绿、黄绿、深绿等色调，釉层较薄，很少流釉。胎釉结合较好。器型和纹饰与同时代的陶器或青铜器基本一致。纹饰有拍印的方格纹、篮纹、云雷纹、圆圈纹、绳纹等。常见器型有尊、罍、瓮、罐、瓿、豆、簋等。

西周时期原始瓷器分布的范围进一步扩大，北方地区有河南浚县辛村[83]、陕西沣西[84]、山西天马—曲村、山东滕州前掌大[85]、北京房山琉璃河[86]等遗址；南方地区出土更多，甚至一座墓就出土有几十、上百件，如安徽屯溪西周墓、江苏丹徒南山岗土墩墓[87]等，一般江南土墩墓多有出土。西周原始瓷器多为泥条盘筑而成，原料加工精细，胎质坚硬，吸水性很弱。胎多为灰白、灰色，釉色以青绿为主，色调不稳定，釉层厚薄不均匀，有流釉现象。纹饰多为几何形印纹，如云雷纹、方格纹、席纹、网纹、圆圈纹、绳纹等。器型有尊、罍、瓮、豆、罐、盅、碗、钵等。

春秋、战国时期出土原始瓷器的地点集中于南方地区。北方发现较少，有河北石家庄[88]、山西侯马[89]、河南洛阳[90]、山东曲阜鲁国故城[91]等。器类简单，仅有罐、杯等，制作较为粗糙。南方地区主要在吴越地区，如江苏丹阳大夫墩墓[92]、苏州真山大墓[93]、无锡鸿山越国贵族墓[94]、绍兴印山大墓[95]等。器型丰富，有鼎、罐、盆、碟、豆、瓿等，并出现钟、镎于等仿铜礼器和提梁壶等仿铜明器（图一三）。制法多为轮制成形，修坯精细，器物显得庄重典雅。胎灰白色。青釉，略泛黄，釉面光洁，釉层较薄。器表多压印、刻划、戳印或堆贴纹饰，多见几何形纹、圆圈纹等。

原始瓷器多是与印纹硬陶器同窑合烧，且年代越晚，原始瓷器所占比重越大。目前，商代烧造原始瓷器的窑址有江西樟树吴城、鹰潭角山，窑炉已属龙窑。春秋战国时期浙江绍兴富盛战国窑址、德清窑址等地的窑炉情况与此类似。

值得注意的是，目前北方尚未发现烧造原始瓷器的窑址，

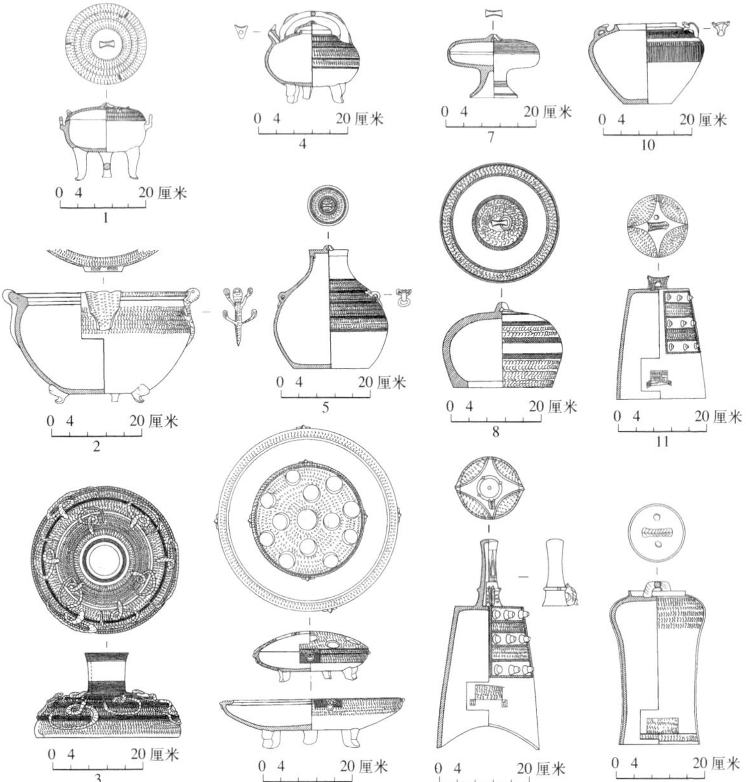

图一三　东周时期原始瓷器

1. 鼎　2. 三足缶　3. 鼓座　4. 盉　5. 壶　6. 冰酒器　7. 豆　8. 悬铃　9. 甬钟 10. 罍　11. 镈钟　12. 錞于（江苏无锡鸿山越墓出土，引自南京博物院等《鸿山越墓发掘报告》，文物出版社 2007 年版）

因此对北方出土的原始瓷器的产地问题仍有较大争议[96]。根据化学成分分析，有些与南方基本相同，可能来自于南方地区[97]；而有些与之存在较大差异，可能是当地烧造的[98]。这一问题的解决，尚需新的资料和进一步的研究。

注　释

［1］邹衡《试论夏文化》，《夏商周考古学论文集》（第二版），科学出版社 2001 年版。

［2］河南省文物研究所《郑州洛达庙遗址发掘报告》，《华夏考古》1989 年第 4 期。

［3］中国科学院考古研究所洛阳发掘队《1958 年洛阳东干沟遗址发掘简报》，《考古》1959 年第 10 期；中国社会科学院考古研究所《洛阳发掘报告》，北京燕山出版社 1989 年版。

［4］中国社会科学院考古研究所《偃师二里头》，中国大百科全书出版社 1999 年版。

［5］河南省文化局文物工作队《河南偃师灰嘴遗址发掘简报》，《文物》1959 年第 12 期。

［6］河南省文物研究所等《登封王城岗与阳城》，文物出版社 1992 年版。

［7］北京大学考古系等《驻马店杨庄》，科学出版社 1998 年版。

［8］中国社会科学院考古研究所等《夏县东下冯》，文物出版社 1988 年版。

［9］中国历史博物馆考古部等《垣曲商城》，科学出版社 1996 年版。

［10］夏商周断代工程专家组《夏商周断代工程 1996—2000 年阶段成果报告（简本）》，世界图书出版公司 2000 年版。

［11］河南省文化局文物工作队《郑州二里冈》，科学出版社 1959 年版；河南省文物考古研究所编著《郑州商城》，文物出版社 2001 年版。

［12］中国社会科学院考古研究所河南第二工作队《1983 年秋季河南偃师商城发掘简报》，《考古》1984 年第 10 期。

［13］河北省文物研究所《藁城台西商代遗址》，文物出版社 1985 年版。

［14］同［8］。

［15］同［9］。

［16］湖北省文物考古研究所《盘龙城》，文物出版社 2001 年版。

［17］河南省文化局文物工作队第一队《郑州白家庄遗址发掘简报》，《文物参考资料》1956 年第 4 期。

［18］中国社会科学院考古研究所安阳工作队《河南安阳市洹北花园庄遗址 1997 年发掘简报》，《考古》1998 年第 10 期。

［19］中国社会科学院考古研究所《殷墟的发掘与研究》，科学出版社 1994 年版。

［20］中国社会科学院考古研究所《中国考古学·夏商卷》，中国社会科学出版社 2003 年版。

［21］河南省文物研究所《郑州市商代制陶遗址发掘简报》，《华夏考古》1991 年第 4 期。
［22］河北省文化局文物工作队《1958 年邢台地区古遗址古墓葬的发现与清理》，《文物》1959 年第 9 期。
［23］邢台东先贤考古队《邢台东先贤商代遗址发掘报告》，《古代文明》第 1 卷，文物出版社 2002 年版。
［24］中国科学院考古研究所《沣西发掘报告》，文物出版社 1962 年版。
［25］陕西周原考古队《陕西岐山凤雏村西周建筑基址发掘简报》，《文物》1979 年第 10 期；陕西周原考古队《扶风召陈西周建筑群基址发掘简报》，《文物》1981 年第 3 期。
［26］南京博物院《江苏句容县浮山果园西周墓》，《考古》1977 年第 5 期；安徽省文化局文物工作队《安徽屯溪西周墓葬发掘报告》，《考古学报》1959 年第 4 期。
［27］李文杰《中国古代制陶工艺研究》，科学出版社 1996 年版。
［28］同［24］。
［29］中国社会科学院考古研究所沣西发掘队《陕西长安沣西客省庄西周夯土基址发掘报告》，《考古》1987 年第 8 期。
［30］中国科学院考古研究所丰镐考古队《1961—1962 年陕西长安沣东试掘简报》，《考古》1963 年第 8 期。
［31］中国社会科学院考古研究所沣西发掘队《1979—1981 年长安沣西、沣东发掘简报》，《考古》1986 年第 3 期。
［32］中国社会科学院考古研究所丰镐队《1992 年沣西发掘简报》，《考古》1994 年第 11 期。
［33］北京大学考古学系商周组等《天马—曲村（1980—1989）》，科学出版社 2000 年版。
［34］北京大学考古文博学院《洛阳王湾》，北京大学出版社 2002 年版。
［35］陕西省考古研究所宝鸡工作站等《陕西岐山赵家台遗址试掘简报》，《考古与文物》1994 年第 2 期。
［36］许宏《先秦城市考古学研究》，北京燕山出版社 2000 年版。
［37］赵丛苍等《两周考古》，文物出版社 2004 年版。
［38］丁兰《战国末期楚墓随葬陶器的区域特征》，《华夏考古》2004 年第 1 期。
［39］洛阳市文物工作队《洛阳东周王城战国陶窑遗址发掘报告》，《考古学报》2003 年第 4 期。

[40] 河南省文物研究所《河南新郑郑韩故城制陶作坊遗迹发掘简报》,《华夏考古》1991 年第 3 期。
[41] 河北省文物管理委员会《河北武安县午汲古城中的窑址》,《考古》1959 年第 7 期。
[42] 张龙海《山东临淄齐国故城陶窑遗址的调查》,《考古》2006 年第 5 期。
[43] 山西省文物管理委员会侯马工作站《侯马东周时代烧陶窑址发掘记要》,《文物》1959 年第 6 期。
[44] 洛阳市文物工作队《洛阳东周王城遗址发现烧造坩埚古窑址》,《文物》1995 年第 8 期。
[45] 河南省文物研究所《1992 年度郑州商城宫殿区发掘收获》,《郑州商城考古新发现与研究(1985—1992)》,中州古籍出版社 1993 年版。
[46] 罗家角考古队《桐乡县罗家角遗址发掘报告》,《浙江省文物考古所学刊》,文物出版社 1981 年版。
[47] 同 [16]。
[48] 江西省博物馆等《江西清江筑卫城遗址第二次发掘》,《考古》1982 年第 2 期。
[49] 李家治主编《中国科学技术史·陶瓷卷》第三章,科学出版社 1998 年版。
[50] 李伯谦《我国南方几何形印纹陶遗存的分区、分期及其有关问题》,《中国青铜文化结构体系研究》,科学出版社 1998 年版。
[51] 福建省博物馆《闽侯县石山遗址第六次发掘报告》,《考古学报》1976 年第 1 期。
[52] 同 [48]。
[53] 中国科学院考古研究所二里头工作队《河南偃师二里头早商宫殿遗址发掘简报》,《考古》1974 年第 4 期。
[54] 中国社会科学院考古研究所《中国考古学·夏商卷》第二章第五节,中国社会科学出版社 2003 年版。
[55] 安金槐《谈谈郑州商代几何印纹硬陶》,《考古》1960 年第 8 期。
[56] 山东大学历史系考古专业等《1984 年秋济南大辛庄遗址试掘述要》,《文物》1995 年第 6 期。
[57] 同 [16]。
[58] 江西省文物考古研究所等《吴城》,科学出版社 2005 年版。
[59] 浙江省文物管理委员会《吴兴钱山漾遗址第一、二次发掘》,《考古学报》1960 年第 2 期。

[60] 上海市文物管理委员会《马桥》，上海书画出版社2002年版。
[61] 福建省博物馆《福建闽侯黄土仑遗址发掘简报》，《文物》1984年第4期。
[62] 杨楠《商周时期江南地区土墩遗存的分期研究》，《考古学报》1999年第1期。
[63] 李国梁主编《屯溪土墩墓发掘报告》，安徽人民出版社2006年版。
[64] 南京博物馆《江苏句容县浮山果园西周墓》，《考古》1977年第5期。
[65] 苏州博物馆《真山东周墓地——吴越贵族墓地的发掘与研究》，文物出版社1999年版。
[66] 绍兴县文物管理委员会《绍兴凤凰山木椁墓》，《考古》1976年第6期。
[67] 绍兴县文物管理委员会《浙江绍兴漓渚古墓葬发掘简报》，《考古通讯》1958年第12期。
[68] 浙江省文物考古研究所《浙江上虞县商代印纹陶窑址发掘简报》，《考古》1987年第11期。
[69] 江西省吴城考古工作站《吴城商代龙窑》，《文物》1989年第1期。
[70] 江西省文物工作队《江西鹰潭角山窑址试掘简报》，《华夏考古》1990年第1期。
[71] 陈龙等《闽侯古洋发现商周时代印纹陶遗址》，《福建文博》1983年第1期。
[72] 绍兴县文物管理委员会《浙江绍兴富盛战国窑址》，《考古》1979年第3期。
[73] 朱建明《浙江德清原始青瓷窑址调查》，《考古》1989年第9期。
[74] 江西省文物管理委员会《江西修水山背地区考古调查与试掘》，《考古》1962年第7期。
[75] 王士伦《浙江萧山进化区古代窑址的发现》，《考古通讯》1957年第2期。
[76] 李辉柄《略论瓷器的起源及陶与瓷的关系》，《文物》1978年第3期；李家治《我国瓷器出现时期的研究》，《硅酸盐学报》1978年第6卷第3期；宋伯胤《关于我国瓷器渊源问题的探讨》，《中国古陶瓷论文集》，文物出版社1982年版；叶宏明、曹鹤鸣《关于我国瓷器起源的看法》，《文物》1978年第10期。
[77] 罗宏杰、李家治《试论原始瓷器的定义》，《考古》1998年第8期。
[78] 李家治《我国古代陶器和瓷器工艺发展过程的研究》，《考古》1978年第3期。
[79] 张福康《中国传统高温釉的起源》，中国科学院上海硅酸盐研究所编《中国

古陶瓷研究》，科学出版社 1987 年版。
［80］中国社会科学院考古研究所《中国考古学·夏商卷》第二章第五节，中国社会科学出版社 2003 年版。
［81］河南省文物研究所《郑州商城》，文物出版社 2001 年版。
［82］江西省文物考古研究所等《新干商代大墓》，文物出版社 1997 年版。
［83］中国科学院考古研究所《浚县辛村》，科学出版社 1964 年版。
［84］同［24］。
［85］中国社会科学院考古研究所编著《滕州前掌大墓地》，文物出版社 2005 年版。
［86］北京市文物研究所《琉璃河西周燕国墓地》，文物出版社 1995 年版。
［87］南京博物院《江苏丹徒南岗山土墩墓》，《考古学报》1993 年第 2 期。
［88］河北省文物管理委员会《河北石家庄市市庄村战国遗址的发掘》，《考古学报》1957 年第 1 期。
［89］侯马市考古发掘委员会《侯马牛村古城南东周遗址发掘简报》，《考古》1962 年第 2 期。
［90］安金槐《河南原始瓷器的发现与研究》，《中原文物》1989 年第 3 期。
［91］山东省文物考古研究所等《曲阜鲁国故城》，齐鲁书社 1982 年版。
［92］大夫墩考古队《丹阳市河阳大夫墩发掘报告》，《通古达今之路——宁沪高速公路（江苏段）考古发掘报告文集》，《东南文化》1994 年增刊。
［93］同［65］。
［94］南京博物院等《鸿山越墓发掘报告》，文物出版社 2007 年版。
［95］浙江省文物考古研究所等《浙江绍兴印山大墓发掘简报》，《文物》1999 年第 11 期。
［96］同［49］。
［97］周仁等《张家坡西周陶瓷烧造地区的研究》，《考古》1961 年第 8 期；罗宏杰等《北方出土原始瓷器烧造地区的研究》，《硅酸盐学报》1996 年第 3 期。
［98］朱剑等《商周原始瓷产地的再分析》，《南方文物》2004 年第 1 期。

四 秦汉时代的陶器和瓷器

秦朝统一了全国，虽持续时间不长，但却影响深远，大大推动了各地之间的交流和融合，促进了社会经济、文化等方面的发展。公元前 206 年，刘邦建立汉朝，前后历 400 余年。社会相对稳定，社会生产力提高，农业、手工业、商业都有了长足发展，经济繁荣，人口增长。20 世纪，秦汉时代的考古工作取得了很大成绩，发现、发掘了一大批城址、墓葬、手工业遗址等，出土了极为丰富的陶瓷器。

陶瓷手工业在这一时期也有了很大进步。普通陶器制作精细，器类丰富，器型规整。秦朝烧制出规模宏伟的兵马俑，个体较大，生动逼真。汉代彩绘陶器进一步发展，颇具特色，不仅包括一般容器，还有数量较多的模型明器。西汉开始出现了器表施低温铅釉的陶器，器类多是随葬用的明器。最为突出的是，商代开始出现的原始瓷器经过这一时期的发展，至东汉晚期，终于发展为成熟瓷器。

（一）普通陶器

秦汉时代普通陶器比夏商周时代有了进一步的发展，制作工艺进步，种类多样，特征鲜明。烧成技术在这一阶段也得到改进。

秦汉时代的陶器主要发现于城址、墓葬中，其中城址以秦咸阳城、汉长安城、洛阳城等都城遗址为代表，而墓葬遍布全国，以秦始皇陵兵马俑坑、汉代帝陵、各诸侯王墓以及各地形制不一的中小型墓葬为代表。其均有大量普通陶器出土。这些遗址出土的秦汉时代普通陶器的种类多样，按其使用来分，大体包括日常生活用器、随葬用的明器（包括器皿、陶俑、模型明器等）、建筑用陶等。

1. 秦朝

秦都咸阳的考古工作始于20世纪50年代，经过五十年来的勘探和发掘，发现了多处宫殿基址、手工业作坊遗迹等，出土了大量的陶器[1]。其中的手工业作坊遗址大多分布于渭北区域[2]，在制陶作坊区域内发现有烧制砖瓦和陶器的作坊和大量陶窑。此外，秦代的栎阳城也有不少陶器出土[3]。秦皇陵区域很大，20世纪70年代以来，秦始皇陵区的勘查与发掘，揭露了尘封两千余年的地下军阵——规模宏伟的兵马俑陪葬坑[4]。此外，皇陵附近的陪葬墓、咸阳附近的墓葬则出土了较多的仿铜陶礼器；北方地区一般墓葬[5]和南方地区的秦墓[6]则多见日用陶器。

秦代的普通陶器沿袭战国时期的特征，以泥质灰陶为主，也有泥质黑陶、夹砂灰陶、夹砂红陶等。日常生活用器胎质较细，器型丰富多样，有鼎、罐、壶、豆、敦、盆、碗、盘等，其中有不少是仿青铜器造型，如鼎、敦、豆、壶等，特别是秦式风格的茧形壶继续流行。陶器多以轮制成形，大多经过修整，造型朴拙。茧形壶则以泥条盘筑成形，并拍打涂抹，再用陶轮修整。

秦代最有代表性的陶器当属秦始皇兵马俑（图一四），分别出土于一、二、三号兵马俑坑内，其中一号坑最大，整个俑

图一四　秦始皇陵军吏俑

（秦始皇陵一号兵马俑坑出土，引自陕西省考古研究所等《秦始皇陵兵马俑坑一号坑发掘报告》，文物出版社 1988 年版）

坑内有武士俑和军吏俑约 6000 件，驷马战车 40 乘，陶马 160 匹；二号坑计有弩兵俑、战车俑、步兵俑、骑兵俑 939 件，驷马战车 89 乘，陶马 472 匹；三号坑面积较小，前庭有驷马华盖车 1 乘、甲士俑 4 件，两厢计有铠甲仪卫俑 58 件，排列疏密有别。秦始皇兵马俑大小堪比真人、真马，胎质较硬，制作精细，神态逼真，甲胄、面部的刻画尤为形象[7]。武士俑手执兵器，巍然挺立，勇猛雄壮，有的沉着机智，气度昂然，神态各异，生动活泼。陶马则膘肥体壮，彪悍矫健。兵马俑以黏土为原料，就地取料，其含铁量较高，烧成温度约 900℃ 左右。兵马俑采用模制、捏塑结合的手法，分体制作，然后套合粘接成胎，再于其上涂抹细泥浆，综合运用捏、塑、堆、贴、刻、绘等技法，刻画出了兵马俑生动的形象、雄伟的气势、复杂的性格、飘逸的形态，反映了当时的制陶工艺水平。值得注意的是，秦始皇兵马俑表面大多有彩绘，多为红色，出土时颜色鲜艳[8]。大型陶俑的烧制成功，充分反映了秦代制陶工艺技术水平的提高[9]。目前，虽没有发现烧造兵马俑的陶窑，但据推测其当与秦陵周围发现的烧造砖瓦的陶窑形制和结构基本一致[10]。

秦代建筑用陶主要发现于咸阳都城宫殿遗址，主要有砖、瓦、水管等。砖多是用于铺地的青砖，大多数砖面印饰花纹，如米格纹、方格纹、平行线纹等。长方形空心砖多砌在壁面上或用作台阶踏步，多模印几何形花纹或者阴刻龙凤纹等。瓦有板瓦、筒瓦、瓦当等，一般为灰陶。瓦当有半圆形和圆形两种，早期多见半圆形瓦当，素面居多；而晚期圆形瓦当较多见，其装饰有草叶纹、几何纹、卷云纹、夔纹、动物纹等，富于变化[11]。咸阳城的排水设施多用陶水管，水管为圆筒形，两端大小不一，便于连接，管道拐角处为直角弯头，衔接巧妙。此外，有些砖、瓦等根据建筑结构的需要，形制多样，出现了五棱砖、曲尺形砖、楔形砖、带榫卯的子母砖等。秦代砖瓦窑多设在城址或陵区内，就地取料烧制，运输和使用方便。

秦代有不少陶器是带有铭文，戳印在砖瓦上的，如“左司”、“右司”、“宫水”、“宫屯”、“咸亭”等，这些铭文可能是监管制造的官府机构名称。秦始皇陵区内，建筑基址出土的陶器上刻有“丽山食官”、“丽山食官右”、“丽山食官左”、“丽邑五升”、“丽山厨”等铭文[12]。秦始皇陵马厩坑中出土的器物上有的刻有文字，如“大厩”、“中厩”、“小厩”、“宫厩”、“左厩”等[13]。秦始皇陵区的骊山赵背户村刑徒墓地还出土了18件刻写文字的瓦志，多为记述刑徒来源地的县名、里名等[14]。

2. 西汉

西汉时期普通陶器在长安城遗址[15]、帝陵[16]及其陪葬墓[17]、诸侯王与列侯大型墓葬[18]、各地的中小型墓葬[19]中均有大量发现。这些陶器有日用陶器、随葬明器、建筑用陶等。

汉代日用陶器以泥质灰陶为主，质地细腻，胎质坚硬，造型规整，器型丰富多样，有鼎、罐、豆、盆、杯、壶、扁壶、茧形壶、锺、缸、釜、甑等等。各区域陶器又有差异，中原地区多见鼎、罐、豆、壶等，装饰有弦纹、划纹、绳纹等，简单流畅。长江流域多有楚式遗风，器型有盒、壶、鼎、罐、碗、盆、釜、钫等。岭南地区有瓮、罐、联罐、釜、甑、瓿、钫、盒等多种，装饰以几何形戳印纹为多，刻划纹次之；这一地区陶器有不少属于印纹硬陶。北部、西南、西北等边疆地区陶器在民族特色的基础上，融入了许多汉代陶器的风格。

西汉随葬用的陶俑多出土于帝陵及其陪葬墓、诸侯王墓等大型墓葬中，数量众多，排列整齐，特别是狮子山楚王墓陪葬坑出土兵马俑就有2300余件[20]。汉初形体高大，以骑兵俑、文吏俑、侍女俑、马为主，刻画生动逼真。西汉中期以后，逐渐多样化，如山东地区的彩绘乐舞、杂技、宴饮俑[21]，表情逼真，活泼可爱。这一时期的陶俑，一般有彩绘装饰，多为红色。

西汉时期随葬模型明器是其重要特点，首先出现并流行于中原地区，至西汉后期在长江流域、岭南地区及边缘地区也逐渐出现。这类器物以陶仓、灶、井为代表，还有房屋、家畜、圈舍等。陶仓早期为圆口、折肩、筒形深腹、平底，逐渐发展为圆弧形肩，并且平底下增添三足。灶器身作立体长方形，灶面中间有灶眼，上置釜、甑类器具，后设烟囱，早期灶面无装饰、不出沿；中期灶面出沿，边缘多有刻划纹装饰，灶眼后往往模印一小釜；晚期灶面增大，有的增设一小灶眼，灶面装饰复杂，多为模印的食品、炊具等。井出现于武帝时期，形制简单，作筒形，有井栏，有的栏口印有图案；晚期则变为只见井栏而不见井身的方形或长方形陶井。

西汉的建筑用陶主要见于城址、墓葬，有砖、瓦、水管等。砖有长方形条砖、空心砖、方形铺地砖等。条砖有的侧面刻或印有龙纹、虎纹、朱雀纹、玄武纹的四神纹，有的则模印几何形纹、钱纹、花草纹等。空心砖多用于宫室、陵园建筑，大多印有花纹，纹样的题材多样，构图简练，线条清晰，内容有阙台楼阁、人物、乐舞、车马、狩猎、神话故事等场景，很有特色。瓦有筒瓦、板瓦和瓦当，筒瓦和板瓦多为灰陶，有的拍印有绳纹等装饰。瓦当最具特色，是宫室建筑不可缺少的构件，有半圆形、圆形两种，纹饰有云纹、雷纹、四神纹、植物纹等，还有大量的文字瓦当，字有“上林”、“千秋万岁”、“加气始降”等[22]。陶水管的制作与秦代相似。

3. 东汉

东汉时期普通陶器主要发现于城址和墓葬中，以东汉洛阳城[23]、长安城宫殿址[24]及其附近墓葬[25]出土的最具代表性，各地城址及大、中小型墓葬[26]中也十分常见。陶器可分为日用陶器、随葬明器、建筑用陶等。

东汉时期的日用陶器以泥质灰陶为主，也有泥质黑陶、红陶、夹砂灰陶等。胎质较细，器型多样，有鼎、罐、豆、盆、盒、壶、锺、缸、釜、甑等等。中原地区多见鼎、罐、豆、壶等，造型趋于简化。长江流域器型有盒、壶、鼎、罐、碗、盆、釜、钫等。岭南地区有瓮、罐、联罐、釜、钫、盒等多种，装饰有几何形戳印纹、刻划纹等；陶器多属于印纹硬陶。北部、西南、西北等边疆地区陶器地域色彩浓厚，如新疆地区常见的手制泥质黑陶器[27]，但也受到了中原地区陶器的影响。

东汉陶俑基本不见秦代、西汉时期那样的大型兵马俑群，而多见乐舞、杂技、宴饮类俑。器类主要有农夫俑、说唱俑、持刀俑、击鼓俑、抚琴俑、舞蹈俑、吹奏俑、坐俑等等，塑造得纯真朴实，惟妙惟肖，栩栩如生，别具风格。陶俑一般个体较小，神态飘逸，形象逼真，动作协调自然。有的陶俑有红色彩绘装饰。

西汉时期墓葬中兴起的模型明器在东汉时期得到进一步发展，流行于中原及周围地区。从其类别上，大体可以归为三类：第一类以陶仓、灶、井等为代表，这在西汉时期已经开始出现并流行；第二类是鸡、狗、猪、羊等家禽家畜及其圈舍模型；第三类是庄园、院落、住宅、楼阁等为代表的建筑模型，其普遍流行于东汉中期及其以后大、中、小各类墓葬中，反映了东汉庄园地主经济的发展。陶仓腹部上大下小，平底；灶变大，灶面的灶眼增多，多者有四五个，并刻划或模印花纹；井筒形束腰，井栏与筒逐渐合为一体，上设模制井架，并印出打水用的滑轮。家禽家畜类陶塑造型小巧，形象生动；圈舍模型制作精细，注重细部的刻画。建筑类模型明器在西汉时期已经出现，东汉时期十分流行，多见院落、水榭[28]、楼阁、坞堡[29]、水田等[30]，多具有写实风格，有的屋檐重叠，有的庭院深深，有的简易明快，各式各样，丰富多姿，有些表面有彩绘装饰，以红彩为主。模型明器多是采用模制、粘接制作而成，结构复杂，是汉代陶塑中独具特色的一类艺术品。

东汉的建筑用陶主要见于城址、墓葬，有砖、瓦、水管等。砖有长方形条砖、空心砖、方形铺地砖等。条砖使用最为广泛，空心砖多模印花纹。东汉时期最具特色的是画像砖，一般是先模印出花纹；然后根据色彩的需要，涂绘不同的颜色，内容极为丰富，有生产生活场景、楼阁庭院、孝子故事、乐舞杂技、车马仪仗、神话故事等，也反映了东汉时期人们的生死观念。瓦有筒瓦、板瓦和瓦当。瓦当的纹样有云雷纹、四神纹、植物纹等，还有大量的文字瓦当等。陶水管沿袭了西汉时期的形制和制作方法。

4. 秦汉时代的陶窑

秦汉时代的陶窑形制变化不大，故一并述之。

秦代陶窑形制与战国时期基本相似，目前发现的主要是砖瓦窑，位于咸阳城及秦始皇陵区内[31]。汉代陶窑在城址内发现较多，多为成片、成组分布，规模较大，如长安城[32]、洛阳城[33]、武夷山城村汉城[34]等，其中长安城陶窑多分布于西市内及其附近，可能为专门的手工业区[35]。这些陶窑主要烧造的陶器有日用陶、陶俑、砖瓦等。此外，在冶铸遗址内还发现有专门烘烤叠铸陶范的窑址，如长安城冶铸遗址[36]、河南温县烘范窑[37]等，长安、洛阳城内也有专门烧制砖瓦的陶窑[38]。

秦汉时代的陶窑平面多呈弧边长方形，一般由窑门、火膛、窑室、烟囱等几部分组成。火膛位于窑室前部；窑室空间增大，呈长方形；烟囱在最后面，相应增大。秦汉时期的陶窑在战国晚期窑炉的基础上，进一步扩大了窑室空间，此外根据所烧器物的不同，如日用器、俑、砖瓦等，在窑室大小上略有差异。这样，不仅提高了装烧量，也使得进入窑室的火焰有利于陶器的烧成，也是秦汉时期陶器烧成技术进步的体现。而南方窑炉，如武夷山城村汉城陶窑的窑室为长方形，窑床前低后略高，有一定的坡度，与北方有所不同。

（二）彩绘陶器

彩绘陶器是秦汉时代十分流行的一类陶器。它不同于史前时代在陶坯烧造之前绘制图案的彩陶，而是在坯体烧成后画上鲜艳彩色花纹的陶器。因其彩绘未经烘烧，容易脱落和褪色。据目前考古发现，彩绘陶器最早出现于距今约 7000 年的河姆渡遗址，为黑衣灰陶，上绘深褐色花纹[39]。大汶口文化、良渚文化、大溪文化、屈家岭文化等均有彩绘陶器，多为朱绘黑陶。夏家店下层文化也多见彩绘陶器，以白、红二色勾绘各种花纹[40]。战国时期彩绘陶器开始流行，多为随葬用的成套仿铜陶礼器，如鼎、簋、尊、壶等和少量个体很小的男女陶俑，有朱绘和红、白、黑、黄等多色兼用，纹饰常见几何纹、夔纹、龙凤纹等。

秦汉时期是彩绘陶器的兴盛时期，尤以河南、陕西发现最多。因其与普通陶器造型一致，故这里仅叙及彩绘和类别。彩绘陶器一般在灰陶上加彩，先将陶器磨光和上陶衣烧制，然后再施彩绘，多为朱绘或红、白、黑、黄等色兼用。彩绘陶器包括有几类器物：日常生活类明器、建筑模型明器、陶俑和彩绘画像砖等。日常生活类明器主要有壶、钫等，尤其是壶的形制多样。以多种颜色绘制几何纹、云气纹、青龙、白虎、朱雀、蟠螭纹等（图一五）。建筑模型明器有院落、水榭、楼阁等。

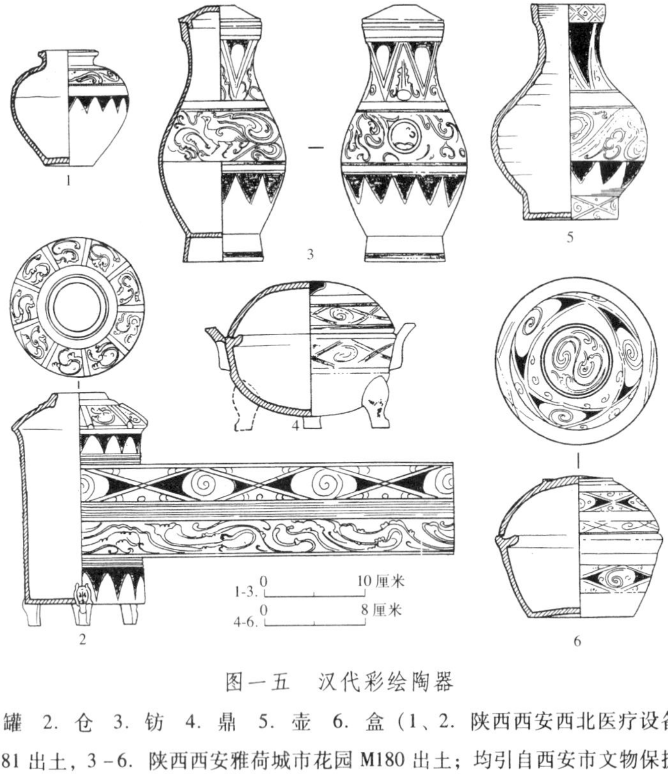

图一五　汉代彩绘陶器

1. 罐　2. 仓　3. 钫　4. 鼎　5. 壶　6. 盒（1、2. 陕西西安西北医疗设备厂M181出土，3－6. 陕西西安雅荷城市花园M180出土；均引自西安市文物保护考古所等《长安汉墓》，陕西人民出版社2004年版）

陶俑的彩绘也较多见，如秦始皇陵兵马俑坑彩绘俑、杨家湾汉墓陪葬坑彩绘侍女俑和骑马俑等。汉代的彩绘画像砖十分常见，彩绘内容丰富，多是先模印出花纹轮廓，而后上彩。汉代以后，彩绘陶器逐渐减少，多为俑类陶器。

（三）釉陶器

釉陶器是一种低温铅釉陶器，首先利用多种手法，如轮制、捏塑、堆贴、模制等成形，然后在其上施铅釉，最后入窑以低温一次烧造而成。它首先出现于西汉中期的陕西关中地区，西汉后期至东汉时期广为流传，其中以陕西、河南两京地区出土数量最多[41]，各类大、中、小型墓葬多有发现[42]。

汉代釉陶器多为随葬明器，器类较多（图一六），主要分为以下几类：一是日常生活类明器，如鼎、盒、壶、耳杯、豆、瓿、樽等；二是仓、灶、井、博山炉、灯、水碓、陶磨等模型明器；三是鸡、狗、猪、羊等家禽家畜及圈舍陶塑和斗狗、宰牲、烧烤、下棋类陶俑；四是建筑模型类明器，如作坊、楼阁、院落、池塘、坞堡等。造型与普通陶器、彩绘陶器相同，唯器表施了低温铅釉。

汉代釉陶器的釉为低温铅釉，它不同于以氧化钙为助熔剂的原始瓷器。它以普通的黏土制胎，以铅为基本助熔剂，在大约700℃左右即开始熔融，以铜、铁为呈色剂，在氧化气氛下烧成，其烧成温度一般在700℃—900℃之间。釉色以翠绿色居多，还有黄釉、黄褐釉、黑褐釉等[43]。釉层清澈，釉面光洁，色彩鲜亮，有的釉面见有细碎开片。

图一六　汉代釉陶器

1. 鼎　2. 壶　3. 盒　4. 罐　5. 仓　6. 奁　7. 灯　8. 熏炉（陕西西安西北医疗设备厂 M1 出土，引自西安市文物保护考古所等《长安汉墓》，陕西人民出版社 2004 年版）

汉代釉陶器以釉作为装饰，鲜艳美丽，形式多变，有单色釉和复色釉。单色釉，仅施一色的釉；复色釉，施两种釉，多是配合场景或不同部位施不同色釉[44]。低温铅釉技术使釉成为一种装饰，并利用不同的呈色剂，烧制不同的颜色，这为后来三彩器的发明提供了条件。

汉代烧造低温釉陶器的窑炉形制与陶窑和砖瓦窑相似。

（四）原始瓷器

原始瓷器在秦汉时期有了进一步发展。

秦代目前可以确定的原始瓷器较少，其中陕西临潼秦始皇陵内、外城之间的秦代房址中，发现有几件原始青瓷盖罐。罐盖为灰陶，盖面刻有阴文小篆“左”、“丽山食官”、“右”、“丽山□□□食官”等字样，为同出的原始青瓷罐属于秦代提供了可靠的年代依据[45]。罐胎色呈青灰色，质细而硬，烧成温度较高；釉为青褐色，釉层不够均匀，有聚釉现象。盖罐具秦代风格，其产地应在南方地区，属于实用的盛储器。

汉代的原始瓷器发现较多，地域分布较广，尤其是以浙江、江苏、江西、湖南等地为多。北方地区发现较少，多出土于中原地区汉墓中，这些原始瓷器的年代为西汉晚期至新莽时期，均是由南方地区输入的，器类多为壶、瓿等。南方地区汉墓中则十分常见，多发现于江浙[46]、湘赣[47]、两广[48]等地区。器类与战国时期相比有了明显变化，原始瓷乐器如编钟、錞于等基本消失，而多见原始青瓷鼎、盒、壶、瓿、钫、罐类器物，也有少数为猪、狗、鸡、牛、羊、马等家禽家畜类原始瓷塑。器物造型、纹饰多与同期的陶器、青铜器一致。西汉早期仿铜礼器类原始瓷器造型端庄大方，制作规整；而西汉晚期这类器物逐渐粗糙，出现了家禽家畜类瓷塑与房屋、庭院建筑类明器；至东汉时期日常生活用器已大量流行。原始瓷器多与普通陶器、印纹硬陶器等同出。

西汉至东汉中期的原始瓷器与战国风格不同，质量有所衰退。原料含铁量较高，胎色一般较深，呈深灰色或灰褐色。釉面不甚光洁，有流釉现象。东汉以前多采用刷釉法，多为半釉；东汉中期以后开始采用浸釉法，器物近底处无釉，釉层增厚。装饰技法有刻划花、堆贴花等，西汉初年较为简单，刻划弦纹或水波纹；西汉中晚期多刻划水波纹、云气纹、弦纹、飞鸟纹、神兽纹等，与同期的漆器图案十分相似，还出现了简单的贴花装饰；东汉早中期比较简单，流行弦纹、水波纹和少量铺首纹等。

目前考古发现的秦汉时期烧造原始瓷器的窑址多属东汉时期，基本上都在浙江，如宁波[49]、上虞[50]、绍兴外潮山[51]、永嘉、德清[52]，广州海福寺汉代窑场也烧造原始瓷器[53]。其中尤以上虞最为集中，1977 年调查发现有东汉窑址 36 处，分布在大顶尖山、龙松岭、凤凰山、大湖岙、四峰山等地，时代有早晚，相互衔接，存在明显的连续性[54]。值得注意的是，东汉早中期上虞窑场已转变为以烧制原始瓷器为主、兼烧印纹硬陶，说明此时在印纹硬陶和原始瓷器同窑合烧中，原始瓷器取得了主导地位。到了东汉中期偏晚阶段，有的窑场产品质量有了很大提高，已成为专门烧造原始瓷器的窑场，这也标志着瓷器生产成为一个独立的手工业部门。

（五）成熟瓷器

原始瓷器经过商周至秦汉时期的发展，原料加工逐渐精细，制作工艺愈加成熟，于东汉晚期发展成了成熟瓷器。根据目前的考古资料，在浙江上虞、宁波等地发现了东汉晚期烧造成熟瓷器的窑址；在河南洛阳烧沟[55]、浙江上虞凤凰山[56]、奉化白杜[57]、江西南昌[58]、安徽亳县[59]、湖南益阳[60]等东汉晚期墓中，均出土有成熟瓷器，尤以浙江、江西为多。

东汉晚期的成熟瓷器分青釉和黑釉瓷器，其中以青瓷数量最多。青釉瓷器的器类多是盛储、饮食类日常生活用器，常见有碗、盏、盘、钵、盆、罍、瓿、锺、壶、多系罐、五联罐、盂、唾壶、砚台等。胎料一般比较细腻，加工较细，呈灰或灰白色。釉色泛淡青或泛黄，比较均匀。装饰仍多见刻划或模印的弦纹、水波纹、斜方格纹、网格纹等，贴印铺首纹也较为常见。黑釉瓷器也是这一时期开始出现的，上虞、宁波的东汉晚期青瓷窑址均有发现，湖北、江苏、安徽等地汉墓中也有出土。它由原始瓷器中的酱釉瓷器发展而来，器类主要有盛储用的罐、壶等，还有少量的碗、盘，造型与青釉瓷器基本相同。制作略显粗糙，胎中 Fe_2O_3 含量较高，约 2.3%—2.8%，色呈深灰或灰黑；外仍施石灰釉，釉料中 Fe_2O_3 含量达 4%—5%，呈灰黑色，釉层厚薄不匀[61]。装饰比较少见，个别饰有弦纹或水波纹等。黑釉的出现，覆盖了胎色较深的缺陷，扩大了原料来源，有利于制瓷手工业的发展。

东汉晚期的瓷窑遗址主要发现在浙江上虞地区[62]，江西丰城[63]、湖南湘阴[64]等地也发现了烧制成熟瓷器的窑址。窑炉为龙窑，由火膛、窑室、排烟设施等几部分组成，但比以前有了很大改进和提高。窑炉长度普遍加长，有的全长可达10米余，增加了装烧量。例如，上虞帐子山两座东汉时期的龙窑遗迹，一号窑炉仅存窑的后部，残长3.9、宽2米左右，窑床倾斜度前段28°、后段21°，二号窑炉的窑床倾斜度前段31°、后段14°；江西丰城港塘新村的一处东汉窑炉遗迹，残长约10、宽2米，断面可见有9层烧结面，最上一层窑床的倾斜度中部19°、后部9°。同时，窑室后部设有挡火墙，下设出烟孔[65]。

窑室内外堆积中发现有窑具，分为支具和间隔具。支具即支座，有斜底直筒形、斜底束腰形和平底束腰形等。间隔具多为三足支钉。这类窑具的使用，提高了烧成质量。

东汉晚期成熟瓷器的烧制成功，是商周至秦汉时期原始瓷器长期发展的结果，开始了中国制瓷手工业的新纪元，为后来制瓷手工业的发展奠定了基础。

注　释

[1] 陕西省考古研究所《秦都咸阳考古报告》，科学出版社2004年版。

[2] 陕西省博物馆、文管会勘查小组《秦都咸阳故城遗址发现的窑址和铜器》，《考古》1974年第1期。

[3] 中国社会科学院考古研究所栎阳发掘队《秦汉栎阳城遗址的勘探和试掘》，《考古学报》1985年第3期。

[4] 陕西省考古研究所等《秦始皇陵兵马俑坑一号坑发掘报告》，文物出版社1988年版；始皇陵秦俑坑考古发掘队《秦始皇陵东侧第二号兵马俑坑钻探试掘简报》，《文物》1978年第5期；秦俑坑考古队《秦始皇陵东侧第三号兵马俑坑清理简报》，《文物》1979年第12期。

[5] 西安市文物保护考古所《西安南郊秦墓》，陕西人民出版社2004年版。

[6] 湖北省文物考古研究所等《襄阳王坡东周秦汉墓》，科学出版社 2005 年版。
[7] 袁仲一《秦始皇陵兵马俑研究》，文物出版社 1990 年版。
[8] 张志军《秦始皇陵兵马俑文物保护研究》，陕西人民教育出版社 1998 年版。
[9] 朱君孝等《试论秦始皇兵马俑的工艺技术渊源》，《考古与文物》2005 年第 2 期。
[10] 王望生《秦兵马俑陶窑形制初探》，《文博》2003 年第 6 期。
[11] 陕西省博物馆《秦汉瓦当》，文物出版社 1961 年版。
[12] 秦俑考古队《秦始皇陵西侧“丽山食官”建筑遗址清理简报》，《文博》1987 年第 6 期。
[13] 秦俑坑考古队《秦始皇陵东侧马厩坑钻探清理简报》，《考古与文物》1980 年第 4 期。
[14] 始皇陵秦俑考古发掘队《秦始皇陵西侧赵背户村秦刑徒墓》，《文物》1982 年第 3 期。
[15] 中国社会科学院考古研究所《汉长安城未央宫遗址》，科学出版社 1996 年版；中国社会科学院考古研究所《汉长安城未央宫——1980—1989 年考古发掘报告》，中国大百科全书出版社 1996 年版；中国社会科学院考古研究所汉长安城工作队等《汉长安城遗址研究》，科学出版社 2006 年版。
[16] 刘庆柱等《西汉诸陵调查与研究》，《文物资料丛刊》第 6 辑，文物出版社 1983 年版；陕西省考古研究所《汉阳陵》，重庆出版社 2001 年版。
[17] 陕西省文管会等《咸阳杨家湾汉墓发掘简报》，《文物》1977 年第 10 期。
[18] 中国社会科学院考古研究所等《满城汉墓发掘报告》，文物出版社 1980 年版；湖南省博物馆等《长沙马王堆一号汉墓》，文物出版社 1973 年版；广州市文物管理委员会等《西汉南越王墓》，文物出版社 1991 年版。
[19] 西安市文物保护考古所等《长安汉墓》，陕西人民出版社 2004 年版；洛阳区考古发掘队《洛阳烧沟汉墓》，科学出版社 1959 年版；中国科学院考古研究所《长沙发掘报告》，科学出版社 1957 年版；广州市文物管理委员会等《广州汉墓》，文物出版社 1981 年版；魏坚编著《内蒙古中南部汉代墓葬》，中国大百科全书出版社 1998 年版。
[20] 狮子山楚王陵考古发掘队《徐州狮子山西汉楚王陵发掘简报》，《文物》1998 年第 8 期。
[21] 济南市博物馆《试谈济南无影山出土的西汉乐舞、杂技、宴饮陶俑》，《文物》1972 年第 5 期。
[22] 陈直《秦汉瓦当概述》，《文物》1963 年第 11 期。

[23] 洛阳市文物局等《汉魏洛阳故城研究》，科学出版社2000年版。
[24] 中国社会科学院考古研究所《汉长安城未央宫遗址》，科学出版社1996年版；中国社会科学院考古研究所《汉长安城未央宫——1980—1989年考古发掘报告》，中国大百科全书出版社1996年版。
[25] 洛阳区考古发掘队《洛阳烧沟汉墓》，科学出版社1959年版；西安市文物保护考古所《西安龙首原汉墓》，西北大学出版社1999年版。
[26] 洛阳市文物工作队《洛阳李屯东汉元嘉二年墓发掘简报》，《考古与文物》1997年第2期；湖南省博物馆《湖南资兴东汉墓》，《考古学报》1984年第1期；广州市文物管理委员会等《广州汉墓》，文物出版社1981年版；武威地区博物馆《甘肃武威旱滩坡东汉墓》，《文物》1993年第10期。
[27] 王博《新疆考古出土手制黑衣陶器初探》，《西域研究》2002年第3期。
[28] 张勇《豫西汉代陶水榭》，《中原文物》2003年第3期。
[29] 广州市文物管理委员会《广州动物园东汉建初元年墓清理简报》，《文物》1959年第11期。
[30] 河南博物院《河南出土汉代建筑明器》，大象出版社2002年版。
[31] 陕西省博物馆等《秦都咸阳故城遗址发现的窑址和铜器》，《考古》1974年第1期；秦俑考古队《秦代陶窑遗址调查清理简报》，《考古与文物》1985年第5期。
[32] 中国社会科学院考古研究所汉城队《汉长安城窑址发掘简报》，《考古学报》1994年第1期。
[33] 洛阳市文物工作队《东周王城战国至汉代陶窑遗址发掘简报》，《文物》2004年第7期。
[34] 福建博物院等《福建武夷山市城村西汉窑址发掘简报》，《考古》2003年第12期。
[35] 李毓芳《汉长安城的手工业遗迹》，《文博》1996年第4期。
[36] 中国社会科学院考古研究所汉城考古队《1992年汉长安城冶铸遗址发掘简报》，《考古》1995年第9期。
[37] 河南省博物馆等《汉代叠铸——温县烘范窑的发掘和研究》，文物出版社1978年版。
[38] 唐金裕《西安市北郊汉代砖瓦窑址》，《考古》1964年第4期；洛阳市第二文物工作队《洛阳轴承厂汉代砖瓦窑场遗址》，《中原文物》1995年第4期。
[39] 浙江省文物考古研究所《河姆渡》，文物出版社2003年版。
[40] 李伯谦《论夏家店下层文化》，《纪念北京大学考古专业三十周年论文集》，

文物出版社 1990 年版。

[41] 洛阳区考古发掘队《洛阳烧沟汉墓》，科学出版社 1959 年版；河南省文物考古研究所《河南济源市泗涧沟墓地发掘简报》，《华夏考古》1999 年第 2 期；西安市文物保护考古所等《长安汉墓》，陕西人民出版社 2004 年版。

[42] 河北省文物研究所《河北沙河兴固汉墓》，《文物》1992 年第 9 期；山东省文物考古研究所《济青高速公路（章丘工段）考古发掘报告集》，齐鲁书社 1993 年版；山西省考古研究所《侯马乔村墓地（1959—1996）》，科学出版社 2004 年版；魏坚《内蒙古中南部汉代墓葬》，中国大百科全书出版社 1998 年版；甘肃省博物馆《甘肃武威磨咀子 6 号汉墓》，《考古》1960 年第 5 期。

[43] 张福康等《中国历代低温色釉的研究》，《硅酸盐学报》1980 年第 1 期。

[44] 陈彦堂等《河南济源汉代釉陶的装饰风格》，《文物》2001 年第 11 期。

[45] 中国硅酸盐学会《中国陶瓷史》第三章第三节，文物出版社 1982 年版。

[46] 绍兴市文物管理处《绍兴狮子山西汉墓》，《考古》1988 年第 9 期；浙江省文物考古研究所等《浙江上虞凤凰山古墓葬发掘报告》，《浙江省考古研究所学刊·建所十周年纪念（1980—1990）》，科学出版社 1993 年版。

[47] 湖南省博物馆等《湖南资兴西汉墓》，《考古学报》1995 年第 4 期；江西省博物馆《南昌东郊西汉墓》，《考古学报》1976 年第 2 期。

[48] 广州市文物管理委员会等《广州汉墓》，文物出版社 1981 年版；广西壮族自治区文物工作队等《合浦风门岭汉墓——2003—2005 年发掘报告》，科学出版社 2006 年版。

[49] 林士民《浙江宁波汉代窑址的勘查》，《考古》1986 年第 9 期。

[50] 浙江省文物考古所等《浙江上虞县发现的东汉瓷窑址》，《文物》1981 年第 10 期。

[51] 绍兴县文物保护管理所《浙江绍兴外潮山馒头山古窑址》，《江汉考古》1994 年第 4 期。

[52] 朱建明《浙江德清原始青瓷窑址调查》，《考古》1989 年第 9 期。

[53] 广州市文物考古研究所《广州海福寺汉代窑场遗址的发掘》，《考古学报》2003 年第 3 期。

[54] 同 [45]。

[55] 洛阳区考古发掘队《洛阳烧沟汉墓》，科学出版社 1959 年版。

[56] 浙江省文物考古研究所等《浙江上虞凤凰山古墓葬发掘报告》，《浙江省考古研究所学刊·建所十周年纪念（1980—1990）》，科学出版社 1993 年版。

[57] 王利华等《奉化白杜汉熹平四年墓清理简报》，《浙江省文物考古所学刊》，文物出版社 1981 年版。
[58] 江西省文物管理委员会《南昌市郊东汉墓清理》，《考古》1965 年第 11 期。
[59] 安徽省亳县博物馆《亳县曹操宗族墓葬》，《文物》1978 年第 8 期。
[60] 周世荣《湖南益阳市郊发现汉墓》，《考古》1959 年第 2 期。
[61] 国家建材总局建材研究院《我国古代黑釉瓷的初步研究》，《硅酸盐学报》1979 年第 3 期。
[62] 浙江省文物考古所等《浙江上虞县发现的东汉瓷窑址》，《文物》1981 年第 10 期。
[63] 江西省文物考古研究所等《江西丰城洪州窑遗址调查报告》，《南方文物》1995 年第 2 期。
[64] 周世荣《湖南陶瓷》，紫禁城出版社 1988 年版。
[65] 朱伯谦《试论我国古代的龙窑》，《文物》1984 年第 3 期。

五 三国两晋南北朝时代的瓷器

三国两晋南北朝时代，除西晋短暂的统一之外，中国南、北方长期处于分裂和对峙状态，制瓷技术交流渠道不畅，再加上各自传统陶瓷技术的差异等原因，南、北方制瓷手工业发展很不平衡。

在南方地区，东汉晚期成功烧造出了成熟瓷器。成熟瓷器比陶器和原始瓷器漂亮、美观、实用，又比铜器、漆器造价低廉、制作方便，再加上原料蕴藏丰富、分布广泛、容易开采等优势，所以进入东吴之后，发展较快。其窑场的规模扩大，烧造地点不断增加，产量和质量日益提高。瓷器逐渐成为人们生活中普遍使用的器具，在日常生活用器中逐渐取代了陶器。相比之下，制陶手工业逐渐萎缩，产量锐减，使用范围缩小，并以随葬明器最为常见，日常生活用器已很少见了。

在北方地区则有所不同。北方地区制瓷手工业约出现于公元6世纪初。在曹魏建国的公元220年至5世纪末这个阶段，北方地区制陶手工业仍在稳步发展，陶器仍是人们日常生活中的基本器具。虽然这阶段也使用了南方地区烧造的瓷器，但数量很少，且多集中在西晋时期。北方地区制瓷手工业出现后，在人们的日常生活用器中使用瓷器的情况逐渐增多，但陶器仍占较大的比例。

综合上述，在三国两晋南北朝时代的陶瓷手工业中，制陶手工业，在北方地区仍占主导地位，在南方地区已退居次要地位；制瓷手工业，在北方地区北朝晚期才刚刚兴起，在南方地区已进入了发展、提高的新阶段了。

三国两晋南北朝时代南、北方制瓷手工业尽管发展情况不同，但其已显现出了强劲的发展势头。就总体而言，制瓷手工业已占据了主导地位，瓷器已逐渐成为人们日常生活的主要器具了。

（一）瓷窑及其分布

三国两晋南北朝时代瓷窑增多，烧造区域逐渐扩展。在东汉晚期开始烧造成熟瓷器的浙江上虞[1]、江西丰城[2]、湖南湘阴[3]，这时期继续生产，窑场规模扩大、烧造地点增多，很快进入了兴盛期。浙江地区制瓷手工业发展尤为突出，除上虞外，在东吴或东吴以后，在慈溪[4]、温州[5]、金华[6]、德清[7]等地仍在或建立窑场，烧造瓷器。位于太湖之滨的江苏宜兴，在东吴、西晋时期也开始建窑烧造青釉瓷器[8]。西晋的统一，为制瓷技术的交流和普及、推广提供了方便。大约在西晋以后尤其是南北朝时期，制瓷手工业发展迅速，在长江中下游以外地区也逐渐开始建立瓷窑，主要有福建的福州怀安窑[9]、晋江磁灶窑[10]、广西桂林窑[11]、四川的邛崃窑[12]、成都的青羊宫窑[13]、安徽的淮南窑[14]、山东的枣庄中陈郝窑[15]、淄博寨里窑[16]、河北的内丘窑[17]等。广东地区虽然未发现这时期的瓷窑遗址，但这里墓葬中出土的晋南朝时期的瓷器与周围诸窑的产品有明显的区别，推测这些瓷器很可能就是广东本地区所烧造的。并据有关考古资料推测，河北磁县贾壁村[18]、河南安阳[19]发现的隋代瓷窑遗址和河南巩县窑，均可上溯到北朝晚期。

上述瓷窑（烧造地点）制瓷技术进步较快，产品质量日益提高，遂逐渐形成了各自的风格。

（二）南方地区瓷器

三国两晋南北朝时代，南方地区由于战乱较少，社会相对安定，人口有所增加，农业生产逐渐发展和人们对瓷器需求量的急剧增长，使南方地区的制瓷手工业得到了较快的发展。到南朝时，烧造瓷器的地点已遍及长江流域。这时期南方地区各瓷窑均烧造青釉瓷器，仅个别瓷窑在烧造青釉瓷器的同时烧造黑釉瓷器或兼烧少量的黑釉瓷器。

1. 青釉瓷器

青釉瓷器是南方地区制瓷手工业的大宗产品，是生产的主流。

东吴时期是成熟瓷器发展初期，各地青瓷窑场发展很不平衡。一般说来，浙江上虞一带烧造的质量较好，湖南湘阴次之，江西丰城较差。

东吴时期青釉瓷器的器类较东汉晚期增多，可以分为二大类。第一类是日常生活用器，器型主要有双唇罐、鸡首罐、罐、盘口壶、盆、洗、钵、碗、盘、耳杯、杯、水盂和虎子等，制作规整。浙江绍兴出土的一件三足洗[20]，口径 23. 6 厘米，平沿，曲壁，浅腹，三个虎头状足，造型端庄、稳重，是东吴时期的代表作之一。江苏南京赵士冈出土的一件虎子[21]，长 20. 9 厘米，体形似一跪伏的动物，造型新颖、生动。其腹下侧刻划铭文一行："赤乌十四年会稽上虞师袁宜作。"可知这件虎子的烧造年代（公元 251 年）、产地（上虞）和制作者，是研究东吴时期青瓷的珍贵资料。此外，还有的将水盂的外形作成蛙形、杯作成鸟形，既实用又美观。第二类是随葬明器，这类器物在东汉时期大部分是陶质的，东吴时期多改用青瓷质料的。器型主要有谷仓罐、鸡笼、猪圈、犬栏、井、碓、灶等，多是模仿现实生活中实物而作的，形象逼真，生动表现了祥和、殷实的家居生活的情景。在明器中值得注意的是谷仓罐，制作工艺极为复杂，它是先作成一个大罐，颈比较长细，口较小，然后在颈上部、口周围贴上四个小罐，最后在罐上、长颈周围塑出或贴上楼阁、阙、人物、动物等。这类罐是由东汉晚期的五联罐发展演变而来的，但远比五联罐高大、精美。它是东吴时期青瓷中较为特殊的一种器型，多为浙江上虞烧造。

这时期胎、釉的状况较东汉晚期多有改进。由于各地制瓷原料和制作技术的不同，胎、釉的呈色较为复杂，胎有浅灰、灰、深灰、灰黑色等，釉有青、深青、青黄、青褐色等。东吴时期青瓷饰有花纹的不多。装饰技法有划花、压印花和贴花。日常生活用器上的花纹很简单，习见的仅有水波纹、斜方格纹、铺首纹。斜方格纹是压印而成，呈宽带形，饰于洗、盆、罐等器物的上腹部或肩部，改变了东汉晚期罐等器物通体饰斜方格纹（麻布纹）的作法。铺首纹呈兽头状，嘴衔环，模制成后贴于盆、洗等器物的上腹部或腹部。斜方格纹和铺首纹往往配合使用，具有古朴、庄重的效果。谷仓罐除了罐上面复杂、繁缛的堆塑之外，有很多在罐的上腹部和肩部贴饰模制的佛像、人物、各种动物等。北京故宫博物院藏东吴永安三年（公元 260 年）谷仓罐[22]，贴饰狗、鹿、龟、鱼、走兽以及持矛刺猪的人物，正面肩上贴一驮碑伏龟，碑面刻：“永安三年时，富且洋，宜公卿，多子孙，寿命长，千亿万岁未见央。”

两晋时期青瓷生产发展迅猛。浙江上虞、慈溪一带的窑场产量和质量继续保持领先地位，江西丰城、湖南湘阴的窑场发展很快，产量、质量大幅度提高，有些产品完全可与上虞、慈溪的媲美。

两晋时期青瓷器类十分丰富。在日常生活用器中，原有的器类，如罐、盘口壶、水盂、虎子等，式样剧增。鸡首罐成功演变成鸡首壶。同时，新增了兽形尊、插器等器型。造型美观、大方。浙江余姚出土的一件西晋时期的鸡首壶[23]，造型奇特，此壶通高 24 厘米，盘口，短粗颈，鼓腹，平底，肩部有一制作精细、羽毛丰满、形象逼真、正在啼鸣的鸡首。有趣的是，在盘口上有一呈黄鼬形象的提梁，黄鼬前肢伏卧，伸头竖耳，对准鸡冠作欲噬状，后二肢则夹住长尾，足蹬在口沿上，身部弓起，十分生动，是稀世珍品。浙江上虞出土的一件东晋时期的鸡首壶[24]，形制完全成熟，高 14 厘米，盘口，细颈，圆鼓腹，平底，鸡首立于肩部，与鸡首对应的另一边有一柄，其余二侧肩部各有一桥形系。此后，鸡首壶的演变都是在这个基本形制的基础上进行的。香熏比较多见，制作非常讲究。浙江嵊县西晋元康八年（公元 298 年）墓出土的一件[25]，由熏和托两部分组成，通高 18.1 厘米，小口，熏身呈球形，上部镂三层三角形锯齿边的孔，口上塑一鸟，下置三兽足。托呈浅腹盘形，平底，三兽头足。整体造型端庄、稳重。引人注目的是，这时代还盛行将青瓷器的外形塑刻成动物的形象，如鹰形盘口壶、神兽形尊、熊形器、羊形器、狮子形插器等，造型协调，式样优美、生动，既实用，又有很好的艺术效果，是这时期青瓷工艺、艺术水平的标志性作品。专门供随葬用的明器，还继续烧造，但只流行于西晋时期，东晋时期就很少见了。器类除延续东吴时期的之外，还常见各种俑和家畜、家禽。谷仓罐仍是随葬器物中的重要器物，罐上的堆塑内容较东吴时期有所简化，排列也较为疏朗，并重点突出楼阁等建筑形象。浙江上虞西晋太熙元年（公元290年）墓出土的一件[26]，通高54.8厘米，罐身修长，平底，罐上、颈周围塑或贴人物、佛像、飞凤、楼阁、龟趺碑、四个小罐等，腹部贴熊、麒麟等瑞兽和四铺首衔环，口部置一组建筑以为盖（图一七）。俑的

图一七　西晋青釉谷仓罐

种类较多，湖南长沙西晋永宁二年（公元302年）墓出土的一件对坐俑[27]，颇有情趣，通高16.5厘米，青釉几乎全部脱落，俑头戴高冠，身穿衣服。两俑相向而坐，中间置一书案，案上放有笔、砚和简册，作书写状，又若有所语。造型设计比较新颖。

两晋时期对制作青瓷的原料加工较细，质地多较致密，胎多呈灰色，少数颜色较深，呈深灰色等。胎色深，对青釉的呈色有明显的不良影响。为了覆盖较深的胎色，浙江金华一带的窑场，在西晋时期发明了化妆土工艺，即在器物成形、晾干之后，先在胎体的表面施一层颜色较浅（灰或浅灰色）的化妆土，然后再施青釉。化妆土是用含铁量少、加工精细的瓷土加水调和而成。它不但可以覆盖胎体较深的颜色，增强青釉的呈色效果，还可以将比较粗糙的胎体表面变得光净，使釉层均匀、饱满，釉面莹润。同时，它为利用质量较低的原料创造了条件，使那些原料中含铁量较高、烧造不成青瓷的地区，不但能烧造青瓷，而且还能烧造出较好的青瓷。

这时期对青釉的配制和施釉方法均有较明显的进步。釉质多较细，透明度较高。施釉多采用蘸釉（浸釉）法，釉层薄厚多较均匀，釉面多较光洁、晶莹，开细纹片。瓷器开纹片，是因在焙烧过程中，胎、釉的膨胀系数不一致而自然形成的，是瓷器上的一种缺陷。可是到宋元时期工匠们掌握了它的形成原理和规律，人为地变成了一种装饰。由于釉中含铁量不同和烧成方面的原因，青釉的色调不一，多呈青色，少部分呈青泛黄色，还有少量的呈淡青色，均有良好的效果。特别是淡青色釉，淡雅、清澈，效果尤好。

两晋时期花纹装饰复杂化，以花纹装饰青瓷的作法流行。装饰技法有划花、刻花、压印花、贴花和彩绘、点彩等多种。用前三种方法作出的花纹内容比较丰富，常见的纹样有菱形纹、斜方格纹、联珠纹、忍冬纹、菊瓣纹、莲瓣纹等。斜方格纹和联珠纹经常配合使用，组成一较宽的装饰纹带。莲瓣纹是东晋晚期在佛教艺术影响下出现的一种新的装饰纹样，一般饰于碗、杯的外侧，线条简练，装饰面大，效果颇佳。贴花的纹样见于日常生活用器上的有铺首、佛像等。铺首纹流行，用于罐、盘口壶、壶、盆、洗、唾盂等多种器物之上，仍多与斜方格纹组合起来使用。贴花仍是谷仓罐的主要装饰技法，纹样颇多，有铺首、乐人、舞人、骑士、佛像、龙、凤、狮子、麒麟、龟、朱雀等，贴饰于罐的腹部或上腹部，布局稀疏有序。浙江绍兴西晋永嘉七年（公元 313 年）墓出土的一件[28]，上腹部等距离贴饰六个奏乐或舞蹈人物。可见，谷仓罐的贴花装饰也趋于简化。彩绘和点彩技法，是东吴西晋时期创用的。以彩绘技法装饰的青瓷发现极少，江苏南京长岗村三国吴末至西晋初年墓出土的釉下彩绘盘口壶，是具有代表性的一件[29]，此壶通高 32.1 厘米，通体以褐彩绘画花纹，内容十分丰富，主要有柿蒂、连弧、云气、仙草、朵花、异兽、人面鸟、动物、持节人物等，表现的是“魂神升天”的场面。彩绘线条繁密、流畅，大约是借鉴了漆器花纹图案的绘画技法。点彩技法西晋后期、东晋时期盛行。它的作法是，以毛笔将褐色彩点饰在器物的盖面、口部、肩部等部位，彩点较大，多不甚规则，极为醒目，为素雅的青瓷增添了光彩。上述各装饰技法往往结合使用，常见二种甚至三种技法同时运用在一件器物上，增强了艺术感染力。

南朝时期青瓷手工业进入了一个新的发展阶段。生产区域大大扩展。长江下游地区的上虞、慈溪、武义等地青瓷的发展速度放慢；长江中游地区的江西丰城、湖南湘阴发展较快，质量提高也较明显；四川等地新建窑场的青瓷产品虽各有特点，但质量大不如长江中下游地区。

南朝时期的青瓷器类与两晋时期相比，发生了显著的变化。随葬明器基本不见了，日常生活用器中新增了莲花纹尊、盏盘、托碗等，造型简朴、实用。除了少数虎子外，已很少见将其他器物的外形作成动物形象的作法了。罐、盘口壶、鸡首壶体形日趋瘦长，浙江慈溪出土的一件鸡首壶[30]，高 39.1 厘米，是这时期的典型作品。莲花纹尊、托碗做工精细，造型优美、大方，湖北武昌南朝齐永明三年（公元 485 年）墓出土的一件莲瓣纹尊[31]，通高 35.8 厘米，侈口，长粗颈，椭圆形腹，高圈足外撇，有盖，颈、身部均饰仰、覆莲瓣纹；江西吉安南朝齐永明十一年（公元 493 年）墓出土的一件托碗[32]，通高 10.9 厘米，由碗和托两部分组成，碗口部微侈，曲壁，深腹，假圈足，托呈浅腹盘形，内底中部有一高出底面的托口，碗足置于其内。均是难得之佳作。

南朝时期青瓷烧造地域广阔，各地就地取料，烧造技术又有差别，所以胎、釉的情况也不尽相同。一般说来，长江中下游地区胎质比较细，以灰色为主，釉的呈色效果也较好；四川、福建、广西地区胎质较粗或略粗，釉的呈色还不够稳定。

南朝时期青瓷的装饰简化。装饰技法有划花、刻花和点彩，压印花、贴花、彩绘的技法少见或不见了。划、刻花的花纹内容大为减少，常见的纹样仅有莲瓣纹和莲花纹，另有少量菊瓣纹和缠枝忍冬纹。莲瓣纹使用较为普遍，饰于碗的内侧或外侧和罐、盘口壶、鸡首壶、尊、杯的外侧，莲花纹饰于盘和托盘的内侧。线条简练，制作精细，艺术效果颇佳。点彩技法使用不多，而且只见于南朝早期，仍多饰于器物的口沿、肩部和器盖上。彩点较两晋时期小，排列颇密。

2. 黑釉瓷器

黑釉瓷器的生产量远不及青釉瓷器多。迄今尚未见专门烧造黑釉瓷器的窑址，多是在烧造青釉瓷器的同时兼烧黑釉瓷器，个别瓷窑以烧造黑釉瓷器为主。浙江德清窑是这时期以烧造黑釉瓷器为主的瓷窑，产品质量较好，代表了当时黑釉瓷器生产的水平，在当时影响较大。

黑釉瓷器的器类以生活用器为主，并以贮藏器为多，器型有罐、盘口壶、鸡首壶、钵、唾盂等，制作规整，造型特点与同时期同类青瓷器物相同或相似。上海博物馆藏的一件东晋时期的盘口壶[33]，高 24.9 厘米，盘口，竹节状细长颈，四个桥形耳，鼓腹，平底，釉层均匀，釉色漆黑，是这时期黑釉瓷器的典型之作。这时期，胎色较深，多呈深灰、紫灰色。釉层显厚，釉面多光莹，色调呈黑、黑泛褐色。少数的黑如漆，可与漆器媲美。装饰十分简单，通常是在器物肩部刻划几道弦纹。

南方地区是中国瓷器的发源地，三国两晋南北朝时代这里仍然是瓷器的重要产区。它所烧造的瓷器尤其是长江中下游地区的产品，代表了这时期瓷器的最高水平。它的产品不但销往北方地区，而且对北方地区制瓷手工业的创建和发展产生了重大影响。

（三）北方地区瓷器

三国两晋南北朝时代，北方地区战争频繁，延续时间较长，社会动荡不安，社会经济发展相对滞后，制瓷手工业兴起的时间比南方地区晚得多。考古资料表明，北方地区制瓷手工业约出现于北魏晚期（公元6世纪初），到东魏、北齐时期（公元534—577年）达到了较好的水平，发展较快。其窑址发现于山东中南部和河北南部、河南中北部地区。河北南部、河南中北部一带窑场烧造的质量较好，是这时期北方地区制瓷手工业的中心区域。北方地区烧造的瓷器品种较南方地区多，有青釉瓷器、白釉瓷器、黄釉瓷器、黑釉瓷器，其中以青釉瓷器为主。

1. 青釉瓷器

青釉瓷器也是北方地区制瓷手工业的主流产品。器型比较丰富，主要有盘口壶、鸡首壶、罐、尊、碗、盘、杯、唾盂等，基本均属日常生活用器，很少见专供随葬用的明器。胎体多较厚重，造型粗犷、朴实、端庄。尊和有些罐的造型，还与富有装饰性的莲瓣纹巧妙、协调地结合在一起，使莲瓣纹既有装饰作用，又是造型不可分割的部分。河北景县北齐河清四年（公元565年）封子绘墓出土的一件莲瓣纹尊[34]是这时期的代表作，通高63.6厘米，带盖，撇口，长颈，长圆腹，喇叭形高足，颈部贴饰团花纹和蟠龙纹，身、足部饰仰、覆莲瓣纹，造型雄伟、大方，装饰华丽。山西太原北齐武平元年（公元570年）娄叡墓出土的一件鸡首壶[35]，高48.2厘米，盘口，长细颈，鼓腹，下腹骤收又略外撇，平底，龙形把手，制作精细，造型优美，是北朝时期鸡首壶的典型之作（图一八）。娄叡墓出土的灯[36]，造型高大，由灯碗、柄、座三部分组成，通高50.2厘米，做工颇精。

原料都经过较好的加工，质地多较细，有的地区尤其是山东地区的产品比较粗糙。胎色有浅灰、灰、深灰色，烧成温度不高，有些可以明显看出尚未完全烧结。釉层较南方地区厚，玻璃质感较强，釉面晶莹。釉的色调比较复杂，有青、青灰、

图一八　北齐青釉螭柄鸡首壶

青泛黄、青黄、青褐色等。值得注意的是，青黄色釉占的比例较大，说明在烧成过程中还原技术掌握得还不太好。此外，器物上泪痕状的流釉现象也比较多见。

花纹装饰较南朝时期复杂。装饰技法有划花、刻花、雕刻花和贴花等，贴花在南朝时期已不再使用，在这里却很常见。花纹内容中与佛教艺术有关的纹样颇为盛行，主要有莲瓣纹、莲花纹、联珠纹、忍冬纹等，这显然与北朝时期佛教的流行有直接的关系。其他纹样有贴饰的铺首纹、团龙纹、鸟纹和刻划的花朵纹、三角纹等。上面提到的封子绘墓出土的莲花纹尊、娄叡墓出土的鸡首壶、灯是这时期花纹装饰的杰出作品。莲花纹尊运用划花、刻花、雕刻花和贴花的技法，作出以仰、覆莲瓣纹为主体的装饰花纹，层次分明，纹样多而有序，独具匠心。鸡首壶以贴花的技法，在肩和上腹部饰二朵莲花纹、四朵宝相花纹和四枚忍冬纹，下腹部饰四只鸟纹，布局合理。灯采用划花、刻花、贴花的技法，座饰覆莲纹和联珠纹，柄下部饰四朵宝相花纹，上部为四瓣仰莲纹，灯碗饰宝相花和忍冬纹，口部饰一周联珠纹，纹样与造型结合自然、得体。

2. 白釉瓷器

白釉瓷器的出现，具有划时代的重要意义。其实白瓷和青瓷的制作工序是相同的，所不同的是，将胎、釉原料中铁的含量控制在1%以下，便可以烧造出白釉瓷器。

北方地区这时期出土的白釉瓷器的数量不多，器类均为日常生活用器。确切的重要的资料有二批。一批是1971年在河南安阳北朝北齐武平六年（公元575年）范粹墓出土的[37]，这一发现，以确凿的证据证明白釉瓷器出现于北朝晚期。该墓共出土白釉瓷器10件，器型有长颈瓶、三系罐、四系罐、壶、杯，造型特征与北方地区同时期同类青釉瓷器相同，其中一件莲瓣纹四系罐[38]是其代表作之一，其高19厘米，直口，矮领，鼓腹，假圈足，肩置四系，肩至腹部塑刻出莲瓣纹，做工较为精细。这批白瓷，胎原料经过认真选择、淘洗，质地较细腻，颜色较白净。釉层较薄而光润，釉呈乳白色，微微泛淡黄色。装饰花纹，三系罐、四系罐肩至腹部塑刻莲瓣纹，莲瓣宽肥，瓣尖微卷，与器物的造型紧密地结合在一起，颇为优美；三系罐、长颈瓶器身部施有条状翠绿彩，十分醒目。另一批是河北内丘窑址出土的[39]，器型有钵、盘、杯等，造型比较规整，胎质较粗，呈白灰色，施有化妆土。釉较细，多呈灰白色，白度较低，釉面有较好的光泽，不见花纹装饰。其时代，从器物的造型和工艺特征看，约为北朝晚期。这二批资料基本反映了北方地区这时期白瓷的情况。但需要特别指出的是，它们在胎、釉的白度和制作精细程度上，与隋唐时期的白瓷还有一定的差距，还显得不够成熟。

3. 黄釉瓷器

黄釉瓷器多发现于北齐时期的墓葬中，数量不多。器型有扁壶、壶、盘、杯等，均为日常生活用器。范粹墓出土的扁壶[40]为模制，造型模仿金银器，形制呈扁圆形，上窄下渐宽，小口，短颈，假圈足，两肩各置一系，颇为新颖别致，是这时期瓷器中的珍品。其余器物的形制与北方地区同时期同类青釉瓷器相同或相似。

黄釉瓷器的胎质较细，多为灰白色。釉也是以氧化铁为呈色剂的石灰釉，与青瓷不同的是，它在氧化气氛中烧成。黄釉的色调有深浅之别，有的呈深黄色，有的呈淡黄色。装饰花纹中比较重要的是范粹墓出土的扁壶上模印的乐舞画面。其是在壶身扁面模印出一组由五个深目高鼻的胡人组成的乐舞活动场面，中央一人，起舞于莲座之上；左边二人，一人双手持笛吹奏，另一人双手扬起作打拍状；右边二人，一人手持琵琶作弹奏状，另一人双手击钹。极为形象生动，是十分珍贵的乐舞资料。

此外，这时期还烧造少量的黑釉瓷器，器型有罐、碗等，造型与北方同时期同类青釉瓷器相同。胎质多较细，釉层均匀，有较好的光泽。釉多呈黑褐色，严格说还不是纯正的黑瓷。

北方地区制瓷手工业是在南方地区制瓷手工业影响下创立和发展起来的，历史较南方地区短得多，产量和质量就总体而言还不如南方地区。但它发展很快，在短短的半个多世纪里，不但烧造出像封氏墓群出土的莲花纹大尊和范粹墓出土的乐舞纹扁壶那样的精美之作，而且在烧造青釉瓷器的实践中创烧了白釉瓷器，打破了长期以来青釉瓷器“一统天下”的局面，为隋唐时期白瓷与传统青瓷并肩发展乃至形成“南青北白”制瓷手工业的生产格局奠定了基础。

（四）制瓷工艺的重要成就

三国两晋南北朝时代是成熟瓷器烧造的初期，其瓷器特别是制瓷工艺以往很少被人们关注和重视。其实有不少对瓷器产量、质量有直接影响的工艺出现于这个时代，是制瓷工艺发展的一个重要时期。从上述及目前所知考古资料观察，这时期制瓷工艺的成就是多方面的，重要的对后世有重大作用的成就主要有六项。

1. 白釉瓷器的创烧

从商代原始瓷器开始，在相当长的时间里都是在烧造青釉瓷器，仅在东汉晚期烧造了少量的黑釉瓷器。20 世纪 70 年代及其以后的考古资料一再证明，南北朝晚期北方地区创烧了白釉瓷器[41]，丰富了瓷器品种。其实，白釉瓷器和青釉瓷器的制作工序是完全相同的。所不同的仅在于胎、釉中起主要呈色作用的三氧化二铁（Fe_2O_3）的含量，据对历代白釉瓷器胎、釉化学成分分析所得的数据观察[42]，一般将胎（不施化妆土）、釉中三氧化二铁的含量控制在 1% 以下，就可烧制出白釉瓷器。南北朝晚期北方地区的制瓷工匠显然是掌握了这一呈色原理和技术。这时期的白釉瓷器与隋唐时期白釉瓷器相比，尽管还不够成熟，但是它的出现是制瓷工艺尤其是制配胎釉工艺的一个创举，打破了长期以来青釉瓷器“一统天下”的局面，为制瓷手工业的发展拓宽了道路，特别是为隋唐及其以后各种彩绘瓷器的兴起搭建了良好的平台。

2. 化妆土技术的使用

三国两晋南北朝时代瓷器制胎所用的原料有相当一部分含铁量比较高，胎色比较深，严重影响了青釉的呈色效果。于是，早在西晋时期，浙江金华一带的窑场出现了在器物施釉前，先在胎体表面施一层化妆土的工艺[43]。化妆土的制作和使用方法是，将质量较好的瓷土经过淘洗加工之后，以水调和成泥浆，施于器物胎体表面，然后施釉。其烧成后的颜色有灰、灰白、白色，它一定要浅于所施器物的胎色。使用化妆土的主要作用是，可以将器物坯体较深的颜色覆盖，还可以使那些器物坯体比较粗糙的表面变得光滑、洁净，增强釉的呈色效果，使釉层在外观上显得饱满，釉面光莹、柔和。又由于其有覆盖器物胎色的功能，所以为利用质量较低的原料创造了条件，扩大了原料的使用范围，如因原料含铁量较高，不能烧造白釉瓷器的原料，有了化妆土工艺之后，在其胎体表面施一层白色化妆土，就可以了。使原料较差的一些地区的制瓷手工业也能顺利发展。可见，化妆土技术的使用，对于提高瓷器的质量和制瓷手工业区域的扩大、普及具有重要作用。因此，该项技术在西晋出现之后传播较快，东晋时期浙江德清窑开始使用[44]；到了南北朝时期使用区域扩大，四川有的瓷窑采用了这项技术，河北内丘邢窑北朝晚期也用白色化妆土来增强白釉瓷器釉的效果[45]。

3. 彩绘、点彩装饰技法的应用

三国两晋南北朝时代瓷器的装饰技法仍以划花、刻花、贴花等传统技法为主。在东吴、西晋时期长江中下游地区的一些瓷窑，开始应用了釉下彩绘和点彩装饰技法来美化瓷器。以彩装饰陶器的作法早已有之，如新石器时代的彩陶、汉代的彩绘陶器，装饰瓷器是这时期的首创。彩绘瓷器发现的数量很少，除了前文说到的南京长岗村东吴末至西晋初年墓出土的1件釉下彩绘盘口壶外，2002—2004年在南京建设工地抢救性考古发掘中出土了一些釉下彩绘瓷器，器型有带盖双领罐、盘口壶、洗、盏、器盖等[46]，发掘者认为其“时代主要为孙吴后期，少量可能沿用至西晋”。这两次发现的釉下彩绘瓷器，均是在成型后的器物表面，以含铁量较高的矿物颜料绘画花纹，然后施青釉，放在窑炉里以高温一次烧成。胎呈灰白或灰色，质地细腻，釉作青黄或青灰色，彩的色泽较深，呈深褐或褐黑色，花纹繁密，线条流畅。点彩瓷器发现的数量较多，在长江中下游地区的湖南湘阴、江西丰城、浙江上虞、温州等窑场均烧造点彩瓷器。均为青瓷。彩料为含铁量较高的矿物，以毛笔点绘在器物的口沿、肩部或器盖上面，与器物一起以高温一次烧成，彩点一般呈褐或深褐色，排列也颇有规律[47]。点彩装饰技法在西晋晚期至南朝比较流行，此后逐渐减少。在三国两晋南北朝时代尽管彩绘技法未能流行，点彩技法盛行一阵子后也逐渐淡出装饰技法的行列，但是它们的出现和应用，突破了瓷器的传统装饰技法，开辟了瓷器装饰的新思路，具有明显的生命力和良好的发展前景。

4. 龙窑的分段烧成技术的产生

这时期南方地区仍使用龙窑烧造瓷器。龙窑发展到了东吴时期，长度已经超过 10 米。浙江上虞鞍山出土的一座东吴时期的龙窑遗迹，全长竟达 13．32 米[48]（图一九）。龙窑加长的目的就是为增加装烧量，提高产量。起初龙窑较短，靠设在其前端的火膛烧柴就可以达到瓷器烧成的要求。但龙窑增长或增长到一定程度之后，因受火力的限制，放在后段的坯件往往达不到烧成所需要的温度，成为次品或废品。为了避免这种情况的发生，有的窑炉，如前面提到的那座东吴龙窑，后段很少装坯件，这样又严重浪费了窑内空间。如果这个问题不解决，龙窑增加到一定长度之后，就不能再增长了。制瓷工匠们在长期的实践中不断探索，大约到了两晋时期，这个问题得到了初步解决，即发明了龙窑分段烧成技术。具体作法是，在龙窑窑顶两侧或窑墙上部隔一定距离开设一个投柴孔，每个投柴孔下实际上就是一个火膛；焙烧时，自前往后从投柴孔投柴，一段一段地烧成。浙江上虞帐子山清理的一座两晋时期的龙窑遗迹[49]可以为证。此龙窑遗迹仅存窑的后部，据迹象推测，全长在 10 米以上，较鞍山东吴龙窑略长或相当。在其现存部分内

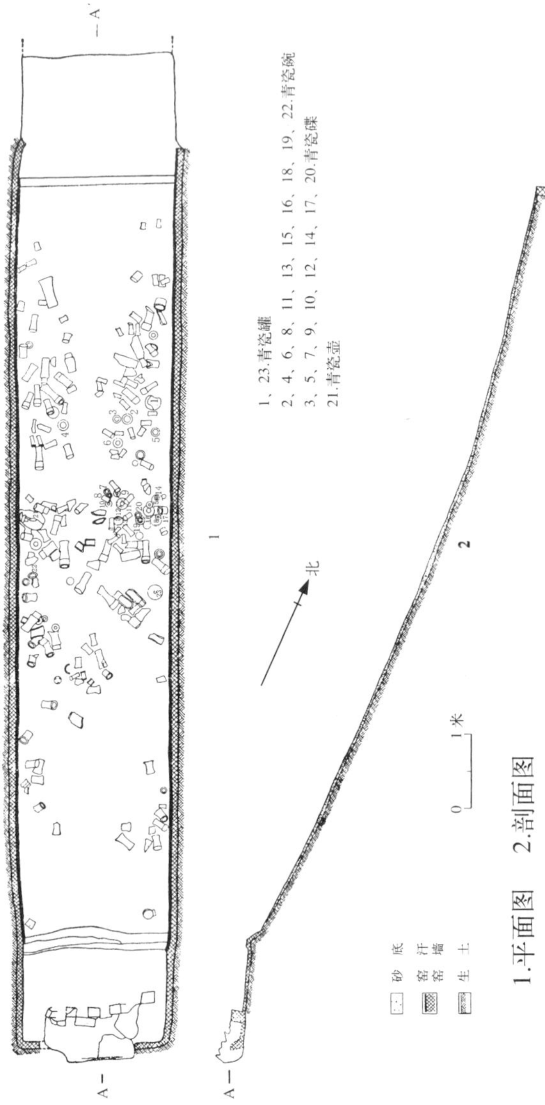

图一九 上虞鞍山东吴龙窑遗迹、平剖面图

（引自中国硅酸盐学会《中国陶瓷史》，文物出版社1982年版）

遗留有排列较规则的支具，说明这里装了坯件，在窑内和窑外文化堆积层中，极少有生烧的瓷器或瓷片。由此推测，此窑已采用了分段烧成技术。分段烧成技术发明后，龙窑的长度再也不受设在龙窑前端的火膛制约了，各窑场可以根据需要增加龙窑的长度。于是，两晋以后龙窑逐渐向长发展，到宋代有的竟长达135．6米[50]。这一技术的发明，大大提高了瓷器以窑为单位的产量，为满足国内外人们对瓷器日益增长的需要作出了贡献。

5. 匣钵的发明及匣钵装烧法

瓷器出现之后很长一段时间都是裸烧，在窑炉内烧造时，直接接触烟火，没有保护体。大约到东晋后期，在江西丰城一带的窑场发明了瓷器焙烧时的保护器具——匣钵[51]。匣钵是焙烧瓷器时置装坯件并对坯件起保护作用的窑具，以耐火土或瓷土制成，基本形制为桶形、漏斗形、M形等。匣钵的作用，清代唐英《陶冶图编次》（《陶冶图说》）中记载："瓷坯入窑最宜洁净，一沾泥渣便成斑驳，因窑风火气冲突，易于伤坯，此坯胎之所以必用匣钵套装也。"[52]简言之，瓷器坯件装在匣钵内焙烧，可使坯件受热均匀，避免窑顶落砂的侵扰和烟火直接接触坯件，保持釉面光洁，可保证和提高瓷器质量；同时，匣钵耐高温，胎体结实，承重能力强，层层叠摞不易倒塌，可充分利用窑内空间，还可适当增加窑室的高度，能增加装烧量，提高产量。匣钵的发明可能是受到了当时流行的"罐套烧法"的启示，其形制借鉴了窑具中的支具[53]。丰城窑场这时期的匣钵均以耐火黏土制成，基本形制为桶形。东晋后期至南朝早期，胎壁较薄，有的腹壁略外弧，壁上的气孔大而多；南朝中晚期，胎壁较厚，直壁略内倾，壁下部开两个比较大的气孔。装烧时，一钵装一件或多件。装一件者，器物多是刻划莲瓣纹或菊瓣纹的碗、杯，成品质量很好；装多件者，一般都是叠装5或6件同类器物（图二〇）[54]。大约在南朝晚期，湖南湘阴窑场也开始使用匣钵装烧瓷器[55]。匣钵的发明是制瓷工艺尤其是装成工艺的一大创举，它对保证和提高瓷器的烧成质量有突出作用。

6. 试火具的出现及验火方法

长期以来，无论是烧造陶器还是烧造瓷器，都是凭经验和依靠窑炉上留的观火孔来掌握窑炉内的烧成情况，判断瓷器的生熟。到了东晋时期这种状况有所改变，在江西丰城一带的窑场中出现了试火具[56]。试火具即是南宋蒋祈《陶记》中所记录的“火照”[57]。其是瓷器焙烧时，放在窑炉内，用来掌握火候和测验瓷器生熟的窑具。用瓷土制作，一般是用碗、盏等器物的坯体加工而成，形制有小碗形、条形、三角形、梯形、不规则四边形等。试火具的制作、作用和使用方法，清代蓝浦《景德镇陶录》卷四《陶务方略》记载颇为具体：“本烧户，亦有自试火照之法。盖坯器入窑，火候、生熟究不可定。因取破坯一大片，中挖一圆孔，置窑眼内，用钩探验生熟。若坯片孔内皆熟，则窑渐陶成，然后可歇火。”[58]就是说，将做好的试火具，装窑时将其放在窑内靠近观火孔处，在焙烧过程中需要验火或观察生熟时，将其用铁钩钩出来看，做出判断。丰城窑场发现的东晋时期的试火具是目前试火具的最早资料，其是用小碗加工成的，即将施釉后的小碗坯件壁上挖一较大的圆孔而就。这里南朝时期的试火具沿用这种形制。有了试火具之后，瓷器焙烧时，窑工就可以更好地掌控窑内温度和气氛，提高成品率。

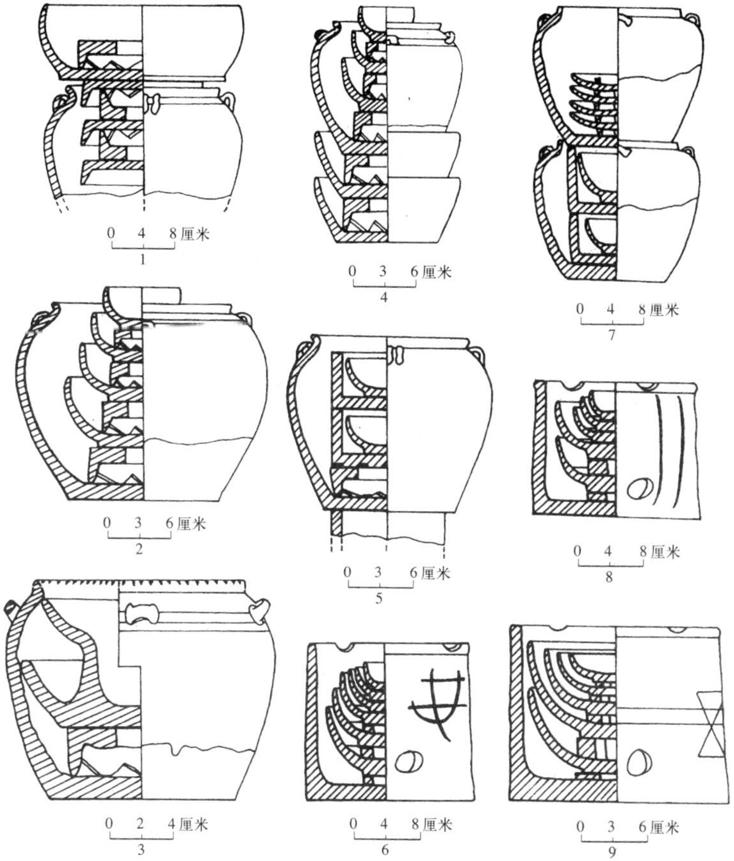

图二〇　洪州窑东晋南朝时期装烧方法

1–4. 罐套烧法（东晋至南朝宋时期）　5、7. 罐套烧和匣钵结合装烧法（南朝齐梁陈时期）　6、8、9. 匣钵装烧法（南朝齐梁陈时期）（1、2、4、9 为江西丰城罗湖象山窑址出土，3 为龙雾洲乌龟山窑址出土，5–8 为罗湖寺前山窑址出土；引自权奎山《论洪州窑的装烧工艺》，《考古学研究》（四），科学出版社 2000 年版）

由上述可见，三国两晋南北朝时代是制瓷工艺技术发展、创新的时代，其发明的白釉（白瓷）工艺、化妆土技术、彩绘装饰技法、龙窑分段烧成技术、匣钵及匣钵装烧法、试火具及验火方法，在三国两晋南北朝时代就已经产生了很好的效益，制瓷手工业地域的扩大、产量的增加和质量的提高等，都与这六项工艺技术的发明和使用有密切的关系。更值得称道的是，这六项工艺技术在三国两晋南北朝时代以后，仍然受到高度重视，被全部继承下来，并在实践中加以改进、完善，有了许多发展，在各个时代的制瓷手工业中都发挥了重要作用[59]。

三国两晋南北朝时代就总体而言是陶瓷手工业的一个转变时期。其制瓷手工业的发展、普及和产品产量、质量的提高，无情地冲击了制陶手工业生产，致使制陶手工业由生产日常生活用器为主逐渐变成了以生产随葬明器为主的局面。制陶手工业地位下降，制瓷手工业地位逐渐上升。在东汉晚期，制陶、制瓷手工业“分家”，两者地位的真正转换应开始于三国两晋南北朝时代。

注　释

［1］中国硅酸盐学会《中国陶瓷史》第四章《三国两晋南北朝的陶瓷》，文物出版社 1982 年版。
［2］江西省文物考古研究所等《江西丰城洪州窑遗址调查报告》，《南方文物》1995 年第 2 期。
［3］周世荣《湖南陶瓷》第三章《秦汉南朝的陶瓷器》，紫禁城出版社 1988 年版。
［4］慈溪市博物馆《上林湖越窑》，科学出版社 2002 年版。
［5］同［1］。
［6］贡昌《谈婺州窑》，《中国古代窑址调查发掘报告集》，文物出版社 1984

年版。
［7］同［1］。
［8］肖梦龙《宜兴小窑墩晋、唐窑址的调查报告》，《中国陶瓷》1982 年第 7 期（增刊）。
［9］曾凡《福建陶瓷考古概论》四《三国两晋南朝时期的福建瓷器》，福建省地图出版社 2001 年版。
［10］陈鹏等《福建晋江磁灶古窑址》，《考古》1982 年第 5 期。
［11］桂林博物馆《广西桂州窑遗址》，《考古学报》1994 年第 4 期。
［12］四川省文物管理委员会等《四川邛崃固驿瓦窑山古瓷窑遗址发掘简报》，《南方民族考古》第三辑，四川科学技术出版社 1991 年版。
［13］四川省文管会等《成都青羊宫窑址发掘简报》，《四川古陶瓷研究》（二），四川省社会科学院出版社 1984 年版。
［14］胡悦谦《谈寿州瓷窑》，《考古》1988 年第 8 期。
［15］山东大学历史系考古专业等《山东枣庄中陈郝瓷窑址》，《考古学报》1989 年第 3 期。
［16］山东淄博陶瓷史编写组等《山东淄博寨里北朝青瓷窑址调查纪要》，《中国古代窑址调查发掘报告集》，文物出版社 1984 年版。
［17］王会民等《邢窑调查试掘主要收获》，《文物春秋》1997 年增刊（总第 38 期）。
［18］冯先铭《河北磁县贾壁村隋青瓷窑址初探》，《考古》1959 年第 10 期。
［19］河南省博物馆等《河南安阳隋代瓷窑址的试掘》，《文物》1977 年第 2 期。
［20］《中国陶瓷》编辑委员会《中国陶瓷·越窑》图版三三，上海人民美术出版社 1983 年版。
［21］倪振逵等《南京赵士冈发现三国时代孙吴有铭瓷器》，《文物参考资料》1955 年第 8 期。
［22］《中国美术全集》编辑委员会《中国美术全集·工艺美术编·陶瓷（上）》图版一六九，上海人民美术出版社 1988 年版。
［23］董贻安主编《宁波文物集粹》图版三三，华夏出版社 1996 年版。
［24］《中国陶瓷》编辑委员会《中国陶瓷·越窑》图版九八，上海人民美术出版社 1983 年版。
［25］浙江省博物馆《浙江纪年瓷》图版五二，文物出版社 2000 年版。
［26］浙江省博物馆《浙江纪年瓷》图版四二，文物出版社 2000 年版。
［27］湖南省博物馆《长沙两晋南朝隋墓发掘报告》本文图版拾，1，《考古学报》

1959 年第 3 期。
[28] 浙江省博物馆《浙江纪年瓷》图版七三，文物出版社 2000 年版。
[29] 易家胜《南京出土的六朝早期青瓷釉下彩盘口壶》，《文物》1988 年第 6 期，彩色插页。
[30]《中国陶瓷》编辑委员会《中国陶瓷·越窑》图版一二〇，上海人民美术出版社 1983 年版。
[31] 湖北省博物馆《武汉地区四座南朝纪年墓》，《考古》1965 年第 4 期，图版叁，3。
[32] 平江等《江西吉安南朝齐墓》，《文物》1980 年第 2 期，图版陆，3、4。
[33]《中国美术全集》编辑委员会《中国美术全集·工艺美术编·陶瓷（上）》图版二〇六，上海人民美术出版社 1988 年版。
[34]《中国美术全集》编辑委员会《中国美术全集·工艺美术编·陶瓷（上）》图版二二八，上海人民美术出版社 1988 年版。
[35] 山西省考古研究所等《太原市北齐娄叡墓发掘简报》，《文物》1983 年第 10 期，图版柒，3。
[36] 山西省考古研究所等《太原市北齐娄叡墓发掘简报》，《文物》1983 年第 10 期，图版柒，1。
[37] 河南省博物馆《河南安阳北齐范粹墓发掘简报》，《文物》1972 年第 1 期。
[38] 河南省博物馆《河南安阳北齐范粹墓发掘简报》图三五，《文物》1972 年第 1 期。
[39] 内丘县文物保管所《河北省内丘县邢窑调查简报》，《文物》1987 年第 9 期。
[40] 河南省博物馆《河南安阳北齐范粹墓发掘简报》，《文物》1972 年第 1 期，图版柒。
[41] 同 [37]、[39]。
[42] 李国桢等《中国名瓷工艺基础》，上海科学技术出版社 1988 年版。
[43] 同 [1]。
[44] 同 [1]。
[45] 同 [39]。
[46] 王志高等《南京发现的孙吴釉下彩绘瓷器及其相关问题》，《文物》2005 年第 5 期。
[47] 江西省博物馆《江西南昌市郊的两座晋墓》，《考古》1981 年第 6 期。
[48] 朱伯谦《试论我国古代的龙窑》，《文物》1984 年第 3 期。

［49］同［48］。

［50］中国社会科学院考古研究所、福建省博物馆建窑考古队《福建建阳县水吉北宋建窑遗址发掘简报》，《考古》1990 年第 12 期。

［51］权奎山《从洪州窑遗址出土资料看匣钵的起源》，《文化的馈赠——汉学研究国际会议论文集·考古学卷》，北京大学出版社 2000 年版。

［52］《唐英集》，辽沈书社 1991 年版。

［53］同［51］。

［54］权奎山《论洪州窑的装烧工艺》，《考古学研究》（四），科学出版社 2000 年版。

［55］周世荣《湖南陶瓷》，紫禁城出版社 1988 年版。

［56］权奎山《三国两晋南北朝时期制瓷工艺的突出成就》，《跋涉集》，北京图书馆出版社 1998 年版。

［57］［南宋］蒋祈《陶记》载："火事将毕，器不可度，探坯窑眼，以验生熟，则有火照。"见白焜《〈陶记〉校注》，《景德镇陶瓷》总第 10 期（《陶记》研究专刊），1981 年。

［58］［清］蓝浦《景德镇陶录》卷四《陶务方略》，《中国陶瓷名著汇编》，中国书店 1991 年版。

［59］同［56］。

六 隋唐五代时代的瓷器

隋唐五代尤其是隋唐时代，由于政治上的长期统一，社会安定，农业进一步发展，制瓷手工业在三国两晋南北朝时代的基础上，不断改进、完善和提高，逐渐进入了全面发展时期。

这时代，南方地区制瓷手工业，由于兴起的时间早，基础好，技术力量强，入隋后，发展很快。在南方地区，东汉晚期至南朝时期创建的瓷窑继续烧造，并均保持了良好的发展势头，基本都处于兴盛期或进入兴盛期，各瓷窑产品的产量和质量显著提高，并各具特色，制瓷手工业的生产进入了一个新阶段，产品仍以青釉瓷器为大宗。北方地区制瓷手工业，虽然兴起的时间比南方地区晚得多，基础相对薄弱，但入隋后发展势头强劲。北朝晚期创建的瓷窑继续生产，有一些逐渐进入了盛烧时期，同时在唐代还创办了一批在唐五代时期就达到了较高水平的瓷窑。北朝晚期创烧的白釉瓷器，入隋后发展迅速，烧造的瓷窑多，产量逐渐提高，质量一般均较好，成为北方地区制瓷手工业的主流产品。这样，在隋唐时代就形成了南方地区以烧造青釉瓷器、北方地区以烧造白釉瓷器为主的所谓“南青北白”的新的制瓷手工业生产格局。

（一）瓷窑及其分布

隋唐五代时代瓷器的生产区域进一步扩展，瓷窑的数量剧增，南方地区计有浙江越窑[1]、瓯窑[2]、婺州窑[3]、德清窑[4]，江苏宜兴窑[5]，安徽寿州窑[6]，江西洪州窑[7]、吉州窑[8]、七里镇窑[9]、景德镇窑[10]，湖南岳州窑[11]、长沙窑[12]，湖北梁子湖窑[13]，四川邛崃窑[14]、成都青羊宫窑[15]，广西桂林窑[16]，广东潮安窑[17]、梅县窑[18]、高明窑[19]，福建磁灶窑[20]、怀安窑[21]、将乐窑[22]、将口窑[23]、建窑[24]等；北方地区计有山东淄博寨里窑[25]、淄博磁村窑[26]、宁阳西太平村窑[27]、曲阜窑[28]、枣庄中陈郝窑[29]，河南巩县窑[30]、荥阳翟沟窑[31]、密县西关窑[32]、登封曲河窑[33]、禹县苌庄窑[34]、郏县黄道窑[35]、鲁山段店窑[36]、辉县沿村窑[37]、鹤壁集窑[38]、安阳窑[39]，河北磁县贾壁村窑[40]、邢窑[41]、曲阳窑[42]、井陉窑[43]，山西浑源窑[44]、平定窑[45]，陕西铜川黄堡窑[46]等。发现于15个省、自治区，广布在长江流域、东南沿海、黄河中下游、华北地区。

这些瓷窑，有一部分是延续了三国两晋南北朝时代的瓷窑，如越窑（上虞窑）、瓯窑（温州窑）、婺州窑（金华窑）、德清窑、寿州窑（淮南窑）、洪州窑（丰城窑）、岳州窑（湘阴窑）、邛崃窑、成都青羊宫窑、桂林窑、怀安窑、淄博寨里窑、枣庄中陈郝窑、巩县窑、安阳窑、贾壁窑、邢窑（内丘窑）等，这部分瓷窑到隋唐五代时期大多数进入了新的发展期或盛烧期，如越窑、婺州窑、洪州窑、岳州窑、邛崃窑、寿州窑、巩县窑、安阳窑、邢窑等，同时又大部分至晚唐五代时期衰落或五代以后停烧，如洪州窑、岳州窑、邛崃窑、寿州窑、巩县窑、邢窑等，只有个别窑的盛烧期延续到了北宋早期，如越窑。还有一部分瓷窑是唐代或晚唐五代时期创建的，如吉州窑、七里镇窑、景德镇窑、长沙窑、梁子湖窑、潮安窑、建窑、宁阳西太平窑、密县西关窑、禹县苌庄窑、鲁山段店窑、曲阳窑、平定窑、黄堡窑等，绝大多数始烧于晚唐五代时期，始烧时往往是烧造本地区的传统品种，进入北宋后，形成了新的时代风格，其中有一些窑相继进入了盛烧时期，如吉州窑、七里镇窑、景德镇窑、潮安窑（潮州窑）、建窑、禹县窑（钧窑）、曲阳窑（定窑）、黄堡窑（耀州窑）等。延续三国两晋南北朝时代的瓷窑是隋唐五代时代的重要窑场，代表了隋唐五代时代制瓷手工业的最高水平。晚唐五代时期创建的瓷窑是在延续三国两晋南北朝时代的瓷窑绝大多数走向衰落的背景下出现的，具有较强的生命力。由此可见，晚唐五代时期是中国制瓷手工业的更新时期，进入北宋之后逐渐完成，形成了一个不同于隋唐五代时代的新的生产面貌。

（二）南方地区典型瓷窑及瓷器

隋唐五代时代南方地区主要瓷窑约有 20 余座，仍以烧造青釉瓷器为主，个别瓷窑在唐代烧造黄釉瓷器，有的瓷窑在晚唐五代时期烧造褐釉、黑釉、白釉瓷器。典型、具有代表性的瓷窑有越窑、婺州窑、洪州窑、岳州窑、长沙窑、邛崃窑和寿州窑，除长沙窑、邛崃窑外，其余 5 座窑均见录于唐代陆羽《茶经》[47]，与鼎州窑（窑址尚未确定，一说陕西黄堡窑即是鼎州窑）一起被称之为唐代六大青瓷名窑。

1. 越窑

越窑分布范围比较广，烧造地点（窑场）比较多。三国两晋南北朝时代窑场主要集中在上虞一带，隋唐五代时代上虞仍继续烧造，但烧造的中心区域基本转移到了慈溪，分布在慈溪市的上林湖、白洋湖、里杜湖、古银锭湖周围，其中以上林湖周围的窑场最多，分布最为密集（图二一）。越窑的烧造历史比较长，早在东汉晚期就能烧造出成熟瓷器了，南宋中期以后停烧[48]。隋唐五代时代越窑由衰微逐渐进入一个新的兴盛时期。

越窑东汉晚期成熟瓷器烧造成功之后，大约在东吴晚期至西晋时期进入了兴盛时期，东晋早期以后渐渐衰微。隋至唐代早期基本延续了东晋早期以来的衰微态势。其窑场数量比较少，瓷器种类以日常生活用器为主，器型以碗、钵为多。胎体较厚，质地不够细，多呈灰、浅灰色。釉多作青泛黄、青泛淡灰色，釉层较薄，釉面有较强的光泽。器物一般无花纹装饰，仅个别器物上有刻划的莲瓣纹。烧成工艺仍沿用叠置明火裸烧的方法，叠置的器物之间以较大的泥点间隔，置于支具之上。此外，还有将2件大小相同的同类器物对口扣在一起的装烧方法，其间还往往套装一些小件器物[49]。

唐代中期越窑逐渐复苏。窑场数量增加，产品仍以日常生活用器为主，器型除罐、碗、钵、盏等常见的器物仍大量烧造外，执壶、盘、唾盂、盒等也开始较多地生产。胎体较前一时期薄，质地也较细密，呈浅灰或灰色。釉以青、青黄色为主，釉层均匀，釉面润泽。器物大多素面无花纹装饰，少数以印花、刻划花、贴花技法做出花纹，纹样有龙纹、双鱼纹、莲荷纹、秋葵纹等。烧成工艺仍以叠置明火裸烧最为常见。大约在这一时期的后期采用了匣钵装烧方法[50]，匣钵为夹砂耐火土制成，一般为一个匣钵内叠置多件坯件。匣钵装烧方法的使用，是越窑装烧工艺的重大改革，为后来越窑的再度兴盛起到了积极作用。这时期无论是明火叠烧还是匣钵内叠烧，坯件之

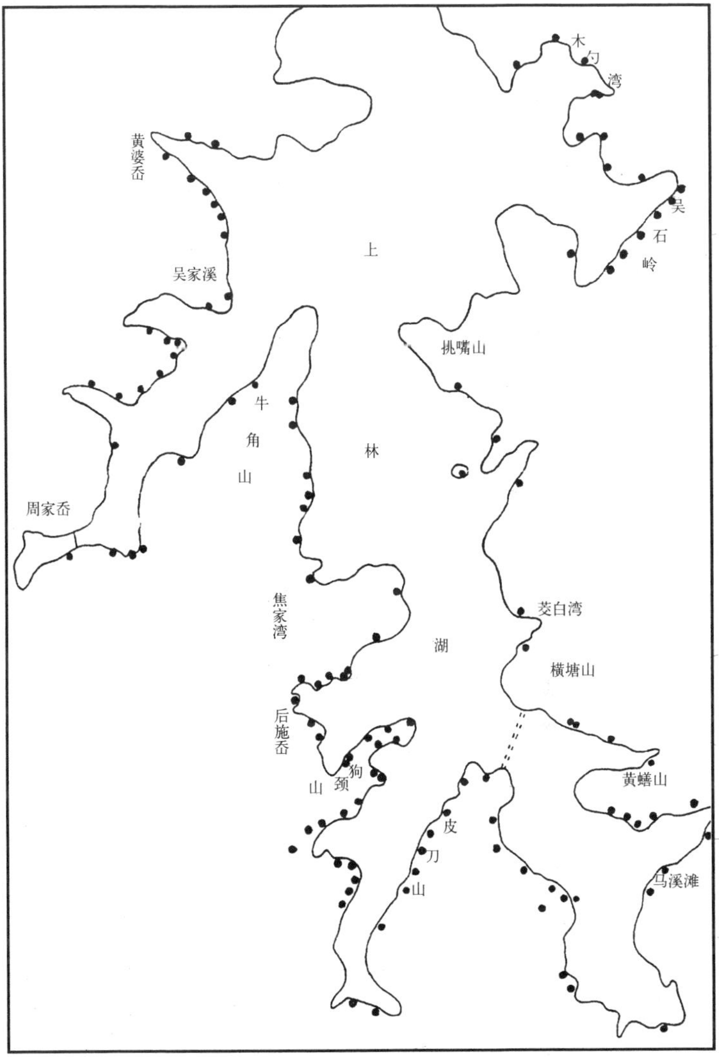

图二一　上林湖窑址分布示意图

（图中圆点为窑址，引自慈溪市博物馆《上林湖越窑》，科学出版社 2002 年版）

间均以泥点间隔。这时期越窑瓷器质量明显提高，尤其是这时期的后期，陆羽在《茶经》中将其釉誉为“类玉”、“类冰”，釉的效果越来越好。

唐代晚期至五代时期越窑迅速发展，进入了创建以来的第二个兴盛时期，这个兴盛期一直延续到北宋早期。其窑场数量又有所增多，产品种类以日常生活用器为主，器型除原有的之外，新出现了委角方盘、海棠杯、盏托、方形叠盒等许多新器型，特别是在碗、盘、杯、盏托等器物中较多出现了仿金银器的造型。胎体普遍较薄，质地细密，呈浅灰或灰色。釉呈青绿或青泛黄、青黄色，釉层较前略厚而均匀，釉面滋润且光泽柔和。晚唐人陆龟蒙曾用“九秋风露越窑开，夺得千峰翠色来”[51]的诗句赞美此时越窑瓷器的青釉。这时期的器物仍多素面无花装饰，少数的以印花、刻花、划花、贴花、雕花、彩绘的技法做出花纹。印花、刻花、划花的纹样有牡丹纹、荷花纹、荷叶纹、莲瓣纹、云鹤纹、鸟纹等。贴花见于盘口壶颈部或系上贴饰的龙纹等。雕花为浅浮雕状，极为少见，杭州玉皇山五代天福七年（公元942年）钱元瓘墓[52]出土的一件盘口壶壶身部雕刻的双龙戏珠纹非常精美。彩绘花纹是以褐彩在釉下、胎表面绘画纹样，见于唐末五代，浙江临安唐天复元年（公元901年）水邱氏墓[53]出土的盘口壶、熏炉（图二二）、油灯均以褐彩绘如意形云纹、流云纹，有较好的装饰效果。烧成工艺，慈溪上林湖荷花芯窑址出土的龙窑（Y36）遗迹斜长已达45.9米，宽2.1—2.7米，窑床坡度为12度[54]。匣钵装烧方法流行。匣钵多以夹砂耐火土制成，少数以瓷土制作。前者一般一个匣钵内叠装多件坯件；后者，即通常所说的瓷质匣钵，一个匣钵只装置一件坯件，并用釉汁密封匣钵叠摞时其间

图二二　唐代越窑青釉褐彩如意云纹镂孔熏炉

的缝隙。使用瓷质匣钵烧制的瓷器，一般釉色纯正、美观，质量为上乘。除匣钵装烧方法外，罐、盘口壶等大件器物仍采用明火裸烧法。碗、盘等器物叠置时，唐代晚期至五代早期坯件之间均用多个松籽形小泥点间隔，五代晚期多采用小泥条间隔[55]。

需要说及的是，唐代晚期至五代时期越窑瓷器中有一部分被称之为“秘色瓷”。代表作品是陕西扶风法门寺塔基唐代地宫出土的14件[56]和浙江临安五代后晋天福四年（公元939年）吴越国康陵出土的44件[57]等。秘色瓷是越窑瓷器中的精品，引起了研究者的广泛关注。从唐代晚期人陆龟蒙《秘色越器》[58]和唐末人徐夤《贡余秘色茶盏》[59]诗的标题内容和行文顺序看，“秘色”是表示越窑瓷器（越器、茶盏）釉的颜色。但检阅中国古代相关典籍，“秘”字本身并没有代表某种颜色的记录，跟颜色没有直接的关系。在唐代文献中使用“秘”字的情况屡见不鲜，通过文献中“秘”字的组词和所在的句子可知，“秘”字在唐代有“珍稀”、“珍贵”、“罕见”、“奇特”之义，并且“秘”、“珍”、“奇”三字可以换用。由此看来，唐代秘色瓷的秘色虽然是指釉的颜色，但不是指某一种具体颜色，而是表示这类釉是一种珍稀、罕见、奇特的颜色[60]。五代应是延续了此涵义。

越窑是隋唐五代时代青瓷窑的代表，它的产品颇受世人喜爱，唐代曾作为贡品运往唐都长安[61]，五代吴越国又大量向中原王朝进奉[62]；在唐五代的墓葬、遗址中也多有出土，同时还作为商品远销朝鲜半岛、日本、印度尼西亚、巴基斯坦、伊拉克、埃及等国家和地区[63]。

2. 婺州窑

婺州窑分布于浙江中部的金华、兰溪、武义、义乌一带，窑场坐落在武义江等河流岸畔。婺州窑早在东汉末年就能烧造出质量较好的青釉瓷器了，历经六朝、隋、唐、五代、北宋，至南宋时开始衰落，元明时这一带还有窑场在生产。隋唐五代时代尤其是唐代为婺州窑的兴旺时期。

实际上婺州窑在六朝时期就已经比较发达了，并在西晋时期首创了化妆土工艺。隋代婺州窑承袭了南朝时期的生产情况。瓷器种类几乎全是日常生活用器，发现的器型有罐、盘口壶、碗、钵、盏等。胎呈深灰、紫灰色，质地较粗，均施灰色化妆土。釉作青、青黄色，色调较深，釉层均匀，时见剥落现象，釉面光莹。装饰极为简单，常见的仅有刻划在碗外侧的莲瓣纹等。

唐代婺州窑较隋代有了明显的发展，窑场增多，规模扩大。器物种类仍以日常生活用器为主，器型多延续了前代，在唐代中晚期出现了执壶等新器型。胎多呈深灰、灰黄、灰黑或灰紫色，质地仍较粗，均施灰色化妆土。釉色一般为青黄泛灰、青泛黄、青褐色，少数为褐色，釉层尚均匀，釉面光润。部分胎釉结合不好，釉层剥落。器物多素面无纹饰，仅唐代晚期少数器物饰有条状或圆状褐彩。

五代时期婺州窑继续发展。在罐、执壶等器物的腹壁往往做出瓜棱。饰有花纹的器物增多，常见的纹样是以刻划的技法做出的莲瓣等花卉纹[64]。

婺州窑所使用的瓷土含铁量比较高，烧造出来的瓷器胎色较深且质地多较粗，釉色也不是很漂亮。其产品是属于一般的民用瓷，隋唐五代时期主要销于本地及周围地区。但其在创烧至衰落的一千余年中，不断革新技术，不断吸取越窑等瓷窑的有益成分，因地制宜努力发展自身的顽强精神是少见的。

3. 洪州窑

洪州窑位于江西省丰城市，分布在曲江镇等 5 个镇（乡）的 10 个行政村，共发现窑场址 31 处，皆坐落于赣江或与赣江相通的河流、湖泊岸畔的山坡和丘陵岗阜地带。隋唐五代时代的窑场主要分布在曲江镇的罗湖村、曲江村和尚庄镇的石上村、河洲乡的罗坊村。洪州窑早在东汉晚期就能烧造出具有一定质量的瓷器了，东晋时进入兴盛时期，盛烧期一直延续到唐代中期，唐代晚期逐渐衰落，北宋停烧。隋唐五代时代是洪州窑由兴盛逐渐转为衰落的时期。

隋代洪州窑延续了东晋南朝时期的兴盛局面。其窑场集中分布在曲江镇的罗湖村，数量比较多，规模也比较大。瓷器种类基本为日常生活用器，另有少许的随葬明器。器型繁多，以盘口壶、碗、钵、盘、高足盘、杯、盏的数量为多。胎体较轻薄，造型简洁，注重实用。胎质多较细密坚硬，呈深灰、灰或浅灰色。深灰色者，施釉之前先涂一层浅灰色的化妆土，洪州窑采用化妆土工艺即始于隋代。釉一般呈青、青泛黄或青泛淡黄色，釉层均匀，釉面光莹。有些器物化妆土和釉的结合不牢，常见剥釉现象。这时期流行花纹装饰，装饰技法有刻花、划花和戳式模印花。刻花、划花的纹样主要是莲瓣纹，饰于碗、盘口壶等器物的外侧，做工较南朝时期草率，线条亦简化。戳式模印花是这时期出现并流行的新的装饰技法，印模为瓷土做成，呈圆柱束腰形，直径一般在 3 厘米左右，长 6—7 厘米，两端均有阳纹，经高温烧过。戳印花的纹样丰富，有松枝纹、枝叶纹、团花纹、梅花朵纹、单莲瓣纹、忍冬叶纹等，饰于钵、高足盘的内侧，排列有序。烧成工艺，仍使用龙窑，在罗湖象山窑址清理的一座龙窑遗迹，斜长 18.55 米，窑室宽 1.65—1.7 米，倾斜度，火膛 10 度，窑室前段 22 度、中后段 25 度、尾部 19 度，这个倾斜度比较合理，有利于烧成。装烧，流行匣钵装烧方法，除了罐、盘口壶等体形较大的器物外，其余一般均放在匣钵里烧造。匣钵呈桶形，有的一钵装 1 件，有的一钵叠装 2—4 件。由于这时期的碗一般内外均施半釉，所以叠装碗时碗与碗之间不用间隔具，撒放点细砂即可[65]。

唐代早期洪州窑继续保持良好的发展势头。其窑场仍集中分布在曲江镇的罗湖村，基本沿用了隋代的窑场，但规模有所扩大。器物种类一般均为日常生活用器，器型中新增了仿金银器造型的杯子等。罐、盘口壶等体形较大的器物普遍较隋代的同类器物缩小。胎质较细密坚硬，呈深灰色，均施灰色化妆土。釉的色调较深，作青泛深黄或青泛褐色，釉层比较均匀，釉面多光润。胎、釉结合较好，少有剥釉现象。有花纹装饰的器物在产品中的比例急剧下降，装饰技法大体承袭了隋代，即有刻花、划花和戳印花。刻花、划花的纹样有莲瓣纹、水波纹等。戳印花的纹样有团花纹、梅花朵纹、单瓣莲瓣纹和重圈纹等，多饰于杯、大盂等器物的外侧。烧成工艺有所改变，在罗湖寺前山窑址清理的一座龙窑遗迹斜长 21.62 米，窑室宽 1.9—1.95 米。倾斜度，火膛 11 度，窑室前段 18 度、中后段 24 度、尾部 17 度。这时期几乎所有的器物都放在匣钵里装烧。匣钵仍是桶形，每钵装 1 件或叠装 3—5 件。由于碗、钵、盘等内外均施半釉，叠装时一般不用间隔具，仅在内底撒一薄层细砂。

唐代中期洪州窑仍保持了兴盛的势头。窑场仍集中于曲江镇的罗湖村。器物的种类皆为日常生活用器，器型基本沿袭了唐代早期，杯子的数量尤多，形制多样，质量好。胎质较细坚，胎色加深，多呈铁灰色，均施化妆土。釉面光净、润泽，多呈青泛黄褐或黄褐色，与陆羽《茶经》记载的“洪州瓷褐”相吻合。一般无花装饰。这时期也是几乎有所的器物都是放在匣钵里装烧。匣钵有深桶形、浅桶形两种，深桶形一钵叠装

3—6件，多者竟达9件；浅桶形一钵平装4—5件，多者达7件，均是做工精细的杯子。因碗、盘、钵等内外均施半釉，叠装时仍不用间隔具，仅在内底撒一层细砂。

唐代晚期至五代时期洪州窑逐渐衰落。其窑场从曲江镇的罗湖村转移到曲江镇的曲江村、尚庄镇的石上村、河洲乡的罗坊村，每处窑场的规模均比较大。器物的种类均为日常生活用器，器型有罐、执壶、碗、盘、盏、灯等。执壶是这时期新出现的器类，数量多，型式复杂多样。胎质较唐中期略粗，质地仍较坚硬，呈深灰或灰色，一律不施化妆土。釉色普遍较深，呈深青黄、深青褐、褐、褐黑或黑色，一般不透明，釉层尚较均匀，釉面多显干涩，缺乏光泽。少数器物上饰有花纹，装饰技法有划花、戳印花，纹样仅见竖线纹、团花纹等。装烧工艺发生了重大变化，废弃了由洪州窑发明、使用了500余年的匣钵装烧方法，而又回到叠置明火裸烧的路上来了。叠置时，将碗、盘、盏分别叠摞，由于这时期它们内侧均满施釉，为防止粘连，器物之间均以5或6个含砂量较高的长扁圆形泥条间隔，装窑时将其正放或倒扣在支具上。这时期洪州窑的窑场仍较多，产量也比较大，其衰落主要表现在工艺上，突出的事实是，废弃了长期使用的对保证和提高瓷器质量有重要作用的化妆土工艺和匣钵装烧工艺。结果是瓷器的质量大为下降[66]。

隋唐五代时代洪州窑自成体系，产品具有显著的自身特色，各时期的器类、器型、胎、釉、装饰均有特点，发展演变规律明显。其产品不但普遍销售在江西地区，而且还销售或流布到广东、广西、浙江、安徽、湖北、河南、陕西等省、自治区[67]。值得注意的是，洪州窑瓷器在唐玄宗天宝二年（公元743年）还曾作为地方珍货进奉给皇帝[68]。可见，洪州窑瓷器在当时有较大的影响。

4. 岳州窑

岳州窑位于湖南省湘阴县，窑场分布在现县城内的西部的堤垸一带，迄今已发现窑址近10处，皆坐落于湘江东岸。岳州窑约创建于东汉晚期，历经六朝、隋、唐，目前发现的最晚的资料为唐代中期前期的，即约盛唐时期的，目前还没有发现确切的盛唐以后的资料。

岳州窑在东吴以后逐渐进入了兴盛时期，隋代延续了这种强劲的发展势头，将其推向了一个新的发展阶段。隋代的器物种类基本为日常生活用器，器型有罐、盘口壶、鸡首壶、碗、钵、盘、高足盘、碟等近20种，造型多较端庄。此外还烧造少量的十二生肖俑等随葬用的明器。胎体一般较厚，质地多细密坚致，呈浅灰、灰或深灰色。釉色多为青、青泛黄色，个别的呈酱褐色，釉面洁净、晶莹。这时期瓷器流行花纹装饰，装饰技法主要是划花和戳印花。划花用得不多，纹样简单，主要有莲瓣纹、菊瓣纹、连弧纹等。戳印花比较盛行，纹样丰富，主要有多道竖条纹、梅花朵纹、团花纹、忍冬叶纹等，在一件器物上往往是两种纹样相间排列，颇有规律。烧成工艺，隋代仍是用龙窑，1997年在湘阴县城沿江马路马王坎清理的一座龙窑遗迹[69]，反映了这时期龙窑的情况。考古资料表明，隋代已经采用了匣钵装烧方法。匣钵以耐火土制作，均为桶形，碗、盘、钵等饮食器一般均放在匣钵里装烧。

唐代早期仍是岳州窑的盛烧期。瓷器的种类基本为日常生活用器，同时也烧造一定数量的随葬明器。生活用器的器类有所减少，不见或少见了鸡首壶、高足盘、碟等，造型趋于简朴实用。胎壁较隋代薄，质地细密坚致，呈浅灰或灰色。釉层薄而均匀，多呈青、青泛黄色，釉面光莹，盘口壶、罐等器物的施釉部位一般施至肩下。装饰花纹极为简单，除弦纹外几乎不见其他纹样。随葬明器的器类颇多，有镇墓兽、人面兽身双翼兽、人面鸟身俑、十二生肖俑、武士俑、武吏俑、文吏俑、男侍立俑、女侍俑、女坐乐俑、男骑马乐俑、武士骑甲马俑、马、骆驼、牛、羊、狗、猪、鸡、鸭、鹅、鸽和仓、井、碓、磨、灶、案、棋盘等，人物、动物造型生动，栩栩如生，模型器造型简练逼真。四川万县唐高宗永徽五年（公元654年）冉仁才墓[70]、湖南长沙咸嘉湖唐高宗时期墓[71]出土数量多、器类齐全，质量好，反映了这时期岳州窑烧制的随葬明器的情况。这类器物中的人物、动物均为模制，做工比较精细；模型器一般为手制。胎质细密坚硬，呈浅灰或灰色。釉呈青、青泛黄或青黄色，釉层均匀，釉面莹亮。俑的衣纹、动物的羽毛、武士的铠甲、马身上的鞍鞯以及人物、动物的面部表现细致，镇墓武士的盾牌上还饰有兽面、龟和卷草纹等花纹。是一批难得之艺术品。

唐代中期前期，即盛唐时期的器物发现较少，仅见盘口壶、罐、碗等。胎壁较薄，质地细密，呈浅灰或灰色。釉呈青、青泛黄或青黄色，青黄釉色调较淡，接近米黄色，釉层较薄，釉面较亮泽。一般无花纹装饰[72]。整体质量明显下降。说明这时期岳州窑处于衰微状态。从未见这时期以后的产品观察，盛唐以后以湘阴县城为中心的岳州窑内各窑场有可能停烧了，窑场转移到湘阴县以南的长沙市望城县铜官镇、石渚湖一带，被后人称为“长沙窑”了。

隋唐岳州窑瓷器以造型端庄清秀、釉色淡雅著称，自身特点明显。它的产品除普遍销售于湖南地区外，还大量销往湖北武汉[73]、江陵一带，在黄河中游地区也有出土。

5. 长沙窑

长沙窑位于长沙市望城县，窑场分布在铜官镇至石渚湖一带，坐落在湘江东岸，已发现窑址 10 余处。长沙窑以烧造青瓷为主，同时生产少许白瓷和铜红釉瓷器等，以烧造釉下彩和釉下彩绘青瓷器闻名于世。从目前所知的资料看，长沙窑约兴于公元 8 世纪后半叶，公元 9 世纪为兴盛时期，公元 9 世纪末、10 世纪初衰落。

公元 8 世纪后半叶是长沙窑的始烧和初步发展时期。产品均为青瓷，以日常生活用器为主，器型有罐、盘口壶、碗、盘、杯、灯盏等，以盘口壶、碗、盘的数量为多。盘口壶的胎壁较厚重。胎质多较细密，呈灰色。釉层较薄而均匀，呈青或青泛黄色，釉面多较光莹。釉、胎结合不够好，时见剥釉现象。器物大多数为素面无花纹装饰，少数的有釉下彩装饰。这时期的釉下彩还比较简单，往往是以褐、绿彩在盘口壶、罐的肩部点一周椭圆形点，较复杂一点的是在腹部以圆点组成蕉叶纹或云纹图案。

公元 9 世纪是长沙窑的兴盛时期。这时期长沙窑的生产情景，唐代晚期人李群玉在他的《石潴》（“石潴”即“石渚”）诗中曾做了形象、生动的描述：“古岸陶为器，高林尽一焚。焰红湘浦口，烟浊洞庭云。田野煤飞乱，遥空爆响闻。地形穿凿势，恐到祝融坟。”[74]这时期瓷器的品种以青瓷为主，同时有少量的白瓷和极少的铜红釉瓷。瓷器的种类仍以日常生活用器为主，同时也生产数量较多的动物形玩具。生活用器器型丰富，以执壶、罐、碗、茶盏为多，其中执壶的式样颇多。胎质细密，呈灰或灰黄色。釉层均匀，釉面莹润，青瓷釉多呈青、青泛黄或青黄色，白瓷釉的白度不高，铜红釉瓷釉的发色偏暗。胎、釉结合得好，一般不见剥釉现象。装饰技法多样化，有刻花、划花、印花、贴花、釉下彩、釉下彩绘、题诗、题字等。釉下彩和釉下彩绘技法发展很快，使用普遍，基本为褐、绿两种彩色。釉下彩的纹样简单，有彩点、大块圆形或椭圆形斑及随意画就的不规则的彩条或彩线等，一般不成图像。釉下彩绘的题材广泛，纹样颇丰，人物纹有婴戏、竹林隐士、外国女士、异域情侣等；花鸟纹有莲荷、芙蓉、秋菊、花卉、白鹭、双燕、鸾鸟、鸣雁、鸳鸯、鹤等；动物纹有龙、狮子、豹、鹿、獐、山羊、摩羯等；山水纹有山峦、树木、山石等。此外，还有菱形、圆形、水波、云朵等图案。整体绘画技法娴熟，构图简洁。模印贴花也是这时常用的装饰技法，纹样有葵花、荷花、葡萄、双鸟、双鱼、蝴蝶、游龙、立狮、童孩、人物等，在贴花纹样的上面往往涂大于纹样的椭圆状褐彩斑，然后再施釉。题诗、题字在这时期的瓷器上比较流行，绝大多数为五言诗，其次是谚语、俗语，少数为题记，内容多通俗易懂，生活气息浓郁。刻、划、印花的纹样有小鸟、网格、莲瓣、莲花等。这些装饰技法，有时是两种或两种以上结合使用，相得益彰，增强了装饰效果（图二三）。动物形玩具是这时期长沙窑产品的一大特色，有狮子、大象、马、牛、羊、狗、猪、鸡、鹅、鸟等，造型小巧，生动可爱，不少还有彩饰。这时期的瓷器也是用龙窑烧成的，在谭家坡窑址清理的一座龙窑遗迹全长 41 米，宽 2.8—3.5 米，窑室的中后部最陡，为 23 度。器物一般都用匣钵装烧。

公元 9 世纪末、10 世纪初长沙窑逐渐衰落，以生产日常生活用器为主，器类大大减少，常见的器型有罐、盘口壶、执

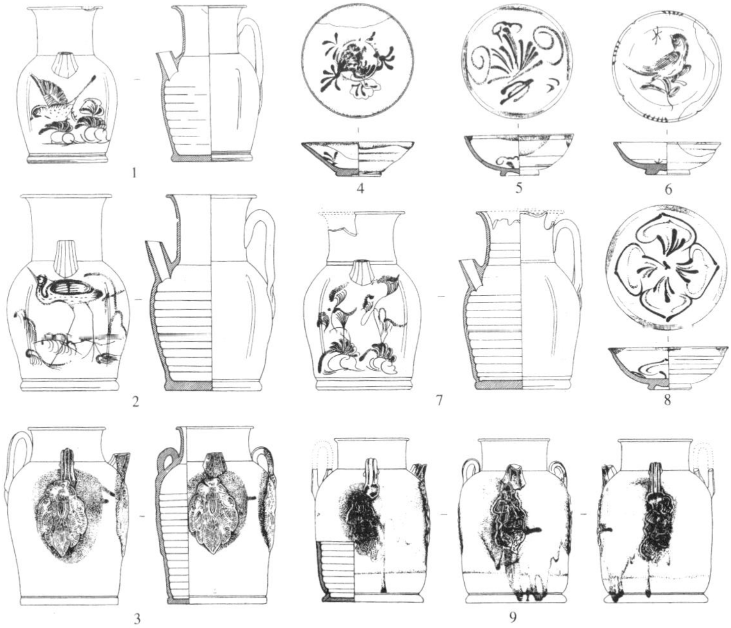

图二三　长沙窑瓷器

1－3、7、9. 注壶　4－6、8. 碗（1、2、4－8. 褐彩，3、9. 模印贴花）（比例不同，引自长沙窑课题组《长沙窑》，紫禁城出版社 1996 年版）

壶、碗、盘等。胎、釉大体沿袭了公元9世纪时的情况，装饰技法和花纹内容简化，9世纪盛行的釉下彩绘已不多见，纹样仅见绘得潦草的山峦、树木等[75]。

长沙窑是继岳州窑之后在湘江流域发展起来的又一座名窑。它大胆采用并发展了以釉下彩和釉下彩绘装饰青瓷的技法，花纹题材广泛，纹样生动活泼，艺术效果颇佳，深受国内人们欢迎，除了湖南多有出土之外，在湖北、浙江、江苏、安徽、河南、河北、陕西、广西、广东等省、自治区均有出土。

同时它也是唐代外销瓷器的主要品类，远销朝鲜半岛、日本、印度尼西亚、菲律宾、巴基斯坦、伊朗、伊拉克、坦桑尼亚等许多国家[76]，为中外文化交流作出了重要贡献。

6. 邛崃窑

邛崃窑位于四川省邛崃县，分布在固驿乡公义村、南河乡什方堂村、白鹤乡大鱼村、西桥乡西河村，坐落在小南河、南河及南河支流岸畔的丘陵地带。资料表明，邛崃窑约创建于南朝时期，历经隋、唐、五代，至北宋逐渐衰落。

邛崃窑经南朝时期的发展，到隋代已具有一定的规模，产品质量也大幅度提高，进入了快速发展时期。隋代的产品主要是日常生活用器，器型有盘口壶、罐、碗、盘、高足盘、杯、高足杯、砚台等。胎有浅灰、浅灰黄、灰、灰黑等多种颜色，质地较糙而坚硬，较普遍施化妆土。釉以青、青黄色为主，釉面有较好的光泽。胎、釉结合较好，少有剥釉现象。大部器物为素面无装饰花纹，少数以戳印花和彩绘的技法做出花纹。戳印花的纹样有朵花纹等。彩绘是以褐、绿彩在器胎表、釉下绘出花纹，固驿乡公义村瓦窑山窑址出土的一件深腹钵（原报告称“罐”）外壁腹部以褐、绿彩绘圆圈联珠纹和朵花纹，也有的以褐彩绘圆圈联珠纹等。这时期也是使用龙窑，叠置明火裸烧，器物之间一般以锯齿状间隔具间隔。

唐五代时期邛崃窑逐渐进入兴盛时期。产品种类增加，除了大量生产日常生活用器外，还烧造动物形玩具和瓷塑人物等。日常生活用器的器型有盘口壶、执壶、瓶、罐、碗、钵、盘、碟、高足杯、杯、盏、灯、香炉、水盂、砚台、盒、盆等多种，动物形玩具有狮、虎、马、牛、羊、猴、狗、鸡、鸭、鹅、鱼、龟等。胎质仍显粗糙，胎色有灰、灰黄、褐、红褐、黑褐色等，一般施浅灰色或淡黄色化妆土。釉色非常复杂，计有青、青泛浅绿、青泛灰、青泛白、青泛黄、青黄、黄泛青、黄、黄褐、褐、黑、蓝、紫蓝等20余种，是唐五代时期其他瓷窑所不见的。这时期有装饰花纹的器物较多，装饰技法有刻花、划花、印花、堆贴花、釉下彩绘五种。以前四种技法做出的花纹不多，有草叶、朵花、莲瓣纹等。釉下彩绘是这时期的主要装饰技法，所用的彩色有黄、褐、黑褐、绿色等，纹样有圆点、斑块、草叶、卷云、联珠圈、朵花纹等，花纹结构简单，有的将两种彩甚至三种彩用在一件器物上，还有的与划花、印花结合使用。这时期仍使用龙窑，大约在唐代后期采用了匣钵装烧方法[77]。

邛崃窑是长江上游地区隋唐五代时期瓷窑的代表，它的产品具有鲜明的区域特色。它早在隋代就使用了釉下彩绘的装饰技法，比长沙窑要早得多。到唐代虽还继续使用，并还有所发展，但纹样一直很简单、单调甚至还有些潦草，在艺术上没有突破。这是个值得重视和值得深入研究的学术问题。

7. 寿州窑

寿州窑位于安徽省淮南市，窑场分布在淮南市上窑镇一带，已发现窑址10处，大多坐落在高塘湖、窑河东岸。现有资料表明，寿州窑创建于南北朝晚期，发展于隋代，兴盛于唐代中、晚期，唐代晚期衰落。

寿州窑经南北朝晚期的经营，到隋代已具一定的规模，进入了一个新的发展时期。烧造的品种是青瓷，皆为日常生活用器，器型有盘口壶、罐、碗、高足盘、盘、盏等，以碗、高足盘的数量为多。胎多呈灰色，质地坚硬，胎土淘洗不细，有少量的细砂粒，有的施浅灰色化妆土。釉有青、淡青灰、青泛黄色等，釉面多莹亮，釉层不够均匀，流釉现象比较普遍，常见“泪痕”。有些器物上饰有花纹，制作技法有刻花、划花、戳印花、贴花四种，花纹有莲瓣纹、卷草纹、团花纹、动物纹等。

唐代早、中期是寿州窑的兴盛时期。烧造瓷器品种为青釉瓷器和黄釉瓷器，黄釉瓷器是这时期最具特色的产品，均为日常生活用器。器型中隋代流行的盘口壶、高足盘少见或不见了，新增了四系瓶、执壶等。胎多呈灰色，质地不够细密，往往施灰白色化妆土。青瓷釉的色调有青、淡青灰、青黄等，黄瓷釉的色调有黄、黄泛青等。釉层仍不够均匀，釉厚处色泽较深，釉薄处较浅淡。釉面光莹。这时期一般不见花纹装饰[78]。

唐代晚期寿州窑逐渐衰落。这时期除了继续生产黄釉瓷器外，还较多地烧造黑釉瓷器。均为日常生活用器，常见的器型有执壶、壶、罐、碗、盏、枕等。胎呈灰色或淡黄红色，质地较粗，有些施灰白色化妆土。黄瓷釉呈黄、深黄色等，黑瓷釉呈黑、黑褐色。釉层厚薄不匀，色调不一，釉面光泽较好。在器物装饰上出现了漏印花的技法，即将预先做好的花纹图案贴在器物的坯体表面，施釉后将其揭取下来，这样贴在坯体上的花纹图案的纹样就漏印在瓷器上了。烧成工艺，在泉山窑址发现了这时期的窑炉遗迹，是一座馒头形窑，残长 7.2 米。可见，寿州窑至少在唐代晚期使用馒头窑烧造瓷器。

寿州窑因在唐代烧造当时不多见的黄釉瓷器载入史册，闻名于世。在瓷器造型、烧成工艺等方面，与南方地区同时期瓷窑的差异显著，而与北方地区的瓷窑比较接近，具有浓厚的北方风格。

（三）北方地区典型瓷窑及瓷器

隋唐五代时代北方地区瓷窑也已超过20座。这时期北方地区瓷窑烧造的瓷器品种非常复杂，计有青釉、白釉、黑釉、黄釉、花釉、绞胎、青花瓷器等，以白釉瓷器的数量最多、成就最高、影响最大。青釉瓷器的数量也较多，尤其是在隋代，基本是以生产青釉瓷器为主。此外，在唐代巩县窑等还烧造绚丽的三彩陶器。这时期典型、具有代表性的瓷窑有邢窑、曲阳窑、枣庄中陈郝窑、安阳窑、巩县窑、黄堡窑。

1. 邢窑

邢窑是隋唐五代时代著名白瓷窑，唐代陆羽《茶经》描述其白瓷色泽“类银”、“类雪”。邢窑位于河北省内丘县和临城县，分布在太行东麓的山前丘陵、平原地带，迄今发现窑场址20余处，大部分坐落在李阳河、泜河两岸。邢窑约创建于北朝晚期，兴盛于隋唐时期，五代以后仍在继续生产。

北朝晚期是邢窑的初创时期，烧造青瓷和白瓷，基本上都是属于粗瓷之类。入隋后，邢窑很快就进入了兴盛时期。烧造品种除了青瓷和白瓷之外，还烧造少量的黄釉和黑釉瓷器。产品皆为日常生活用器，器型有盘口瓶、瓶、罐、扁壶、钵、碗、高足盘、盘、杯、水盂等。胎体普遍较北朝晚期薄，质地亦细。青瓷胎呈灰白色，釉多为青泛黄色。白瓷胎、釉白度较高，尤其是细白瓷，胎质坚实细腻，釉细润，釉层薄而均匀，透明度强，釉面白净晶莹[79]。黄釉瓷器胎呈深灰色，施化妆土，釉层均匀，釉面晶莹。有装饰花纹的器物很少，青瓷和白瓷除弦纹之外，少见其他纹样，在一件黄釉扁壶上模印的缠枝花卉、人物和联珠纹，是隋代难得的装饰佳作。这时期邢窑已使用匣钵装烧法，匣钵均为桶形，细白瓷应皆是放在匣钵里装烧的。

唐代早期邢窑烧造的瓷器品种沿袭了隋代，白瓷特别是细白瓷的比重加大。器型有瓶、罐、碗、盘、高足杯、杯、砚台等，隋代流行的盘口瓶、高足盘等少见或不见了。白瓷、青瓷、黄瓷胎、釉质量又有所进步，黑瓷胎质一般较粗，釉有的呈黑褐色。有装饰花纹的器物很少。这时期仍采用匣钵装烧法。器物叠置时以三角形三足支钉间隔。

唐代中期邢窑发展到了鼎盛时期。白瓷的比重大大增长，青瓷、黄瓷急剧下降，已很少见了。白瓷在邢窑瓷器中的地位更加突出，大约在这时期的后期，其白瓷瓯已“天下无贵贱通用之”[80]了。器物种类有日常生活用器和瓷塑玩具等。器型也十分丰富，主要有罐、壶、执壶、皮囊式壶、碗、盘、高足杯、杯、唾盂、粉盒、三足炉和象、狮、马等，造型协调、精巧。有的碗、盒等器物底外侧刻写“盈”字款。白瓷胎、釉制作均很精细，质地细腻，工艺娴熟。此外，在这时期邢窑还烧造三彩陶器，见到的器型有罐、盘、杯、水盂、三足炉等，胎质细腻，呈白或淡红色，釉有淡黄、赭黄、深绿、褐红、白色，色调偏深[81]。这时期的瓷器一般仍为素面无装饰花纹。这时期匣钵形制复杂化，计有桶形、钵形、盆形、盒形、盂形等，间隔具仍用三角形三足支钉。

唐代晚期至五代时期邢窑基本全烧造白瓷，器型有罐、执壶、碗、盘、杯、盏托等，以碗、盘的数量最多，器型不及唐代中期丰富。白瓷的胎壁普遍较薄，器型轻巧，有的碗、盘、杯还仿金银器的造型，口部做出四入状，腹部做出瓜棱。唐代晚期有的器物上刻写“翰林”或“盈”字款[82]。胎和釉承袭了唐代中期，有的白瓷盘内侧还模印花卉纹，给美丽、洁净的白釉瓷器增添了光彩。发现的这时期的窑炉均是半倒焰式的馒头窑。祁村窑址清理的第三号窑炉遗迹全长6.3米，窑室最宽处为1.8米，时代为唐代晚期。出现了漏斗形匣钵，间隔具除了三角形三足支钉外，还有圆形三足支钉、三叉形三足支钉等[83]。

邢窑在隋唐五代时代以烧造精美的白瓷闻名于世，它是唐代“南青北白”瓷业生产格局中“北白”的“领衔”瓷窑，其白瓷代表了当时白瓷的最高水平，备受世人喜爱，在国内流布范围很广，还曾作为贡品进奉给唐代宫廷[84]，同时还曾远销到日本、伊朗、伊拉克、印度等国家。

2. 曲阳窑

曲阳窑位于河北省曲阳县，分布在涧磁村一带，窑场坐落在唐河支流洹河西岸。曲阳窑是定窑的前身，约创建于唐代晚期，唐末五代时期有了较快、较大的发展。

唐代晚期是曲阳窑的创建和初步发展时期。烧造的瓷器品种比较复杂，以黄釉、黄绿釉、褐釉瓷器为最多，白釉瓷器次之，另有少量的黑釉、青釉瓷器。器物的种类基本都是日常生活用器，以碗、盘为主。在盘等器物中出现了仿金银器同类器物的造型。胎体多较厚重。粗白瓷和黄釉瓷器等，胎呈灰、灰黄或灰白色，质地较粗松，一般施化妆土，釉面的光泽尚好。细白瓷的胎略薄一些，质地也细密，呈白或白泛黄灰色，釉层略厚，釉面素净，釉呈白或白泛青色。这时期瓷器一般无花纹装饰。装烧工艺采用匣钵装烧法，碗、盘等饮食器一般均放在匣钵内装烧，匣钵有桶形和漏斗形二种，器物叠置者，器物之间以圆饼形或三叉形支钉间隔。烧造瓷器的窑炉是半倒焰式的馒头窑，在涧磁村窑址清理的一座馒头窑遗迹保存较好，由窑门、火膛、窑室和两个烟囱等部分组成，全长5.8、宽2.6米。在火膛内存有少量木炭，可知其是以柴为燃料。

唐末五代时期是曲阳窑的发展时期。瓷器品种以白瓷为主，器物种类大多是日常生活用器，器型较多，近20种，以碗、盘、杯等饮食器为主。造型大方、美观，并在碗、盘等器物中大量出现仿金银器同类器物的造型。器物的胎体一般较薄，尤其是仿金银器造型的器物。胎、釉有粗细之别，粗者，胎呈黄白或灰白色，往往施化妆土，釉层均匀，釉面光泽尚好；细者，所占比例较大，胎体洁白细腻，质地致密，一律不施化妆土，釉层均匀，釉面光净莹润，釉色多白中闪青，有的器物的口部或圈足部还有银钔或金钔（图二四），提高了瓷器的品位。这时期瓷器很少有装饰花纹，仅见有的枕面上饰有双鹿纹或双蝶花草纹，个别的海棠杯内模印鱼纹等。值得一提的是，有的白瓷外底部刻写“会稽”、“易定”字款；有一些刻

图二四　唐代曲阳窑白釉托盏

写或划写“官”、“新官”字款。这时期仍然是采用匣钵装烧方法[85]。

曲阳窑是唐代晚期兴起的一座窑场，唐末五代时期烧造的白瓷器已达到了较高的水平，已超过了邢窑，为北宋定窑的繁荣奠定了基础。

3. 枣庄中陈郝窑

枣庄中陈郝窑位于山东省枣庄市邹坞镇中陈郝村，窑场坐落在蟠龙河两岸。资料表明，中陈郝窑约创建于北朝晚期，隋唐五代是其发展时期，下限约至元代。

隋代枣庄中陈郝窑进入了发展时期。烧造的品种为青瓷，种类为日常生活用器，器型有盘口壶、罐、盆、碗、钵、高足盘、盘、杯、盏、砚台等。胎体多较厚重，呈深灰或浅灰色，质地多较细密。釉呈青、青泛黄或青黄色，色调较深，釉层比较均匀，釉面晶莹，有流釉和积釉现象。有的胎釉结合不佳，常见剥釉现象。一般没有花纹装饰。烧成工艺，使用馒头窑，在该窑址清理的第二号窑炉遗迹保存较好，由窑门、火膛、中心柱、窑室、烟囱等部分组成，全长 6.44、最宽处 3.8 米。已使用匣钵装烧方法，匣钵为桶形。碗、盘等器物为叠置，器物之间用三叉形三足支钉等间隔具间隔。

唐五代枣庄中陈郝窑大体处于缓慢、平稳发展时期。产品仍为青瓷，器型有罐、瓶、执壶、盆、碗、盘、水盂等，都是日常生活用器，其中罐的数量多，式样亦多。器物胎体仍较厚重，质地较粗，含有较多的细砂粒，呈深灰色。釉一般呈青或青泛黄色，个别的呈褐青色，釉面光泽不如隋代。有的罐、执壶、水盂的肩部釉下饰褐色彩斑。这时期仍采用匣钵装烧方法，叠置的器物之间以三叉形三足支钉间隔[86]。

枣庄中陈郝窑是北方地区较早开始烧造瓷器的窑场之一，具有浓重的区域特色。隋唐五代时期的制作工艺、产品情况基本反映了这时期山东地区制瓷手工业的情况，在山东地区具有代表性。

4. 安阳窑

安阳窑位于河南省安阳市北郊安阳桥村一带，坐落在洹河南岸。1974 年发现，随之进行了考古调查和试掘。获得的瓷器、窑具等资料都是隋代的。

隋代安阳窑的产品目前发现的以日常生活用器为主，同时还有用于随葬的明器等。生活用器的器型有瓶、四系罐、碗、钵、高足盘、高足杯、杯等[87]，胎壁一般较厚。随葬明器有武士俑、文吏俑、骆驼、仓等，其中有的为素烧。胎质一般较细，呈灰色。釉层均匀，釉呈青、青灰、青泛黄或青褐色，釉面晶莹，青釉透明度较好。胎、釉结合较好，少有剥釉现象，流釉现象极少见。装饰技法有刻花、划花、印花等，纹样以莲瓣纹最为常见，另还有水波纹、三角形纹、草叶纹和忍冬纹等。出土的窑具有支具、间隔具，不见匣钵，可见隋代安阳窑还是采用明火裸烧的烧造方法。

安阳窑是北方地区较早烧造青瓷的窑场之一，据有关资料推测，它的烧造历史可上溯到北朝晚期。隋代的产品质量要好于山东地区的枣庄中陈郝窑同时期的产品，在北方地区制瓷手工业史上占有一定的地位。

5. 巩县窑

巩县窑位于河南省巩县（今巩义市），分布在小黄冶村、大黄冶村、白河村、铁匠炉村一带，窑场坐落在黄冶河、白冶河岸畔。巩县窑约创建于隋代或稍早，兴盛于唐代中期，大约停烧于唐末。

隋代是巩县窑的创建和初步发展时期。烧造瓷器品种以青瓷为主，另有少量的白瓷、黄瓷，皆为日常生活用器，常见的器型有四系罐、钵、碗、高足盘、杯等。胎体厚重，质地比较细密，呈灰色。釉层不够均匀，釉面光泽尚好。青瓷釉色青灰泛白，常见流釉现象。一般无花纹装饰。装烧方法为明火裸烧。叠置者，器物之间以三叉形间隔具间隔。

唐代早期巩县窑进入了较快的发展时期。烧造的瓷器品种以白釉瓷器为主，黑釉瓷器次之，黄釉瓷器较少，三彩陶器在这时期的后期出现并逐步成熟。瓷器的种类皆为日常生活用器，器型增多，计有罐、瓶、盆、钵、碗、杯、盏、盂、碟等。胎体较隋代略薄轻，质地细密。白瓷的胎一般呈灰白色，往往施有化妆土，釉层均匀，釉面莹润，釉色泛灰，白度不高。这时期，器物一般没有花纹装饰。碗、钵等器物一般内外侧均施半釉，叠烧时往往不用间隔具。

唐代中期是巩县窑的鼎盛时期。烧造的器物品种有白釉、黑釉瓷器和黄釉器等，三彩陶器的生产进入兴盛阶段。瓷器的种类仍是日常生活用器，器型有罐、盘口瓶、瓶、壶、执壶、钵、碗、杯、三足炉等。胎体较薄轻，质地比较细密，多呈灰白色，白釉一般施有白色化妆土。釉层均匀，釉面莹润，白瓷釉色泛灰，黑瓷色调漆黑，黄釉色调多呈深黄色。仍少见花纹装饰。三彩陶器的种类较多，计有器皿、俑、动物模型、模型器等，器型相当丰富。胎质比较细腻，呈白、白泛黄或灰白色。彩釉艳丽，釉面晶莹光亮。三彩器往往还以传统的刻花、印花、贴花等技法在胎表做出宝相花、团花、花卉、人物、动物形等花纹，然后再在花纹上涂上或填上相应的彩釉，可谓名副其实的“锦上添花”[88]。考古发掘资料表明，三彩陶器是用馒头形窑烧造的，均为明火裸烧，叠置的器物之间以三叉形间隔具间隔，同时还较多地采用在窑柱上棚架垫板分层设置器物的装烧方法。

唐代晚期巩县窑的生产发生了较大的变化。烧造的器物品种有白釉、绞胎、青花瓷器和黄釉器等。胎质比较细密，呈白或灰白色。釉层均匀，釉面有较好的光泽。白釉瓷器往往施绿彩作为装饰；绞胎瓷器约出现于唐代早中期，这时期发现的数量较多，枕上的纹样效果较好，有菱形图案、木理纹、五瓣团花纹等。青花瓷器是这时期创烧的新品种，20 世纪 70 年代中期在江苏扬州唐城遗址中出土了 1 件唐代青花瓷枕残片[89]，研究者们认为是巩县窑烧造的[90]，后来又在该城址中采集了一些唐代青花瓷碗的残片[91]。1998 年在印度尼西亚勿里洞岛海域发现的被命名为“黑石号”沉船中有 3 件唐代青花瓷盘[92]，是巩县窑的产品。近年又在巩县窑窑址中出土了不少白釉洒点蓝彩并有的组成简单图案的器物和几件青花瓷器[93]，进一步证明巩县窑是唐代青花瓷器的产地。这时期三彩陶器的产量大大减少，器物的种类以小型器皿和玩具为主，制作不甚讲究，质量大不如唐代中期。

巩县窑是隋唐时代北方地区的著名窑场，它以烧造精美的白瓷和绚丽的三彩陶器闻名于世。其三彩陶器在已发现的烧制唐三彩器窑中是最好的，代表了唐三彩器的最高水平。

6. 黄堡窑

黄堡窑位于陕西省铜川市黄堡镇，窑场坐落在流经该镇的漆水河两岸。据现有资料分析，黄堡窑约创建于公元 8 世纪前半叶，之后发展较快，五代时期进入了一个新的发展阶段。

黄堡窑在公元8世纪前半叶创建之后，发展较快，到唐末已有了一定的规模。烧造的瓷器品种非常复杂，计有青瓷、白瓷、黑瓷、黄瓷、茶叶末釉瓷、花釉瓷、素胎黑花瓷等，以青瓷、白瓷、黑瓷为主。烧造的品种之多，在同时期的其他瓷窑所少见。器物的种类也较多，有日常生活用器、乐器、玩具、工具等。器型繁多，有瓶、盘口瓶、长颈瓶、双系瓶、葫芦形瓶、双鱼形瓶、油瓶、水注、执壶、油壶、提梁罐、双唇罐、罐、碗、钵、盘、杯、盏、盏托、盆、釜、盂、唾盂、渣斗、盒、烛台、灯、砚台、腰鼓、埙、哨、铃、狮子、虎、猴、骆驼、马、羊、狗、鸡、鸭、人物、擂钵、杵、碾槽、碾轮等，应有尽有。青瓷、白瓷、黑瓷、茶叶末釉瓷器上述各种类器物均有，器型众多；黄釉仅有生活用器皿，器型较少；花釉瓷器有生活器皿和乐器，器型很少；素胎黑花瓷器有生活用器和玩具，器型不多。胎料加工较细，质地一般较细密，胎色有青灰、浅灰、灰黄、黄灰、白色等多种。白瓷普遍施化妆土，其他品种的瓷器也有的施之。釉层多较均匀，釉面光泽尚好。釉色深浅不尽相同，色调多样，青釉有青、青泛黄、青泛灰色，白釉有白泛青、白泛灰、白泛黄色，黄釉有黄泛青、黄褐、黄色，茶叶末釉有茶青、茶青泛黄褐色，花釉的釉色有黑、青、茶叶末色三种。除黄瓷未见花纹装饰外，其余各品种瓷器皆有花纹装饰。装饰技法可分两大类，一类是划花、印花、贴花、堆塑、刻花填彩，题材广泛，花纹内容丰富，纹样主要有几何形纹、卷云纹、莲瓣纹、联珠纹、卷草纹、菊花纹、牡丹纹、葵花纹、折枝花纹、朵花纹、葡萄纹、松叶纹、蝴蝶纹、凤纹、兽面纹等；另一类是绘花，以毛笔在白瓷、青瓷等瓷器上绘绿、褐、白等彩色花纹，素胎黑花瓷器则是在素胎上以黑釉绘出花纹。花纹内容较为丰富，纹样主要有圆点纹、条状纹、半圆形纹、花瓣形纹、兰草纹、卷草纹、菊花纹、折枝花纹、朵花纹、石榴纹、卷云纹、飞燕纹、凤纹、孩儿纹等，笔法简练自如，配上与彩色反差较大的底色，格外醒目，具有良好的装饰效果。花釉瓷器的装饰技法应属特殊的一类，是在黑釉、青釉、茶叶末釉上点绘白、蓝、黄、黄白色彩，组成的纹样有彩斑、朵花、折枝花纹等。此外，黄堡窑在唐代还烧造三彩陶器，器物的种类有生活器皿、俑、动物模型、玩具、建筑材料等，器型繁多，约有40余种。胎质比较细腻，呈白或白泛红色。釉色有赭、黄、绿、白、褐、黑色，入窑烧造，各釉熔融，色彩夺目。有的还以划花、贴花等技法做出花纹装饰。黄堡窑无论是瓷器还是三彩器，均以半倒焰式馒头形窑烧造，以柴为燃料。馒头窑的形制、结构基本相同，均由窑门、火膛、窑室和两个平面呈方形的烟囱等部分组成，1985年发掘的第6号窑遗迹全长8米余，窑室最宽处为4.8米（图二五）。黄堡窑大约从创建起，瓷器就开始使用匣钵装烧，匣钵形制复杂，计有桶形、盆形、盘形、漏斗形等，器物叠装者，之间用三叉形、三角形等间隔具间隔[94]。

五代是黄堡窑的转折时期。烧造的瓷器品种减少，有青瓷、白瓷、黑瓷、茶叶末釉瓷等，以青瓷为主。器物的种类一般均为日常生活用器，另有少许拍鼓、人物、擂钵等。器型繁多，计有罐、瓶、执壶、碗、杯、盒等30余种。胎体较轻薄，质地细密坚硬，一般呈灰或灰白色，多施乳白色化妆土。器物多先施满釉，之后，有的将足沿的釉擦去或刮掉，有的则不擦、刮，即裹足。釉层均匀，釉面莹润。青釉呈色良好，色调有青、青绿、淡青、青泛黄、青泛灰色等；白釉多为白泛黄色；

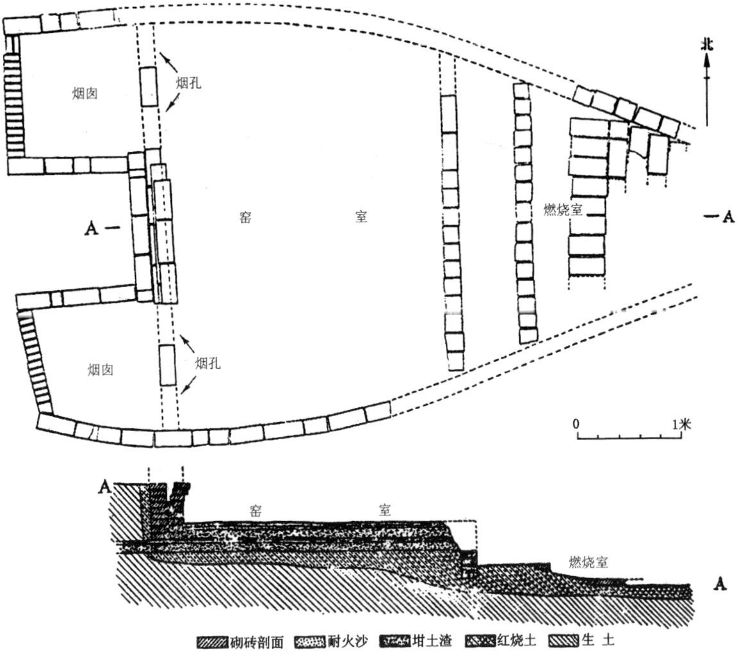

图二五　黄堡窑唐代馒头窑遗迹平、剖面图

（陕西铜川黄堡窑址出土，IY6；引自陕西省考古研究所《唐代黄堡窑址》，文物出版社 1992 年版）

黑釉呈色较好；茶叶末釉有的泛黄褐色。这时期的器物仍多见花纹装饰，装饰技法有划花、刻花、印花等多种，其中划花技法使用最多。花纹题材以植物花卉为主，纹样主要有蔓草、莲花、菊花、牡丹花、朵花、花卉等。划花、刻花纹样线条流畅、多变，具有良好的艺术效果。此外，在这时期的青瓷中还发现有刻划“官”字款的碗、盘。烧成工艺，仍使用半倒焰式的馒头窑，以柴为燃料。普遍使用匣钵装烧，匣钵形制多样，有桶形、深桶形、盘形、漏斗形等。叠置者，器物之间仍以三叉形、三角形或环形等间隔具间隔。在烧成过程中已使用了“火照”[95]。

黄堡窑是唐五代时期北方地区著名窑场之一，唐代烧造的瓷器品种几乎集北方诸窑之大成，五代时又发挥自己的优势着重发展青瓷并取得了显著成果，为北宋耀州窑的繁荣奠定了基础。还应说及的是，黄堡窑唐代已具相当规模，青瓷是其主要产品之一，产量大，种类多，器型丰富，质量好于北方其他窑的青瓷。有研究者推断，黄堡窑可能就是唐代陆羽《茶经》中记录的“鼎州窑”[96]，是有道理的。

（四）制瓷工艺的发展与创新

隋唐五代时代制瓷手工业规模扩大，产量激增，质量显著提高。这与制瓷工艺的发展、进步与创新密切相关。

这时期各瓷窑瓷器制胎均是就地取材，都是当地当时最好的原料。各地制胎原料由于含铁量的不同，所以胎色的深浅度也不尽相同。众所周知，胎的颜色对釉的呈色效果有明显的影响。因此，这时期烧造青瓷、白瓷、黄瓷等瓷器时，将较深或深的胎表较普遍施一层浅于所施器物胎色的化妆土。增强了釉的呈色效果，使原不能烧造理想青瓷尤其是不宜烧造白瓷的原料也可用于生产青瓷、白瓷等瓷器了，提高了瓷器的整体水平。

釉是瓷器的“外衣”，是瓷器质量的重要标志之一。历代制瓷工匠们在釉的配制上动了不少脑筋，下了不少工夫。这时期的釉主要是追求颜色的纯正和色泽的晶莹。在唐代中期越窑青瓷的青釉被当时人陆羽在其所著《茶经》中誉为“类玉”、“类冰”；在唐代晚期又烧造出一种珍贵、罕见的青釉，施这种釉的瓷器被当时人称之为“秘色瓷”。邢窑的白釉纯净、自然，被陆羽誉为“类银”、“类雪”。黄堡窑等北方地区瓷窑的黑釉漆黑莹亮。这一切都说明这时期在配釉工艺上有了进步，当然这也与烧成工艺的进步分不开。值得注意的是，唐代晚期长沙窑还创造了高温铜红釉，丰富了釉的品种，为红釉瓷器开了先河。

隋以前瓷器的装饰技法是以刻花、划花、贴花、压印花为主，另有彩绘、点彩技法。这时期情况发生了明显的变化。一是隋代流行戳印花技法，卓有成效的是洪州窑和岳州窑。纹样规整，排列有序，具有良好的装饰效果。使用这种装饰技法的优点之一是可以提高花纹的制作速度，可以批量生产同一种花纹的瓷器。二是发展了彩绘和点彩的装饰技法。彩绘技法在三国东吴时期就有了，但西晋至南北朝时期基本不见了，好像没有接着发展下来。点彩技法在西晋出现并流行，进入东晋就逐渐减少，南北朝时期很少见了。隋代，长江上游地区的邛崃窑等使用彩绘技法装饰瓷器，数量很少，纹样简单，仅见朵花纹和联珠纹，彩有褐、绿两种。唐五代时期邛崃窑继续使用彩绘技法，纹样有所增多，但花纹结构仍很简单。将彩绘技法推向新阶段的乃是长沙窑，长沙窑在公元8世纪后半叶开始以彩绘的技法装饰瓷器，公元9世纪达到了鼎盛，花纹题材非常丰富，有人物、花鸟、动物、山水、花卉等，彩料主要是褐、绿两种。点彩技法在长沙窑也使用，公元8世纪后半叶仍多是点饰在器物的口沿和肩部，公元9世纪往往是以褐、绿彩点组成云纹、叶形纹、菱形纹和三角形纹等。越窑在唐末五代时期也采用了彩绘装饰技术，纹样仅有如意形云纹、流云纹，均为褐彩。值得注意的是，唐代晚期巩县窑使用了蓝彩彩绘的装饰技法，即青花，纹样简单。这时期的彩绘（含点彩）与三国两晋南北朝时代相比，绘画的手法、技术提高了；用彩方面，除了褐彩之外，流行了绿彩，出现了蓝彩。这时期彩绘装饰技法的使用，对美化瓷器、提高瓷器的艺术价值等起到了积极的作用，时至今日人们还将这时期的彩绘瓷器视为珍品收藏。可惜的是彩绘瓷器在唐五代时期“喧闹”了一阵子后，到北宋时期就很少见了，再度兴盛是元明清时代的事了。此外，这时期黄堡窑、河南鲁山窑等在一件器物的釉上再洒或涂点另外一种颜色的釉来表现装饰效果，即花釉。这种以釉装饰的技法，大约是受到唐三彩器的启发。

烧成工艺是制瓷工艺中的最后一道工序，也是最重要的一道工序，如烧坏了，那就前功尽弃了。这时期烧瓷的窑炉，南方地区基本上使用龙窑，北方地区均使用半倒焰式的馒头窑。龙窑形制、结构趋于合理，逐渐完善。从迄今发现的资料看，隋、唐代早期长度一般在 20 米左右；唐代晚期增长，已达 40 米左右。馒头窑逐渐成熟。各窑场的馒头窑结构相同，即均由窑门、火膛、窑室和两个烟囱构成。但具体形制略有差别，例如邢窑的左右壁一般齐直；巩县窑的两壁略外弧；黄堡窑的两壁外弧明显，平面呈马蹄形。入隋后匣钵装烧法逐渐普及，到唐代中期及其以后基本都用匣钵来装烧瓷器了，越窑在唐代晚期、五代时期还用瓷土制作匣钵，即通常所说的“瓷质匣钵”，并匣钵叠摞时以釉封闭接口处。装烧时，一个匣钵内，有的叠烧多件，有的叠装 2 件，有的则装 1 件。这时期成熟的并不断加长的窑炉和流行的匣钵装烧法，提高和保证了瓷器的产量和质量。

以上叙述了隋唐五代时代制瓷工艺的发展情况。还需说及的是，上述的有些对提高产品产量和质量有重要作用的工艺技术，在三国两晋南北朝时代已有了，如化妆土工艺、匣钵装烧法等。但这时期不是简单的承袭、照搬，而是结合实际情况加以调整、改进、提高，使其趋于完善乃至完善。

注　释

［1］朱伯谦《越窑》，《朱伯谦论文集》，紫禁城出版社 1990 年版。

［2］金柏东《瓯窑探略》，《中国古陶瓷研究》第三辑，紫禁城出版社 1990 年版。

［3］贡昌《谈婺州窑》，《中国古代窑址调查发掘报告集》，文物出版社 1984 年版。

［4］朱建明《隋唐德清瓷窑址初探》，《中国古陶瓷研究》第三辑，紫禁城出版社 1990 年版。

［5］南京博物院《江苏宜兴涧濋窑》，《中国古代窑址调查发掘报告集》，文物出版社 1984 年版。

［6］胡悦谦《谈寿州窑》，《考古》1988 年第 8 期。

［7］江西省历史博物馆等《江西丰城罗湖窑发掘简报》，《中国古代窑址调查发掘报告集》，文物出版社 1984 年版。

［8］江西省文物工作队等《江西吉州窑遗址发掘简报》，《考古》1982 年第 5 期。

［9］江西省文物考古研究所等《江西赣州七里镇窑址发掘简报》，《文物》1990 年第 4 期。

［10］景德镇陶瓷历史博物馆刘新园、白焜《景德镇湖田窑考察纪要》，《文物》1980 年第 11 期。

［11］周世荣《从湘阴古窑址的发掘看岳州窑的发展变化》，《文物》1978 年第 1 期。

［12］长沙市文化局文物组《唐代长沙铜官窑址调查》，《考古学报》1980 年第 1 期。

［13］湖北省博物馆等《湖北鄂城、武昌的两处古瓷窑窑址调查》，《考古学集刊》第1集，中国社会科学出版社1981年版。
［14］四川省文物管理委员会等《邛窑发掘的初步收获》，《四川古陶瓷研究》（二），四川省社会科学院出版社1984年版。
［15］四川省文管会等《成都青羊宫窑址发掘简报》，《四川古陶瓷研究》（二），四川省社会科学院出版社1984年版。
［16］桂林博物馆《广西桂州窑遗址》，《考古学报》1994年第4期。
［17］曾广亿《广东潮安北郊唐代窑址》，《考古》1964年第4期。
［18］广东省博物馆《广东梅县古墓葬和古窑址调查、发掘简报》，《考古》1987年第3期。
［19］广东省博物馆等《广东高明唐代窑址发掘简报》，《考古》1993年第9期。
［20］陈鹏等《福建晋江磁灶古窑址》，《考古》1982年第5期。
［21］福建省博物馆等《福建怀安窑址发掘报告》，《福建文博》1996年第1期。
［22］邵良崇、刘莪义《将乐县发现唐代窑址》，《文物》1959年第9期。
［23］福建省博物馆《建阳将口唐窑发掘简报》，《东南文化》1990年第3期。
［24］中国社会科学院考古研究所、福建省博物馆建窑考古队《福建建阳县水吉建窑遗址1991—1992年度发掘简报》，《考古》1995年第2期。
［25］山东淄博陶瓷史编写组等《山东淄博寨里北朝青瓷窑址调查纪要》，《中国古代瓷窑调查发掘报告集》，文物出版社1984年版。
［26］山东淄博陶瓷史编写组《山东淄博市淄川区磁村古窑址试掘简报》，《文物》1978年第6期。
［27］山东大学考古专业等《山东宁阳西太平村古代瓷窑遗址试掘简报》，《考古与文物》1989年第4期。
［28］宋百川、刘凤君《山东曲阜、泗水隋唐瓷窑址调查》，《考古》1985年第1期。
［29］枣庄市文物管理站《山东枣庄古窑址调查》，《中国古代窑址调查发掘报告集》，文物出版社1984年版。
［30］冯先铭《河南巩县古窑址调查纪要》，《文物》1959年第3期。
［31］张松林《荥阳翟沟瓷窑遗址调查简报》，《中原文物》1984年第4期。
［32］河南省文化局文物工作队《河南密县、登封唐宋窑址调查简报》，《文物》1964年第2期；冯先铭《河南密县、登封唐宋古窑址调查》，《文物》1964年第3期。
［33］同［32］。

[34] 曹子元《长庄唐代瓷窑址初步调查》,《河南古瓷窑址资料汇编》，河南省文物考古研究所编，1985 年。

[35] 孙少中《郏县黄道窑址》,《河南古瓷窑址资料汇编》，河南省文物考古研究所编，1985 年。

[36] 李辉柄、李知宴《河南鲁山段店窑》,《文物》1988 年第 5 期。

[37] 河南省文化局文物工作队《河南辉县古窑址调查简报》,《文物》1965 年第 11 期。

[38] 河南省文化局文物工作队《河南省鹤壁集瓷窑遗址发掘简报》,《文物》1964 年第 8 期。

[39] 河南省博物馆等《河南安阳瓷窑址的试掘》,《文物》1977 年第 2 期。

[40] 冯先铭《河北磁县贾壁村隋青瓷窑址初探》,《考古》1959 年第 10 期。

[41] 河北临城邢瓷研制小组《唐代邢窑遗址调查报告》,《文物》1981 年第 9 期；内丘县文物保管所《河北省内丘县邢窑调查简报》,《文物》1987 年第 9 期。

[42] 河北省文化局文物工作队《河北曲阳县涧磁村定窑遗址调查与试掘》,《考古》1965 年第 8 期。

[43] 政协井陉县委员会《井陉历史文化·文物古迹卷》第一篇《文物保护单位·井陉窑》，新华出版社 2005 年版。

[44] 冯先铭《陕西浑源古窑址调查》,《中国古代窑址调查发掘报告集》，文物出版社 1984 年版。

[45] 中国硅酸盐学会《中国陶瓷史》第六章《宋、辽、金的陶瓷》第一节《定窑及磁州窑系诸窑》，文物出版社 1982 年版。

[46] 陕西省考古研究所《陕西铜川耀州窑》，科学出版社 1965 年版；禚振西《耀州窑遗址调查发掘新收获——兼谈对耀州窑的几点新认识》,《考古与文物》1980 年第 3 期。

[47] [唐] 陆羽《茶经》卷中《器》载:“盌，越州上，鼎州次，婺州次，岳州次，寿州、洪州次。……越州瓷、岳州瓷皆青，青则宜茶，茶作白红之色。邢州瓷白，茶色红；寿州瓷黄，茶色紫；洪州瓷褐，茶色黑，悉不宜茶。”[宋] 左圭《百川学海》，武进陶氏涉园景宋刻本，1927 年版。

[48] 权奎山《试论越窑的衰落》,《故宫博物院院刊》2003 年第 5 期。

[49] 慈溪市博物馆《上林湖越窑》，科学出版社 2002 年版。

[50] 郑建华《越窑青瓷装烧工艺的初步总结》,《东方博物》第二辑，杭州大学出版社 1998 年版。

[51] [唐] 陆龟蒙《秘色越器》,《全唐诗》卷六二九,中华书局1979年版。
[52] 浙江省文物管理委员会《杭州、临安五代墓中的天文图和秘色瓷》,《考古》1975年第3期。
[53] 明堂山考古队《临安县水邱氏墓发掘报告》,《浙江省文物考古所学刊》,文物出版社1981年版。
[54] 浙江省文物考古研究所等《慈溪上林湖荷花芯窑址发掘简报》,《文物》2003年第11期。
[55] 浙江省文物考古研究所等《寺龙口越窑址》,文物出版社2002年版。
[56] 陕西省考古研究院等《法门寺考古发掘报告》,文物出版社2007年版。
[57] 杭州市文物考古所等《浙江临安五代吴越国康陵发掘简报》,《文物》2000年第2期。
[58] 同[51]。
[59] [唐] 徐夤《贡余秘色茶盏》,《全唐诗》卷七一〇,中华书局1979年版。
[60] 权奎山《唐代越窑秘色瓷的秘色涵义初探》,《2007'中国越窑高峰论坛论文集》,文物出版社2008年版。
[61] [宋] 欧阳修等撰《新唐书》卷四十一《地理志》五"越州会稽郡"条载:越州土贡"瓷器"。中华书局1975年版。
[62] [清] 吴任臣《十国春秋》卷七十八《吴越》二《武肃王世家》下载:宝大元年秋九月"王遣使钱询贡唐方物,……又进……秘色瓷器"。中华书局1983年版。
[63] 阮平尔《越窑的外销——兼论我国古代瓷器外销的原因和影响》,《越窑论集》,浙江人民出版社1988年版。
[64] 贡昌《婺州古瓷》,紫禁城出版社1988年版。
[65] 权奎山《论洪州窑的装烧工艺》,《考古学研究》(四),科学出版社2000年版。
[66] 江西省文物考古研究所等《江西丰城洪州窑遗址调查报告》,《南方文物》1995年第2期;权奎山《陆羽〈茶经〉与洪州窑瓷器》,《文物》1995年第2期。
[67] 权奎山《洪州窑瓷器流布初探》,《中国历史文物》2008年第3期。
[68] [后晋] 刘昫等撰《旧唐书》卷一〇五《韦坚传》,中华书局1975年版。
[69] 湖南省文物考古研究所《湖南考古漫步》第84页,湖南美术出版社1999年版。
[70] 四川省博物馆《四川万县唐墓》,《考古学报》1980年第4期。

[71] 湖南省博物馆《湖南长沙咸嘉湖唐墓发掘简报》，《考古》1980 年第 6 期。
[72] 全锦云《武昌隋唐墓葬出土瓷器初析》，《景德镇陶瓷》总第 26 期（中国古陶瓷研究专辑，第二辑），1984 年。
[73] 同 [72]。
[74] [唐] 李群玉《石潴》，《全唐诗》卷五六九，中华书局 1979 年版。
[75] 长沙窑课题组《长沙窑》，紫禁城出版社 1996 年版。
[76] 同 [75]。
[77] 四川省文物管理委员会等《四川邛崃县固驿瓦窑山古瓷窑遗址发掘简报》，《南方民族考古》第三辑，四川科学技术出版社 1991 年版；陈丽琼《邛窑新探》，《中国古陶瓷研究》，科学出版社 1987 年版。
[78] 林淑钦等《唐寿州窑黄釉瓷器》，《文物研究》第十期（中国古陶瓷研究会 95 年会论文集），黄山书社 1995 年版。
[79] 张志中、王会民《邢窑隋代透影白瓷》，《文物春秋》1997 年增刊（总第 38 期）。
[80] [唐] 李肇《唐国史补》卷下，上海古籍出版社 1957 年版。
[81] 杨文山《邢窑唐三彩工艺研究》，《中国历史文物》2004 年第 1 期。
[82] 吕成龙《唐代邢窑"翰林"、"盈"字款白瓷罐刍议》，《中国古代白瓷国际学术研讨会论文集》，上海书画出版社 2005 年版。
[83] 河北省文物研究所等《邢窑遗址调查、试掘报告》，《考古学集刊》第 14 集，文物出版社 2004 年版。
[84] [唐] 欧阳修等撰《新唐书》卷三十九《地理志》三载：邢州土贡"瓷器"。中华书局 1975 年版。
[85] 穆青《定瓷艺术》，河北教育出版社 2002 年版。
[86] 山东大学历史系考古专业等《山东枣庄中陈郝瓷窑址》，《考古学报》1989 年第 3 期。
[87] 中国社会科学院考古研究所安阳工作队《安阳隋墓发掘报告》，《考古学报》1981 年第 3 期。
[88] 河南省巩义市文物保护管理所《黄冶唐三彩窑》，科学出版社 2000 年版。
[89] 南京博物院等《扬州唐城遗址 1975 年考古工作简报》，《文物》1977 年第 9 期。
[90] 朱戢《试论唐代青花瓷器的产生与演变》，《江西文物》1990 年第 2 期。
[91] 文化部文物局扬州培训中心《扬州新发现的唐代青花瓷片概述》，《文物》1985 年第 10 期。

[92] 谢明良《记黑石号（Batu Hitam）沉船中的中国陶瓷器》，《美术史研究集刊》第十三期，台湾大学美术史研究所发行，2002 年。
[93] 河南省文物考古研究所等《黄冶窑考古新发现》，大象出版社 2005 年版。
[94] 陕西省考古研究所《唐代黄堡窑址》，文物出版社 1992 年版。
[95] 陕西省考古研究所《五代黄堡窑址》，文物出版社 1997 年版。
[96] 同 [94]。

七 宋元时代的瓷器

宋元时代是中国制瓷手工业的繁荣时期。这时期，以土地为依托的农业经济得到进一步发展，贸易市场活跃，对外贸易活动广泛展开，促进了各类手工业的发展。制瓷手工业发展很快。为了满足人们对瓷器日益增长的需求，原有的发展前景较好的瓷窑扩大了生产规模，同时又新开办了一批窑场，尤其是在原来没有制瓷历史的辽宁、内蒙古、宁夏、甘肃、云南等边远地区相继建立瓷窑烧造瓷器；为了适应对外贸易的需要，还在交通、运输方便的沿海地区开辟一批新的窑场；为了适应宫廷的需要，还专门设立了官窑。值得注意的是，入宋后，唐代的一些名窑，或衰落或停烧，渐渐湮没无闻。随之，逐渐产生了具有自己特色的名窑。可在市场上销售的名窑产品，深受使用者的欢迎，于是出现了其他瓷窑竞相仿烧的情况，因而便有同一种产品同时在几座或十余座瓷窑烧造的现象，这样就形成了以首创这种产品的名窑为主体的窑系。这时期的窑系主要有定窑系、磁州窑系、耀州窑系、钧窑系、建窑系、龙泉窑系、景德镇青白瓷窑系[1]，宋元时期的主要瓷窑（除官窑）几乎都包括在这几个窑系之内了。宋元时代已形成了一个不同于隋唐五代时代的新的制瓷手工业格局。

（一）瓷窑及其分布

宋元时代制瓷手工业的区域扩大，瓷窑的数量大幅度增长，南方地区计有浙江越窑[2]、婺州窑[3]、温州窑[4]、杭州老虎洞窑[5]、杭州乌龟山南宋官窑[6]、龙泉窑[7]、江山窑[8]，江苏无锡窑[9]，江西赣州七里镇窑[10]、吉州窑[11]、南丰白舍窑[12]、横峰窑[13]、景德镇窑[14]，湖北武昌湖泗窑[15]、江夏窑[16]，湖南衡阳窑[17]、衡山窑[18]、郴州窑[19]、洪江窑[20]、常宁窑[21]、益阳窑[22]，重庆涂山窑[23]，四川广元窑[24]、邛崃窑[25]、成都金凤窑[26]、达州瓷碗铺窑[27]、彭县磁峰窑[28]，云南玉溪窑[29]、建水窑[30]、禄丰窑[31]，广西桂平窑[32]、桂林窑[33]、滕县中和窑[34]、永福窑[35]、容县窑[36]、兴安窑[37]，广东潮州窑[38]、广州西村窑[39]、新会窑[40]、惠州窑[41]、南海窑[42]、海康窑[43]，福建建窑[44]、武夷山遇林亭窑[45]、松溪垌场窑[46]、南平茶洋窑[47]、莆田庄边窑[48]、德化窑[49]、永春窑[50]、安溪窑[51]、惠安窑[52]、南安窑[53]、同安汀溪窑[54]、晋江磁灶窑[55]、泉州东门窑[56]、厦门海沧窑[57]、漳州漳浦窑[58]，安徽繁昌窑[59]、芜湖东门渡窑[60]、萧窑[61]、歙县松竦口窑[62]，等；北方地区计有，山东淄博窑[63]，河北邢窑[64]、定窑[65]、井陉窑[66]、磁州窑[67]、隆化窑[68]，河南安阳窑[69]、鹤壁窑[70]、修武当阳峪窑[71]、密县西关窑[72]、登封曲河窑[73]、鲁山段店窑[74]、临汝窑[75]、汝窑[76]、北宋官窑[77]、钧窑[78]、内乡窑[79]、宜阳窑[80]、新安窑[81]，山西浑源窑[82]、平定窑[83]、霍州窑[84]、介休窑[85]、榆次窑[86]、盂县窑[87]、长治窑[88]，陕西耀州窑[89]、旬邑窑[90]，北京龙泉务窑[91]，辽宁辽阳江官屯窑[92]，内蒙古林东窑[93]、赤峰缸瓦窑[94]，宁夏灵武窑[95]，甘肃武威窑[96]，等。发现于20多个省、市、自治区，广布于长江流域、东南沿海、西南和黄河流域、华北、东北地区，其中以福建、浙江、河南地区分布最为密集。

这些瓷窑，有一小部分烧造历史悠久，从东汉三国两晋南北朝时代就开始烧造瓷器了，如越窑、婺州窑、邛崃窑、邢窑等，到宋代大多处于衰落状态，北宋以后基本停烧；有一部分是唐代或晚唐五代时期开创的，这部分瓷窑中有一些瓷窑入宋后发展较快，逐渐进入了盛烧时期，如定窑、钧窑、耀州窑、吉州窑、景德镇窑、潮州窑、建窑、德化窑等；还有一部分瓷窑是宋元时代创建的，如汝窑、北宋官窑、当阳峪窑、新安窑、磁州窑、霍州窑、旬邑窑、龙泉窑、南宋官窑、南丰窑、衡山窑、涂山窑、金凤窑、彭县窑、玉溪窑、永福窑、西村窑、南平窑和龙泉务窑、缸瓦窑、灵武窑等。在上述的三部分瓷窑中，唐五代时代开创的和宋元时代创建的，是宋元时代制瓷手工业的主体，其中有一批影响较大的名窑，如汝窑、钧窑、定窑、磁州窑、耀州窑、龙泉窑、景德镇窑、建窑、德化窑、宋代官窑等，名窑的产品代表了当时瓷器的最高水平。

（二）北方地区典型瓷窑及瓷器

宋元时代，北方地区瓷窑以定窑、磁州窑、汝窑、钧窑、耀州窑最具代表性。辽、西夏制瓷手工业受到中原地区制瓷手工业的影响，相继设立窑场，开始烧造瓷器，以龙泉务窑、赤峰缸瓦窑、灵武窑为代表。

1. 定窑

定窑是宋代著名瓷窑之一，其窑址是20世纪20年代叶麟趾先生在河北调查时发现的[97]。经过20世纪50年代以来的考古调查及发掘，明确了定窑遗址分布于河北省曲阳县涧滋村、北镇村和燕川村一带，坐落在唐河支流洹河西侧。定窑创烧于晚唐时期，五代已相当发达，北宋进入了繁荣时期，金代继续烧造，元代逐渐衰落。定窑对北方地区制瓷手工业产生了重要影响，大约从北宋中期开始，北方一些瓷窑纷纷仿烧定窑白瓷。南宋周辉《清波杂志》已有宿、泗所仿定窑器行于世的记载[98]。瓷窑遗址发现也较多，如山西平定窑、磁州窑、安徽萧县窑、四川彭县窑等，逐渐形成了规模较大的窑系。

北宋是定窑的繁荣阶段，烧造的瓷器品种有白釉、黑釉、酱釉、绿釉瓷器等，仍以白釉瓷器为主，产品以日常生活用器为大宗，也有少量的供器和玩具。器类十分丰富，造型精巧大方，碗、盘等仍流行仿金银器的造型。胎体薄、轻，质地细腻、致密，多为白色，少数呈灰白色。釉层薄而均匀，釉面光洁、莹润。白瓷的釉色白中略泛青或泛黄。定窑白瓷的装饰技法主要有刻花、划花、印花，另外还有少量的浮雕、白釉剔花和金彩描花等。装饰纹样有花卉、缠枝花卉、禽鸟、游鱼、龙凤、婴戏等，不少是花鸟搭配，布局合理、严谨，层次分明，线条清晰，繁密有致而不乱，富于变化。定窑花纹图案有些取材于定州缂丝工艺以及宋代金银器装饰，具有很高的艺术水平。这一时期器物上的题款增多，常刻写在器底外侧，内容多与宫廷有关，有的是入窑焙烧之前刻上的，有“官”、“新官”[99]、“尚食局”[100]、“尚药局”

等；有的则是瓷器入宫后由宫廷玉工刻上去的，有“奉华”、“慈福”、“聚秀”等，往往与宫殿名称有关[101]。此外，定窑还烧造黑釉、酱釉、绿釉瓷器等，定州静志寺和净众院塔塔基出土的便有此类瓷器[102]。北宋早期定窑使用一匣一器的匣钵装烧方法；北宋中期以后，发明并开始采用支圈覆烧工艺，主要适用于碗、盘类器物。覆烧工艺烧制的器物口沿无釉，即通常所说的“芒口”。

金代定窑继续烧造，产量和影响也较大，瓷器品种有白釉、黑釉、绿釉等，以日常生活用器为主，器类不如北宋时期丰富，碗、盘类最多，胎、釉的特征与北宋晚期比较接近。装饰技法以印花最为常见，纹样有花卉、缠枝花卉、禽鸟、游鱼等。装烧技术上，采用北宋中期以来的“支圈覆烧”工艺和新的“涩圈叠烧”法[103]。

元代定窑明显走向衰落，器类多为罐、碗、盘等一般民间日常生活用器。胎体比较厚重，质地较粗松，呈灰或灰黄色等。白釉色泛灰，不甚光润。装饰花纹大为简化，纹样有点绘的黑酱色梅花纹和以黑釉书写的李、刘等字，具有磁州窑瓷器的风格。此外，在窑址中还发现有钧釉瓷片。

定窑是北方地区继邢窑之后兴起的著名白瓷窑，其器物造型轻巧，釉汁莹润，刻花、划花和印花装饰精美，代表了宋代白瓷生产的新水平。其产品不仅广泛销往全国各地，也曾被诏入宋“瓷器库”[104]，还作为商品大量销往日本、朝鲜半岛、东南亚、西亚等地区。

2. 磁州窑

磁州窑是北宋至元代的重要窑场，遗址坐落在漳河岸畔，分布于河北省磁县观台镇和彭城镇一带。磁州窑创烧于北宋初年，金代逐渐繁荣，元代继续生产[105]。磁州窑影响深远，河南、山东、山西等地均有磁州窑风格的瓷器烧造，如河南修武当阳峪窑、山东淄博窑、山西介休窑等，直至南方地区的江西吉州窑、福建南平茶洋窑、晋江磁灶窑等，逐渐形成了一个庞大的窑系。

磁州窑自北宋初年创烧，至北宋中后期发展迅速，烧造的瓷器品种以白釉、黑釉为主，还有少量的黄釉、酱釉瓷器。釉面光亮莹润，白釉略泛黄绿色，黑釉漆黑光亮。胎体较厚，色深，呈灰、灰褐、灰黑色。器类以日常生活用器为主，有碗、盘、罐、瓶、水注、香炉、盒、枕、唾盂、盏托等，还生产少量的玩具和随葬明器等。装饰方法主要有白釉绿彩、白釉酱彩、划花、珍珠地划花、剔花、印花、刻花等，花纹内容有草叶纹、团花纹、菊瓣纹、莲瓣纹、缠枝菊花纹等。这一时期的装饰方法有裸烧、匣钵单烧和对口套烧，裸烧主要用于碗、盘等常用器物的烧造，中间以三足垫饼、三角形支钉等间隔，匣钵装烧法逐渐流行，特别是用于烧造精致的器物。

金代是磁州窑的繁荣阶段，主要表现为产品种类扩展、釉色多样、装饰技法丰富、纹饰图案多姿多彩。瓷器品种繁多，以白釉、黑釉、白地黑花瓷器为主，还有绿釉、黄釉、酱釉、白釉剔花、黑釉剔花、红绿彩等瓷器。其中一些白瓷与定窑十分相似。黑釉瓷器中则有不少有油滴状、兔毫状的结晶纹样和不太规则的黄褐斑纹，颇有建窑黑釉瓷器的风格。产品种类多为日常生活用器，有碗、盘、碟、钵、盒、瓶、罐、盆、炉、枕等，同时还烧造一些玩具和建筑构件，如围棋子、象棋子、瓷塑人物、瓷塑狮子和迦棱频伽、脊饰、鸱吻等，器类丰富。胎质一般较细，呈深灰、灰、灰黄、灰白色等，釉层均匀，釉面光亮。装饰技法复杂，主要有划花、珍珠地划花、篦划、刻花、印花、剔花、白地黑花、绿地黑花、镂空、浮雕等，其中白地黑花最具特色，花纹题材、内容十分丰富，有花卉、缠枝花卉、连续蔓草、池塘水草、鱼藻纹、龙凤、禽鸟、鱼兔、婴戏、人物等等。比较有特色的是多样的草书文字、题诗和题记，多见于枕上，如“张家造”、“家国永安”、“福德枕一只”、“福”、“酒”、“一色好酒”、“风花雪月”等以及各类长篇题诗，更具民间生活气息。此外，这一时期还出现了红绿彩瓷器[106]，是在烧好的白瓷上以红、绿彩绘出纹样，然后低温入窑二次烧成，器类主要有碗、盘、瓷塑等，尤其是瓷塑人物、动物形象生动逼真，活泼可爱。装烧方法主要有三角形支钉叠烧、匣钵单烧、覆烧等，还出现了涩圈叠烧法。

元代的磁州窑的制瓷中心由观台向彭城一带转移，直至明代还有所发展。瓷器仍以白釉、黑釉、白地黑花等为主，还烧造钧釉瓷器。器物器型较大，胎体厚重，制作简单、草率，品种减少，仍以日常生活用器为主，有碗、盘、瓶、罐、盆、盒、枕等，其中以枕、四系瓶、大罐最具特色。装饰以白地黑花为主，也有划花、剔花、黑釉酱彩、铁锈花、红绿彩等。题材颇具时代特色，主要有龙纹、凤纹、鱼藻纹、婴戏纹、戏曲人物故事图画、题诗等，绘画手法写实，豪放而不失细腻。

磁州窑的窑炉为北方常用的馒头窑（图二六），装烧方法一般采用三角形支钉和匣钵装烧法、支圈覆烧法、漏斗形匣钵

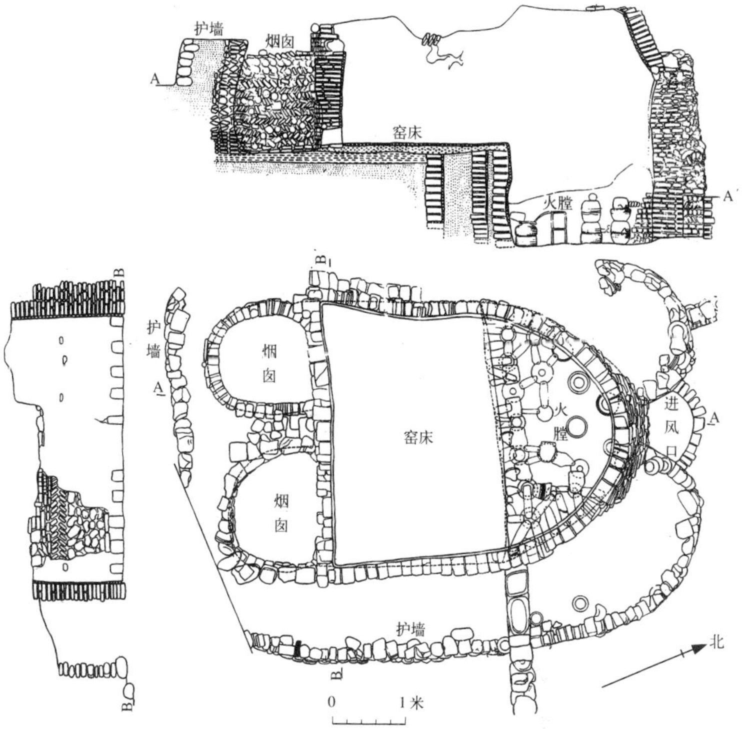

图二六　观台磁州窑馒头窑遗迹平、剖面图
（河北观台磁州窑址出土，Y3；引自北京大学考古学系等《观台磁州窑址》，文物出版社1997年版）

单烧法等，并且北宋中后期开始采用煤作燃料[107]。

磁州窑是中国北方地区古代一座规模较大、颇有特色的民间窑场。它的产品朴拙粗犷、自然新颖，具有浓郁的民间生活气息，极符合普遍民众的情趣，深受百姓的欢迎和喜爱，产品在全国各地均有发现，还远销到日本、朝鲜半岛、东南亚、西亚等地。

3. 汝窑

汝窑是宋代著名瓷窑之一，其在北宋晚期曾为宫廷烧造御用瓷器，所以又称之为“汝官窑”。经过20世纪50年代以来的考古调查和发掘，确定了其窑址位于河南省宝丰县大营镇清凉寺村村内。

汝窑瓷器均为青釉瓷器，有日常生活用器、文房用具和供器等，器类有尊、瓶、盆、碗、盘、洗、盏托、炉等，造型端庄大方[108]。这批瓷器质量很高，南宋周辉《清波杂志》卷五：“又汝窑宫中禁烧，内有玛瑙末为油（釉），唯贡御拣退，方许出卖，近尤难得。”[109]胎质细腻致密，呈香灰色。釉层浑厚、均匀，其釉色不同于同时期的其他青瓷，具有独特的风格，基本色调为淡淡的天青色，釉面柔润。汝窑瓷器主要追求釉色美，一般无纹装饰，有的带有自然的开片。器物多通体施釉，裹足支烧，烧成后仅在外底部留下很小的支钉支烧的痕迹。汝窑瓷器制作工艺精湛，是当时青釉瓷器的代表。

需要指出的是，汝窑瓷器在宋代以来的文献中多有记述，极为名贵，这主要是指汝窑为宫廷烧造的御用瓷器，并有禁中“惟用汝器”的记载[110]。根据陈万里先生推断，其时间是在北宋哲宗元祐元年至徽宗崇宁五年（公元1086—1106年）[111]。而汝州境内还有一些民间窑场，一般称为“临汝窑”，如严和店窑等，主要烧造青釉、白釉、黑釉瓷器等日常生活用器。

4. 钧窑

钧窑是北方地区宋元时期烧造瓷器的窑场之一，其遗址分布在河南禹州城西南、正西、西北和北部的山区，坐落于颍河、颍河支流和肖河岸畔。其创烧于北宋，金代、元代进入兴盛时期，元以后仍有烧造。钧窑在北方地区影响较大，从金代开始，一些瓷窑便相继仿烧钧釉瓷器，如河南的郏县窑、鲁山段店窑、汝州严和店窑、新安窑等，主要由钧窑向豫西区域扩展。到了元代，钧釉瓷器的生产区域继续扩大，形成了一个以钧窑为主体的庞大的窑系[112]，向北可到黄河以北的广大地区，有河南北部的鹤壁集窑、淇县窑、安阳窑，甚至河北磁州窑、定窑、隆化窑、山西浑源窑、长治窑、介休窑、内蒙古清水河窑等[113]；其风格向南还影响到浙江金华铁店窑。

钧窑创烧于北宋晚期，以青釉瓷器居多，工艺水平较高，且与汝窑的天青釉瓷器中心烧造区、河北定窑涧磁村区域、耀州窑的某些产品的造型十分相似[114]。还有少量的黑釉、白釉瓷器，并出现了钧釉瓷器。产品一般为日常生活用器和陈设用器，器类比较丰富，有碗、盘、洗、注壶、盆、罐、钵、炉、枕等，造型端庄稳重。器物胎色较浅淡，呈白褐色、灰白色或灰褐色，胎质细腻坚致。装烧方法基本采用匣钵单烧法，多用漏斗形匣钵。

钧窑在金代得到较大发展，窑场规模和范围扩大，产品数量增多，特别是钧釉瓷器。瓷器品种比较复杂，有钧釉、青釉、黑釉、白釉瓷器等。钧釉瓷器釉层较厚，乳浊质感强，呈天蓝色、天青色、月白色等不同色调；有的还以紫红色斑块为饰，呈块状或条状。白釉、黑釉瓷器略有增加，白釉有的以黑彩绘花，黑釉光洁莹亮。器类主要有碗、盘、洗、盆、水盂、炉、罐、瓶、梅瓶、盏托、高足杯等。装烧方法仍以匣钵单烧法为主。

元代的钧窑继续烧造钧釉、青釉、白釉、黑釉瓷器，其中白釉、黑釉数量增多，尤其是白地黑花瓷器大量出现，还有一些红绿彩瓷器。胎体一般比较厚重，质地较细密，呈灰色或深灰色。装饰常见的就是白地黑花，花纹有弦纹、草叶纹、游鱼纹、诗文等。钧釉的釉层较厚，底端多积釉。钧釉瓷器多见陈设类器物，在一些城址、墓葬、窖藏等遗址中均有发现，其器型较大，古朴大方。装烧方法主要为匣钵装烧法，流行筒形匣钵。

钧窑最具特色、影响深远的是钧窑瓷器，它突破了青釉的传统色调，烧出天蓝色釉，并以高温铜红釉作为装饰，使得天蓝色釉与铜红釉错综掩映，深受人们喜爱。钧釉属于青釉系统，它是一种乳浊釉，底端多有积釉现象，基本色调是各种深浅浓淡不一的蓝色，较深的为天蓝色，较浅淡的为天青色，更浅淡的为月白色，釉面中往往呈现出幽雅的蓝色光泽[115]。有的则在釉料中加入一定量的铜，烧成后有的呈玫瑰紫色，有的则像蓝天中的晚霞。还有的在蓝釉上点涂铜红釉，烧成后蓝色的釉面上便呈现出紫红色或紫色斑块或斑点。也就形成了文献中记载的“红若胭脂、青若葱翠、紫若墨黑”[116]，达到了很好的色彩装饰效果。此外，钧釉在烧成过程中，在釉层中常常形成一条条类似蚯蚓的曲线，状如蚯蚓走泥，别有情趣。由于钧釉强调、追求釉色美，器物上未有传统的装饰花纹。

值得注意的是，传世钧釉瓷器多为厚重朴拙的陈设类器物，其年代问题一直争议比较大，以往多认为其是北宋后期或金代[117]，现在一些学者则倾向于其年代为元代或元末明初[118]。

钧窑烧造的瓷器品种多样，其产品不仅广泛见于北方地区，还销往南方和边疆地区。

5. 耀州窑

耀州窑，因窑场所在地北宋时属于耀州而得名。20世纪50年代以来，对其进行了多次考古调查与发掘，明确了其窑址分布在今陕西省铜川市黄堡镇、上店村、立地坡、玉华宫、陈炉镇一带。耀州窑始烧于唐代，兴盛于宋代，金代继续发展，元代逐渐衰落[119]，至明清时期仍有烧造，是中国北方地区著名的青瓷窑场。受其影响，宋、金时期的河南省临汝窑、宜阳窑、新安窑、内乡窑等，均有类似青釉瓷器产品烧造，逐渐形成了一个规模较大的耀州窑青釉瓷系。还影响到岭南地区的广州西村窑、广西永福窑、容县窑、兴安窑等。

宋代耀州窑以烧造青釉瓷器为主，还烧造少量酱釉、黑釉、白釉瓷器。胎体细密，呈浅灰色或灰白色，有的施化妆土。青釉色泽泛灰或泛黄，釉面光润，独具特色。产品多为生活用品，器型丰富，以碗为最多，尤其是形似“斗笠”状的敞口、斜直腹碗最具特色，还有盘、碟、杯、罐、钵、瓶、盒、炉、壶、枕等。装饰手法以刻花、划花、印花为主，题材多样，有的内壁印花、外壁刻划花。刻、划花技法娴熟、刀法犀利，纹样有莲瓣纹、牡丹纹、缠枝花卉纹、团花菊瓣纹、凤纹等，线条流畅、密而不乱。印花层次分明、构图匀称，主要有折枝的莲花纹、菊花纹、牡丹纹、游鱼、芦鸭、仙鹤、婴戏等，清新活泼，栩栩如生。

金元时期，耀州窑产品胎体略显厚重，胎质稍粗，呈浅灰色，很少施化妆土；青釉瓷器呈姜黄色或月白色，也烧造黑釉瓷器和白地黑花瓷器。器类仍以碗、盘、碟为大宗，造型和种类减少，但灯、炉增多。装饰工艺仍以刻花、印花为主，纹饰变得粗放、简练，新采用了开光式布局，纹样有花卉、动物、人物等。而到了元代后期，青釉瓷器退居其次，以黑釉、白釉、白地黑花瓷器居多，明显带有磁州窑的风格。

宋元时期耀州窑使用馒头窑烧造（图二七）[120]，逐渐以煤取代柴作为燃料。宋代多是一匣一器的漏斗形匣钵装烧方法，金代后期逐渐采用涩圈叠烧法，器内底则留有无釉的涩圈痕迹[121]。

耀州窑是北方地区民窑青釉瓷器生产的代表，其产品广泛销往全国各地，并远销到日本、朝鲜半岛、东南亚、西亚等地。

6. 龙泉务窑

龙泉务窑位于北京市门头沟区永定河西岸的龙泉务村，其创烧于辽代早期，辽代中晚期发展迅速，金代继续烧造。

辽代龙泉务窑以烧造白釉瓷器为主，还有黑釉、酱釉、茶叶末釉、绿釉瓷器和三彩器等。白釉瓷器制作较为精细，釉面光润，器类主要是日常生活用器，有碗、盘、碟、盏、盏托、盂、罐等，有的碗、盘、盏等做成花口形状。装饰技法有刻花、划花、印花等，纹饰多样，有莲瓣、菊瓣、花鸟纹等。黑釉、酱釉瓷器数量较少。茶叶末釉、绿釉瓷器多见于辽代晚期，器类除了碗、盘类生活用器之外，还有瓶、壶等具契丹民族风格的器物。

金代龙泉务窑继续发展，产品仍以白釉瓷器为主，兼烧少量黑釉、酱釉、茶叶末釉瓷器等。白釉瓷器有粗、细之分，胎质轻薄、坚致，色白，釉色白略泛青或黄，釉面光洁。器类丰

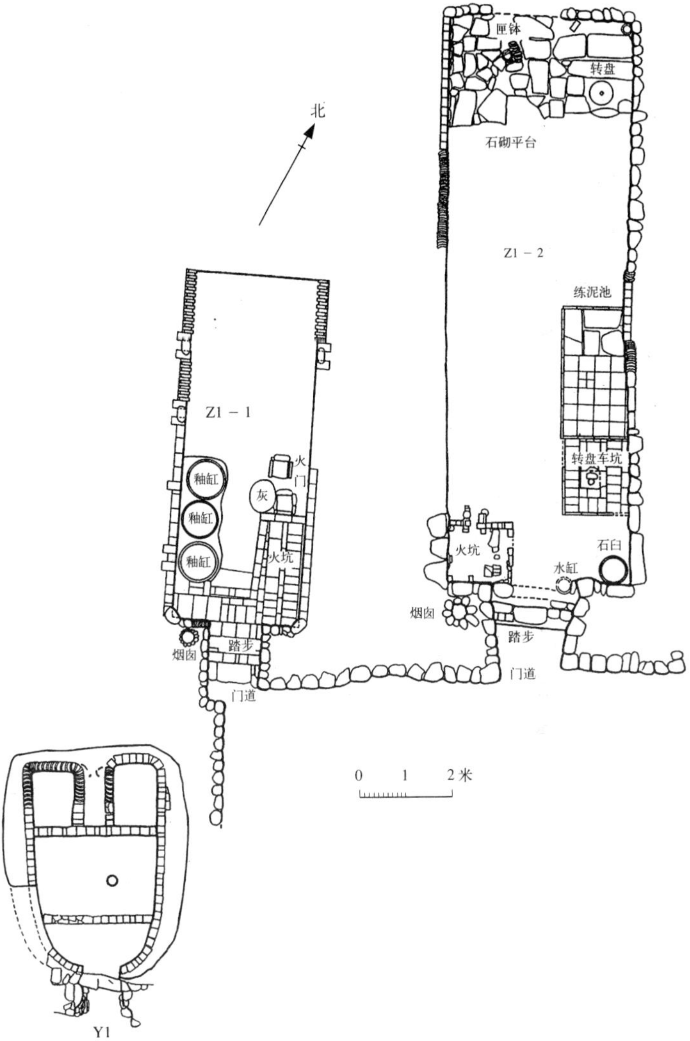

图二七　铜川耀州窑宋代窑炉遗迹与作坊遗迹平面图

（陕西铜川耀州窑址出土，Y1、Z1；引自陕西省考古研究所等《宋代耀州窑址》，文物出版社1998年版）

富，以日常生活用器为主，有碗、盘、方盘、罐、钵、盏托、灯等，还有少量人物雕像等，制作精致。装饰技法以刻花、划花、印花等为主；花纹内容多样，有莲瓣、蕉叶、菊瓣、缠枝花卉、花鸟等。产品造型和装饰等都明显带有定窑白釉瓷器的风格。黑釉瓷器数量较少，胎质细腻，釉面光洁莹润。茶叶末釉瓷器在金代也较为多见。

龙泉务窑的窑炉为北方传统的馒头窑，装烧方法为匣钵装烧，以支钉等作为间隔具，因此器物内壁往往留有支钉的痕迹[122]。龙泉务窑在制瓷工艺上受到河北定窑影响，瓷器质量较高，是辽、金时期北方地区的一处重要窑场。

7. 缸瓦窑

缸瓦窑位于今内蒙古赤峰市西南的缸瓦窑村，窑场规模较大，窑业堆积较厚。其创烧于辽代，金代继续烧造，至元代衰落，是北部边疆地区重要的综合性窑场[123]。

辽代缸瓦窑以烧造白釉瓷器为主，有粗、细之分，兼烧黑釉、茶叶末釉瓷器、单色釉陶器、三彩器等。胎质稍粗，略泛黄或灰，多施化妆土；釉层较薄，多泛黄。器类丰富，以日常生活用器为主，有碗、盘、长盘、方盘、杯、碟、罐等中原风格的瓷器和鸡冠壶、鸡腿瓶、凤首瓶等契丹族风格的瓷器。装饰技法以剔花、印花、白地黑花、彩绘为主，纹样内容有缠枝花卉、牡丹、莲花、游鱼、人物等，线条粗犷流畅，生动活泼。不少瓷器是仿金银器造型、纹饰制作。白地黑花出现于辽代晚期，明显受到磁州窑的影响。此外，此窑还出土有刻“官”字款的支垫窑具[124]。

金代缸瓦窑继续生产，以白釉、黑釉瓷器为主，器类减少，主要是碗、盘、罐、壶、瓶等日常生活用器。元代缸瓦窑逐渐衰落，有白釉、黑釉瓷器等，器类主要是碗、盘、罐、瓶等。

缸瓦窑的窑炉主要为馒头窑，与北方五代、北宋时期窑炉结构相似。装烧方法有裸烧、匣钵叠烧、支圈支烧等。

8. 灵武窑

灵武窑位于宁夏灵武磁窑堡乡的磁窑堡、回民巷一带，是西夏时期烧造瓷器的窑场，主要为西北地区提供日常生活用瓷。回民巷窑略早，至西夏晚期衰落；磁窑堡窑烧造时间较长，元代继续生产。

西夏灵武窑烧造的瓷器品种比较复杂，有白釉、黑釉、酱釉、青釉、茶叶末釉、姜黄釉瓷器等，以白釉、黑釉瓷器为主。胎质较粗，杂有少量砂粒，泛灰或黄褐色，白釉瓷器施化妆土。器类以日常生活用器为主，有碗、盘、盆、扁壶、瓶、罐、钵、杯、炉、灯等，尤其是扁壶极富民族特色，还有一些文房、娱乐用具、雕塑人物、宗教供器、建筑材料等。装饰技法多样，以剔花为主，多是黑釉剔花，剔花部分露出泛黄褐色胎，与黑釉色彩对比明显，具有独特的装饰效果。此外，还有白釉剔花、刻花、划花、浮雕、点彩的装饰技法。纹样内容多样，以缠枝花卉、开光牡丹、卷草、水波、鹿纹、婴戏等，不少为开光图案，布局合理，线条清晰，流畅活泼，显得豪放粗犷（图二八）。装饰技法和纹样内容明显受到磁州窑、山西一带瓷窑的影响。元代大量生产普通民用瓷器，胎质较粗，出现了较多的带状纹饰为主的剔刻花纹。灵武窑的窑炉为馒头窑，一袭北方传统；装烧方法有顶碗覆烧、支圈正烧、对口烧等[125]。

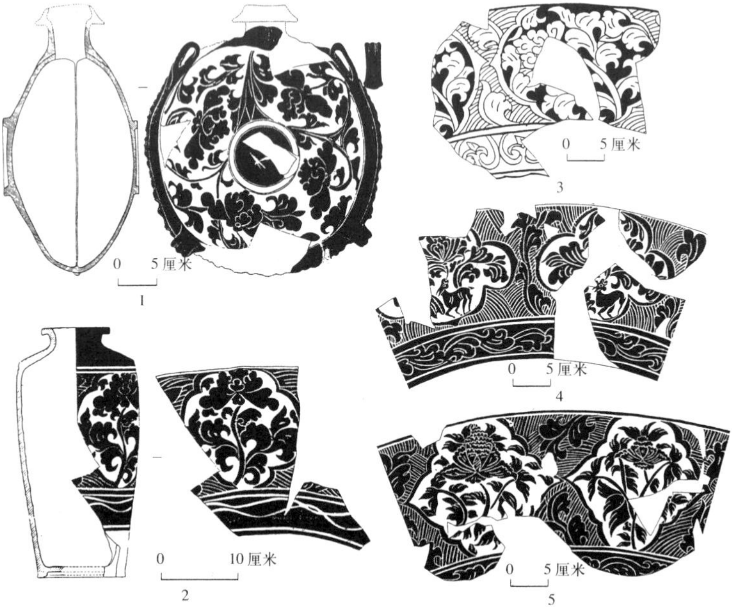

图二八 西夏灵武窑瓷器

1. 扁壶 2. 瓶及其展开图 3–5. 瓶腹部展开图（宁夏灵武窑址出土，引自中国社会科学院考古研究所《宁夏灵武窑发掘报告》，中国大百科全书出版社1995年版）

（三）南方地区典型瓷窑及瓷器

南方地区的瓷窑主要分布在江西省、浙江省、福建省、广东省等，产品各具特色，其中以景德镇窑、吉州窑、龙泉窑、建窑、德化窑、南宋官窑最为典型，代表了这一时期南方地区的制瓷手工业生产水平。

1. 景德镇窑

景德镇窑是南方地区的重要窑场，始烧于五代时期，宋代逐渐进入兴盛时期，元代继续繁荣，并开创了制瓷手工业发展的新局面。宋元时期的窑场主要位于昌江及其支流东河、南河、西河岸畔，窑址分布十分密集[126]（图二九）。在景德镇窑的影响下，其最有特色的青白釉瓷器在江西南丰白舍窑、赣州七里镇窑、吉州窑、安徽繁昌窑、湖北武昌窑、福建德化窑、南安窑、泉州窑、广东潮州窑、广州西村窑等均有烧造，在南方地区形成了庞大的青白釉瓷系[127]。

北宋时期景德镇窑主要烧造青白釉瓷器，兼烧少量黑釉瓷器等。瓷器胎壁轻薄而坚，质地匀净、细密，一般呈白色。青白瓷的釉色介于青、白之间，青中闪白、白中泛青，别具一格；釉质细腻，釉面莹润。产品以日常生活用器为主，还生产少量的瓷塑、玩具等。器型有碗、盘、盆、钵、碟、盏、盏托、杯、盒、梅瓶、罐、执壶、枕、灯、炉、香熏、砚滴、棋子、人物雕像、动物塑像等。造型轻巧、美观、实用。特别是最为常见的碗、盏类器物，式样繁多，制作工艺最具代表性，尤以敞口、斜直腹壁的“斗笠”碗最为突出[128]。瓷器装饰技法复杂，以刻花、划花、印花为主，印花多是在碗、盘类器物内壁。花纹题材丰富，主要有缠枝花卉、花卉、菊瓣、莲瓣、牡丹、蕉叶、兰草、凤鸟、水波流云、莲荷游鱼、篦划、婴戏、人物等，布局严谨，花纹繁而不乱，十分美观，线条流畅，纹样清晰，具有很好的艺术效果。窑炉为龙窑，装烧方法北宋早期以一匣一器的匣钵装烧法为主，以垫圈或垫饼间隔；至北宋晚期以后，出现了使用钵式覆烧法。

南宋时期景德镇窑仍以烧造青白釉瓷器为主，器型主要有

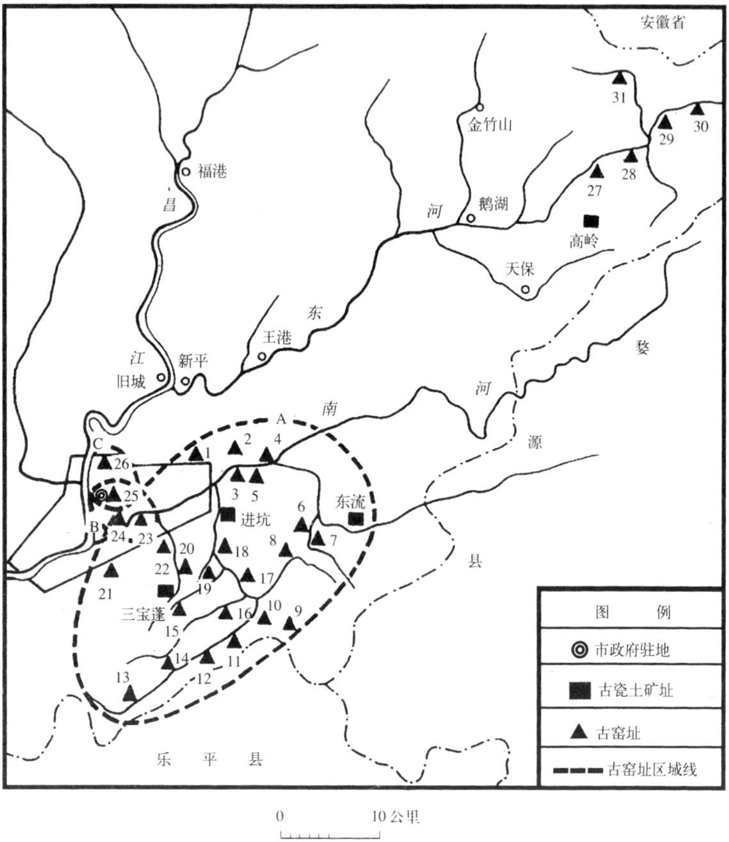

图二九　景德镇窑遗址分布示意图

1. 黄泥头　2. 白虎湾　3. 塘下　4. 湘湖　5. 盈田　6. 灵安　7. 凤凰嘴　8. 灵珠 9. 柳家湾　10. 寿安　11. 南市街　12. 朱溪　13. 丰旺　14. 宁村　15. 大屋下　16. 西溪　17. 凉伞树下　18. 月山下　19. 富坑　20. 外小里　21. 银坑坞　22. 杨梅亭　23. 湖田　24. 中华南路　25. 珠山　26. 董家坞　27. 南泊　28. 瑶南　29. 瑶里　30. 内瑶　31. 长明　A. 五代、两宋时期的中心区域　B. 元代的中心区域　C. 明、清时期的中心区域（引自权奎山《试论南方古代名窑中心区域移动》，《考古学集刊》第11集，中国大百科全书出版社1997年版）

碗、盘、碟、盆、小杯、罐、盒、瓶等。胎质较细，釉色青白。器物装饰流行印花，纹样繁密，构图工整，多见芦雁、凤凰、喜鹊纹等，组合式博古盆景等也常见。窑炉仍为龙窑，装烧方法主要有支圈覆烧法、匣钵装烧法等[129]。

元代景德镇窑瓷器品种更为复杂多样，青白釉、黑釉瓷器等继续大量烧造，同时还发展了青花瓷器、高温铜红釉瓷器，创烧了卵白釉瓷器、高温钴蓝釉瓷器和釉里红瓷器。青白釉瓷器胎体厚重，质地坚密，色白，釉色泛青；器类以碗、盘为多，高足杯也较为常见，形体较大的器物增多；装饰上，刻、划花已不流行，印花较为多见，纹饰多样，有植物花卉、动物、人物纹等。黑釉瓷器以碗、高足杯等器类较多，胎质较细，釉色黑而莹润。青花瓷器的器类有梅瓶、罐、碗、盘、高足杯等；大型器物胎体厚重，纹饰繁缛、华丽，青花色泽浓艳；小型器物则纹饰简洁、疏朗，青花色泽较暗淡。高温铜红釉瓷器烧造数量和器类不多，仅有碗、盘、壶等，胎细白，釉多呈暗红色，装饰简单，常以刻花或印花的技法做出云龙纹等。卵白釉瓷器因其釉色颇似鹅蛋皮的色调而得名。器类以高足碗、碗、盘为多，胎细白；釉面莹润不透明；装饰技法以印花为主，内容有缠枝花卉、双龙纹等，有的在花纹间印有对称的“枢府”两字，故也将这类瓷器称之为“枢府瓷器”，也有的印“太禧”等字款。卵白釉瓷器是元代枢密院等官府机构在景德镇窑订烧的瓷器，胎釉俱佳，制作工艺精良。高温钴蓝釉瓷器是将钴料掺入釉中作呈色剂，在高温下烧成的瓷器，器类有梅瓶、高足碗、碗、盘、匜等，胎质白细，釉光润；装饰技法有蓝釉上施金彩和蓝釉白花；花纹内容有龙纹、梅花纹等，装饰效果颇佳。釉里红瓷器是以铜料在未经素烧的坯体表面绘画花纹，然后施上透明釉，入窑经高温一次烧成，釉下便呈现出红色花纹。釉里红瓷器烧成技术难度大，数量、器类都不多，器类有罐、玉壶春瓶、高足杯、匜、谷仓等；胎呈白色，质地细腻；釉层均匀、釉面莹润，呈白泛青或青白色；花纹主要有植物花卉、山石灵芝、松竹仙鹤、芦雁双凤等；色调普遍偏暗，花纹边缘多模糊不齐，尚不成熟。元代景德镇窑仍主要使用龙窑烧造，并出现了葫芦形窑炉，装烧方法有匣钵装烧法、支圈覆烧法、涩圈叠烧法等（图三〇）。

宋元时期的景德镇窑瓷器受到人们的普遍喜爱，使用十分广泛，不仅销往国内地区，而且大量行销日本、朝鲜半岛、东南亚、中亚、西亚等国外地区。

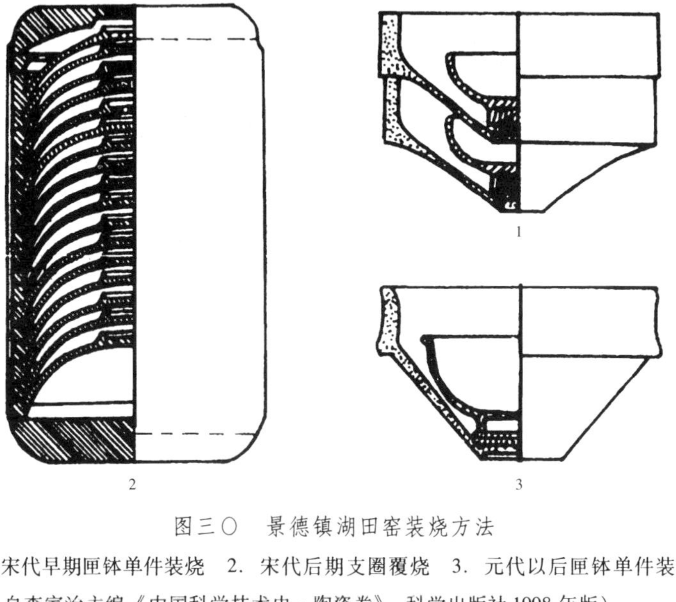

图三〇　景德镇湖田窑装烧方法

1. 宋代早期匣钵单件装烧　2. 宋代后期支圈覆烧　3. 元代以后匣钵单件装烧（引自李家治主编《中国科学技术史·陶瓷卷》，科学出版社 1998 年版）

2. 吉州窑

吉州窑是南方地区一座综合性窑场，其遗址位于江西省吉安市永和镇，坐落在赣江西岸，主要有窑岭等 24 处窑场址。吉州窑约创烧于晚唐，宋代逐渐进入兴盛时期，至元末明初衰落[130]。

宋代吉州窑烧造的瓷器品种比较复杂，主要有乳白釉瓷器、黑釉瓷器，南宋时期还较多地烧造白地黑花瓷器。乳白釉瓷器类似青白瓷器，白泛青。黑釉瓷器最具特色。白地黑花瓷器具北方磁州窑风格，但造型、纹饰又独具特色。产品以日常生活用器为主，同时还烧造少量的动物形玩具、供器等。器类较多，有碗、注碗、盘、碟、盏、杯、炉、瓶（图三一）、罐等。胎体较薄，质较细腻，略泛黄，釉面莹润。装饰技法丰富多样，运用自如，有刻花、划花、印花、剔花、木叶装饰、剪纸贴花、白地黑花等，特别是木叶装饰法和剪纸贴花，别开生面，独树一帜。装饰题材以花草、禽鸟、动物、海涛为主，具有浓郁的生活气息，朴实生动，纹样有蕉叶纹、木叶纹、回字纹、凤纹、蝶纹、莲花纹、牡丹纹、梅花纹、朵花纹等。白地黑花纹样内容繁多，有些带有大开光，主要有回字纹、莲瓣纹、莲荷纹、双鱼戏水纹、连弧开光奔鹿纹、缠枝纹、草叶纹等，表现手法简练，布局合理、主次分明。黑釉瓷器利用釉的结晶效果或在黑釉的釉面上点涂黄、褐色釉的技法形成纹样，主要有兔毫纹、玳瑁斑和虎皮斑等，具有良好的装饰效果。

元代继续烧造白釉、黑釉、白地黑花瓷器，器类略有增加，大件器物增多，仍以日常生活用器为主，有碗、盘、杯、炉、瓶、罐等。装饰上沿袭宋代技法，白地黑花纹样丰富，流行颇具特色的海涛纹，线条细腻流畅，布局上较多采用了连弧

图三一　宋代吉州窑白地褐彩波涛纹瓶

开光的形式，凸显了主体花纹的艺术感染力，也是元代瓷器装饰的重要特征。此外还有莲瓣纹、缠枝牡丹纹、鸾凤纹、双鱼戏水纹等。

宋元时代的吉州窑采用龙窑烧造，装烧方法有支钉支烧法、匣钵装烧法、支圈覆烧法等。

吉州窑是南方地区颇具特色的一处综合性民间窑场，其产品不仅广泛销于南方地区，也见于北方地区，还行销到日本、朝鲜半岛、东南亚等海外地区。

3. 龙泉窑

龙泉窑是宋元明时期南方地区著名的青瓷窑场，遗址分布于浙江省龙泉县金村、溪口、大窑等地，窑场沿山溪密布。龙泉窑约创烧于北宋，南宋至元代达到兴盛。受其影响，南宋以后南方很多瓷窑纷纷烧造类似龙泉窑青瓷的瓷器，如福建松溪窑、南安南坑窑、同安汀溪窑等，形成了一个规模宏大的龙泉窑系[131]。

北宋时期是龙泉窑的初创时期，产品为日常生活用器，器类较少，主要有碗、盘、碟、洗等，造型规整。胎体较薄，质地细密，呈灰白或灰色。釉层薄而均匀，呈淡青或青绿色，有些青泛黄或泛灰色，釉面光洁晶莹。装饰技法以划花、刻花为主，题材多样，常见的有花卉、水草、水波、云纹和篦划纹等，线条纤细，自然流畅。

南宋前期龙泉窑生产规模扩大，工艺技术迅速提高。产品种类仍以日常生活用器为主，同时还生产少量的供器和瓷塑等，器类比较丰富，造型稳重实用。胎体略厚，质地细密，呈灰白色。釉层多薄而均匀，有的增厚，釉多呈淡青色，釉面晶莹光亮。装饰技法仍以划花、刻花最为常见，纹样常见有荷花纹、牡丹纹、凤鸟纹和游鱼纹等，刻划的技法娴熟，线条流畅，构图简练，生动逼真。

南宋后期龙泉窑的制瓷工艺有了重大的改革和创新，产品种类比较复杂，有日常生活用器、文具、供器等，器类非常丰富，造型端庄大方。厚胎薄釉青瓷继续发展。值得注意的是，薄胎厚釉青瓷迅速崛起，成为龙泉窑最有影响的产品[132]。这类薄胎厚釉青瓷，胎色主要有白色泛灰和灰黑色两种。施石灰碱釉，釉层均匀、丰厚，有的厚度超过胎壁，一般需要二次或多次施釉，釉质细润洁净，釉面柔和滋润。白胎青瓷釉的色调比较复杂，效果最佳的是粉青色和梅子青色，是龙泉窑青瓷中的精华；黑胎青瓷釉色以青色为主，色泽普遍较深，其烧成之后，口沿处往往呈褐黄色或酱色，足部露胎处呈铁黑色，通常称为“紫口铁足”。装饰技法流行出筋、浮雕、贴花等，常见的纹样有莲瓣纹、牡丹纹、龙纹、凤纹和双鱼纹等，优雅古朴。

元代龙泉窑蓬勃发展，规模扩大，生产能力提高，产量剧增。产品的种类、器类基本承袭了南宋后期，也有不少创新，增加了许多新式样，常见大件器物。胎质多细腻致密，呈白、灰白或灰色，釉多呈青绿色，釉层相应减薄，胎壁明显增厚。装饰技法有划花、刻花、印花、贴花、镂、堆、雕、塑和褐色点彩等多种，纹样内容丰富，有花卉、飞鸟、鱼虫、龙凤、龟鹤、福鹿、如意、吉祥、八卦等，有些还刻印文字，少量还印有八思巴文，不少带有大开光，纹样清晰、明朗，仍不脱元代瓷器粗犷之风。

龙泉窑采用龙窑烧造（图三二），以柴为燃料；装烧方法主要是匣钵装烧法。

龙泉窑是在越窑衰落之后逐渐兴起的青瓷窑[133]，它以独特的釉色效果、丰富多样的装饰手法，引领了宋元时期南方青釉瓷器的生产，并且具有广阔的海内外市场。

4. 建窑

建窑以黑釉茶盏闻名于世，遗址分布于福建建阳县水吉镇后井村、池中村一带，坐落在南浦溪东侧山坡上。其创烧于晚唐五代时期，宋代逐渐兴盛，元代末年衰落[134]。

图三二　龙泉窑宋代龙窑遗迹全景

宋代建窑主要烧造黑釉瓷器，器类均为日常生活用器，以碗、盏为最多，造型浑厚凝重，胎壁一般较厚，质地较粗，多呈黑灰色或深灰色。黑釉的色调复杂，有漆黑、绀黑、蓝黑、酱褐色等，釉面一般滋润光亮，釉下端多有流釉现象。建窑黑釉瓷器利用釉的结晶效果，烧成后使釉层中显现出结晶纹样，这些纹样有兔毫纹、油滴纹、窑变等。有的还将黑色釉和黄色釉交织使用，呈现出各种深黄色或褐色纹样，还有的则呈白色斑点纹样。在建窑遗址出土的北宋茶盏的底外侧，有的刻划有“供御”、“进琖”等字款，这是专门为宫廷烧制的御用茶盏。建窑采用龙窑烧造，窑炉一般都较长，最长可达 135.6 米[135]。装烧方法为一匣一器的匣钵装烧法，使用漏斗形匣钵，以垫饼作为间隔具。

南宋末期以后，建窑烧造青白釉瓷器，以碗为主，胎质较硬，呈灰色或灰白色，釉层均匀，釉面莹亮，釉色调一般较深。装饰技法以刻花、划花为主，另有少量的印花，花纹有花卉、缠枝花卉、水草、篦划纹等。

建窑的兴起是与宋代“斗茶”之风盛行密不可分的，其烧造的最富特色黑釉茶盏最适宜“斗茶”，北宋蔡襄《茶录》茶盏条记载：“茶色白，宜黑盏。建安新造者，绀黑，纹如兔毫。其坯微厚，熁之久热难冷，最为要用。出他处者，或薄或色紫，皆不及也。”[136]宋徽宗《大观茶录》盏条亦有记载[137]，在当时是备受推崇的。建窑黑釉瓷器深受当时人们普遍喜爱，社会各阶层特别是宫廷和社会上层人物均争相使用，不少还输往海外。同时，其他各地窑场，如福建南平茶洋窑、武夷山遇林亭窑以及北方一些窑口，也都有类似黑釉瓷器的烧造，形成了独特的风格，在宋元时代制瓷手工业发展史上具有重要的地位。

5. 德化窑

德化窑是南方地区宋元时期的重要窑场，遗址位于福建省德化县，窑址遍布全县各地，达200余处，集中于浔中、三班、盖德乡一带。德化窑创烧于晚唐五代时期，北宋发展较快，至南宋、元代逐渐兴盛。

宋代德化窑烧造的瓷器品种比较复杂，以青白釉瓷器为主，兼烧青釉、黑釉瓷器等，产品种类以日常生活用器居多，器类较多，主要有瓶、罐、碗、盘、碟、洗、盒、杯、炉、军持等。胎体一般较为轻薄，质地坚密，呈白色或灰白色。釉层薄而均匀，釉面莹润光亮，色泽浅淡不一。青白瓷有的近于白色，有的泛灰色。黑釉瓷器胎呈灰色，釉色黑，有的呈褐色[138]。装饰技法有刻花、划花和印花等，纹样丰富，有流云、水波、草叶、花卉、禽鸟、游鱼等，构图简练，布局疏朗，线条流畅。

元代烧造的瓷器品种主要有青白釉、白釉瓷器，产品种类仍以日常生活用器为主，器类丰富，胎体略显厚重，呈白色。釉层较薄而均匀。青白釉色泽浅淡，玻璃质感强，装饰技法以印花为主，花纹内容丰富，多为花卉、花草、流云、水波、鸾凤、游鱼、人物等，还有少量“金玉满堂”、“寿山福海”等吉祥文字。构图简练，主次分明，印纹细腻，纹样清晰。白釉色调多样，有纯白、乳白，有的泛灰、泛青或泛黄色，与青白釉比较相近。

宋代德化窑采用龙窑烧造，装烧方法有匣钵正烧、支具叠摞裸烧等。到了元代，在龙窑的基础上，还出现了分室龙窑[139]，并采用了支圈覆烧工艺。

德化窑是随着宋元时期海外贸易的繁荣而逐渐兴盛起来的，产品除了满足当地需求外，并且多见于日本、印度尼西亚、菲律宾等国外地区以及海域沉船中[140]。

6. 南宋官窑

宋代官窑是宋代官府建置的烧造宫廷用瓷器的窑场，为宋代著名瓷窑之一。据南宋顾文荐《负暄杂录》记载：“宣政间，京师自置（窑）烧造，名曰官窑。中兴渡江，有邵成章提举后苑，号邵局。袭徽宗遗制，置窑于修内司，造青器，名内窑。澄泥为范，极其精致，油色莹澈，为世所珍。后郊（坛）下别立新窑，亦曰官窑，比旧窑大不侔矣。”[141]叶寘《坦斋笔衡》亦有类似记述[142]。从中可知，宋代官窑有三座：北宋官窑、南宋修内司官窑、南宋郊坛下官窑。而北宋官窑的窑址迄今尚未发现，一般认为其在北宋都城汴京[143]，但有待于新的考古资料来证明。

南宋官窑，考古资料及研究成果表明，修内司官窑一般认为位于浙江杭州老虎洞，亦即老虎洞窑址的南宋时期遗存[144]，其始于南宋高宗时期，停烧于公元13世纪初期[145]。郊坛下官窑，即乌龟山官窑，位于杭州市南郊乌龟山，在南宋郊坛的东面，约兴建于13世纪初期，南宋灭亡后废弃[146]。南宋官窑，主要烧造青釉瓷器，呈现出灰青、粉青、青黄、米黄等色。产品种类有祭祀用礼器和宫廷日常生活用器，器类十分丰富，如簋、炉、瓶（图三三）、尊、碗、盘、碟、杯等，

图三三　杭州老虎洞窑青釉长颈瓶

造型古朴，典雅大方。胎体厚重，质地细腻致密，呈深灰、黑灰、黑褐或浅灰等色，施釉前一般经过低温素烧。釉层均匀，釉面光洁莹润，开疏密相间的纹片。胎釉均有厚、薄之别，有厚胎薄釉、薄胎厚釉两种，厚釉一般是多次施釉而成，釉面玻璃质感极强。装烧方法主要是刮釉垫烧和支垫烧。

南宋官窑是由官府设置、专门烧造祭祀用瓷质礼器和宫廷生活用瓷的窑场，产品制作精细，工艺精湛，质量上乘，代表了南宋瓷器生产的水平。

（四）制瓷工艺的改进与创新

宋元时代是中国古代制瓷手工业发展的繁荣时期，制瓷工艺在隋唐五代的基础上继续发展，不断改进和创新，主要体现在以下几个方面。

胎料的选取与制备工艺更加精细，一些窑场胎质细腻、坚密，这是烧制精细瓷器的基本前提。在胎料和制胎方面的创新，突出表现在元代景德镇窑发明了瓷石加高岭土的“二元配方法”[147]。以前，只使用瓷石为原料，Al_2O_3 的含量较低，烧造过程中容易变形，稳定性较差。瓷石中加入高岭土之后，提高了铝的含量。这样，就减少了瓷器烧成过程中的变形，提高了瓷器的质量和成品率；也拓宽了瓷石的使用面，增加了胎料的选取范围，大大提高了制瓷原料的来源。

釉及釉料的配制方面，首先，发明了石灰碱釉。其是草木与石灰石混合煅烧而成釉灰，再同瓷石制成的精细粉末釉石掺和在一起，制成的釉即是石灰碱釉。它的特点是 CaO 含量降低，K_2O 和 Na_2O 含量增加，釉在高温下的熔融范围扩大，不易流釉，这样可以增加施釉的厚度，釉面显得饱满、莹润；同时，还有益于减弱高温下 Fe^{2+} 的活动能力，从而提高了白釉的白度。南宋中期的龙泉窑青釉瓷器已经使用石灰碱釉，粉青、梅子青即是其代表[148]。其次，高温铜红釉得到了发展。高温铜红釉在晚唐时期的长沙窑已经出现[149]，一直发展比较缓慢。到了北宋、金时期，钧窑开始使用，主要是在青釉上点绘出红色的斑点，与青釉高温一次烧成。元代的景德镇窑较好的掌握了铜红釉的呈色机理及烧成技术。再次，黑釉瓷器取得很大进步。北宋时期建窑黑釉瓷器利用釉的结晶效果，烧成后使釉层中显现出结晶纹样[150]，这些纹样有兔毫纹、油滴纹、窑变等。这是在烧造过程中，由于釉中析出了大量或少量的钙长石微晶束，或者残留石英小颗粒，而氧化铁溶入釉液中，从而形成不同程度的结晶，也就形成了各式各样的结晶纹样。此外，南方地区青白釉瓷器兴起并迅速发展，出现介于青釉、白釉之间色调；元代景德镇窑还创烧了卵白釉、高温钴蓝釉二个新品种。

瓷器的装饰工艺得到了很大发展，装饰技法多样，胎体装饰类别繁多，釉彩装饰获得较大进步，花纹内容题材丰富多彩。这可以从以下几个方面来说明。第一，在刻花、划花的基础上，流行篦划纹，采用刻、划结合，线条流畅，纹样清晰，达到了很好的装饰效果，以定窑、耀州窑、龙泉窑、景德镇窑等最为精美。北方地区还出现了珍珠地划花装饰等。第二，印花技法出现了连续内容的印花图案，构图明朗，显得生动活泼，以定窑、耀州窑、景德镇窑、德化窑等为代表。第三，剔花装饰在北方地区流行，特别是河北磁州窑、西夏灵武窑等。这包括白釉剔花、黑釉剔花等，是剔去釉而形成花纹装饰的一种技法。第四，白地黑花是在瓷器胎体上，使用黑彩绘制各种花纹的一种装饰方法，流行于北方广大地区，尤其是磁州窑，也被南方的吉州窑所采用。用笔随意，粗犷洒脱，特别是元代更加粗犷简练。同时，磁州窑还出现了各类题诗装饰。第五，釉下彩饰得到很大发展。元代景德镇窑烧造的釉里红和青花瓷器具有代表性。釉里红是釉下使用铜料绘制花纹，再施透明釉，入窑一次烧造而成。此外，建窑“鹧鸪斑”、吉州窑木叶纹和剪纸贴花装饰均独具特色，体现了宋元时期黑釉瓷器装饰的技术。

烧成技术方面，燃料仍以柴为主，特别是南方地区，但是到了北宋晚期，北方部分窑场开始使用煤作为燃料，如磁州窑、定窑、耀州窑等，包括四川一些窑场。这就扩大了燃料的来源，提高了窑炉内的温度，延长了保温时间，有利于提高产品质量。在窑炉形制上，北方地区仍使用馒头窑，但为适应煤的使用，窑炉加强了通风设施，火膛部分增设了炉栅（箅），炉栅下设落灰坑，也起通风的作用。此外，由于煤的火焰没有柴的长，窑身略有缩短。南方地区一般使用龙窑（图三四），但龙窑普遍加长，这在福建地区最为明显，建窑遗址出土的最长一座斜长竟达135.6米。窑炉长度的增加，也使得其他结构相应做了改变，有的将窑床砌成台阶状，如广东潮州窑[151]，而有的则将窑身砌成弯曲状，如浙江龙泉窑大窑[152]、福建武夷山遇林亭窑[153]等。值得注意的是，出现了分室龙窑，它是阶级窑的最初形式，是在窑室内砌建多道挡火墙，将整个窑室分成若干个小室，挡火墙下均有火道，各室串通起来，每小室又似半倒焰式馒头窑，典型的是福建德化元代屈斗宫窑[154]。景德镇窑在元代出现了平面呈束腰状的葫芦形窑，它是由龙窑

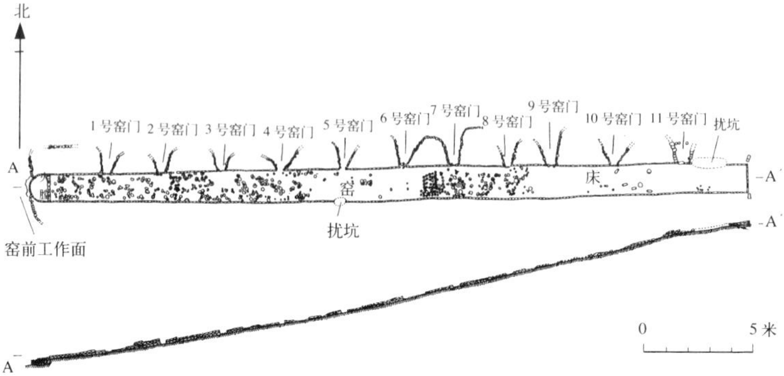

图三四　寺龙口越窑南宋龙窑遗迹平、剖面图

（浙江慈溪寺龙口越窑址出土，Y1，引自浙江省文物考古研究所等《寺龙口越窑址》，文物出版社2002年版）

发展而来，并结合了馒头窑的优点[155]。龙窑形制、结构的变化和演进，克服了窑室增长所带来抽力过大、烧成温度和烧成气氛不易控制的弊端，也适应了烧造新的瓷器品种的需要。

窑具的制作比较讲究且实用，匣钵形制多样化，普遍流行一匣一器的作法，有的窑有的器物有了固定形制的匣钵，既提高了质量，又可充分利用窑内空间，提高产量。装烧方法上，定窑在北宋中期创造发明的支圈覆烧工艺，影响较大，景德镇窑于南宋中期开始使用[156]。支圈断面呈“L”形，其上扣放器物，多件支圈叠摞烧制，最后置于匣钵内或再作抹泥封闭烧造。这种装烧方法增加了装烧密度，充分利用窑内空间，提高产量，节省燃料。但口沿无釉，即“芒口”，使用很不方便，加之支圈原料要求较高，不可重复使用，至元代逐渐被废弃。金、元时期，一些民间用碗、盘中还流行涩（砂）圈叠烧法，即施釉之后，在釉未全干时刮去底内部中心的一圈釉，再叠烧。这种方法装烧简单，但内底有一圈无釉，使用也不方便。

从上述不难看出，这一时期在胎、釉、装饰、烧成等制瓷技术各方面均有重大改进或创新，宋元时代制瓷手工业的繁荣也正是得益于此。

注　释

[1] 中国硅酸盐学会《中国陶瓷史》第六章《宋、辽、金的陶瓷》，文物出版社1982年版。

[2] 慈溪市博物馆《上林湖越窑》，科学出版社2002年版；浙江省文物考古研究所等《寺龙口越窑址》，文物出版社2002年版。

[3] 金华地区文管会《浙江兰溪嵩山北宋瓷窑址》，《考古学集刊》第2集，中国社会科学出版社1982年版；贡昌《浙江金华铁店村瓷窑的调查》，《文物》1984年第12期。

[4] 温州市文物管理会《温州市宋代褐彩青瓷窑址调查》，《考古》1988年第3期；浙江省文物考古研究所等《温州地区瓷窑址的考古调查》，《东方博物》第四辑，浙江大学出版社1999年版。

[5] 杭州市文物考古所《杭州老虎洞南宋官窑址》，《文物》2002年第10期。

[6] 中国社会科学院考古研究所等《南宋官窑》，中国大百科全书出版社1996年版。

[7] 朱伯谦等《浙江省龙泉青瓷窑址调查发掘的主要收获》，《文物》1963年第1期；中国社会科学院考古研究所浙江工作队《浙江龙泉县安福龙泉窑址发掘》，《考古》1981年第6期；中国历史博物馆考古部《浙江龙泉青瓷上严儿村窑址发掘报告》，《中国历史博物馆馆刊》1986年总第8期；上海博物馆考古部《浙江龙泉安仁口古瓷窑址发掘报告》，《上海博物馆集刊》第三期，上海古籍出版社1986年版；浙江省文物考古研究所《龙泉东区窑址发掘报告》，文物出版社2005年版。

[8] 姜江来《江山古窑址调查》，《东方博物》2006年第3期。

[9] 冯先铭主编《中国古陶瓷图典》，文物出版社1998年版。

[10] 江西省文物考古研究所等《江西赣州七里镇窑址发掘简报》，《江西文物》1990年第4期；李海根《赣州七里窑乌头塘出土瓷器》，《江西文物》1990

年第4期。
[11] 江西省文物工作队等《江西吉州窑遗址发掘简报》,《考古》1982年第5期。
[12] 江西省文物工作队等《江西南丰白舍窑调查纪实》,《考古》1985年第3期。
[13] 陈柏泉《江西横峰、弋阳窑址调查》,《文物》1973年第2期。
[14] 江建新《景德镇窑业遗存考察述要》,《江西文物》1991年3期;江西省文物考古研究所等《景德镇湖田窑址——1988—1999年考古发掘报告》,文物出版社2007年版。
[15] 武汉市文物处文物普查队《武汉市武昌县湖泗窑址的初步调查》,《中国古代窑址调查发掘报告集》,文物出版社1984年版。
[16] 武汉市博物馆等《湖北武汉江夏王麻窑址1988—1996年的发掘》,《考古学报》2000年第1期。
[17] 周世荣《湖南衡阳窑调查纪要》,《中国古代窑址调查发掘报告集》,文物出版社1984年版。
[18] 周世荣《湖南首次发现独具彩瓷工艺风格的古窑址—衡山窑》,《中国古代窑址调查发掘报告集》,文物出版社1984年版。
[19] 郴州地区文物工作队《湖南郴州宋代窑址发掘》,《考古》1992年第9期。
[20] 湖南省文物考古研究所《湖南洪江市宋代烟口窑址的发掘》,《考古》2006年第11期。
[21] 周世荣《湖南陶瓷》,紫禁城出版社1988年版。
[22] 益阳地区文物工作队等《湖南益阳县羊午岭古窑址调查》,《考古》1983年第4期。
[23] 重庆市博物馆《四川重庆涂山锯木湾宋代瓷窑发掘简报》,《考古》1991年第3期;重庆市博物馆《重庆涂山窑小湾瓷窑发掘报告》,《四川考古报告集》,文物出版社1998年版。
[24] 重庆博物馆《四川广元瓷窑的调查收获》,《四川古陶瓷研究》第一辑,四川省社会科学院出版社1984年版。
[25] 耿宝昌主编《邛窑古陶瓷研究》,中国科学技术大学出版社2002年版。
[26] 成都市文物考古研究所等《都江堰市金凤窑发掘报告》,《成都考古发现(2000)》,科学出版社2002年版。
[27] 四川省文物考古研究院等《四川达州市通川区瓷碗铺瓷窑遗址发掘简报》,《四川文物》2005年第4期。

[28] 四川省文物管理委员会等《四川彭县磁峰窑址调查记》,《考古》1983 年第 1 期；成都市文物考古研究所等《2000 年磁峰窑发掘报告》,《成都考古发现（2000）》，科学出版社 2002 年版。
[29] 葛季芳等《云南玉溪古窑遗址调查》,《考古》1980 年第 3 期。
[30] 葛季芳《云南建水窑的调查和分析》,《考古》1987 年第 1 期；张建农《云南省建水县碗窑村古窑址调查》,《考古》1991 年第 8 期。
[31] 葛季芳《云南禄丰县元代罗川窑和白龙窑》,《考古》1990 年第 8 期。
[32] 广西壮族自治区博物馆《广西桂平宋瓷窑》,《考古学报》1983 年第 4 期。
[33] 桂林博物馆《广西桂州窑遗址》,《考古学报》1994 年第 4 期。
[34] 韦仁义《广西藤县宋代中和窑》,《中国古代窑址调查发掘报告集》，文物出版社 1984 年版。
[35] 广西壮族自治区文物工作队《广西永福窑田岭宋代窑址发掘简报》,《中国古代窑址调查发掘报告集》，文物出版社 1984 年版。
[36] 广西壮族自治区文物工作队《广西容县城关宋代瓷窑》,《考古学集刊》第 5 集，中国社会科学出版社 1987 年版。
[37] 李铧《广西兴安县严关宋代窑址调查》,《考古》1991 年第 8 期。
[38] 广东省博物馆《潮州笔架山宋代窑址发掘报告》，文物出版社 1981 年版。
[39] 广州市文物管理委员会等《广州西村窑》，香港中文大学中国艺术研究中心 1987 年版。
[40] 广东省文物考古研究所等《广东新会官冲古窑址》,《文物》2000 年第 6 期。
[41] 惠阳地区文化局等《广东惠州北宋窑址清理简报》,《文物》1977 年第 8 期。
[42] 广东省文物管理委员会《佛山专区的几处古窑址调查简报》,《文物》1959 年第 12 期。
[43] 申家仁《岭南陶瓷史》，广东高等教育出版社 2003 年版。
[44] 福建省博物馆等《福建建阳芦花坪窑址发掘简报》,《中国古代窑址调查发掘报告集》，文物出版社 1984 年版；中国社会科学院考古研究所、福建省博物馆建窑考古队《福建建阳县水吉北宋建窑发掘简报》,《考古》1990 年第 12 期；中国社会科学院考古研究所、福建省博物馆建窑考古队《福建建阳县水吉建窑遗址 1991—1992 年度发掘简报》,《考古》1995 年第 2 期。
[45] 福建省博物馆《武夷山遇林亭窑址发掘报告》,《福建文博》2000 年第 2 期。

[46] 福建省博物馆《福建松溪县垌场北宋窑址试掘简报》，《考古学集刊》第2集，中国社会科学出版社1982年版。
[47] 福建省博物馆《南平茶洋窑址1995年—1996年度发掘简报》，《福建文博》2000年第2期。
[48] 柯凤梅等《福建莆田古窑址》，《考古》1995年第7期。
[49] 福建省博物馆《德化窑》，文物出版社1990年版。
[50] 曾凡《福建陶瓷考古概论》，福建省地图出版社2001年版。
[51] 安溪县文化馆《福建安溪古窑址调查》，《文物》1977年第7期。
[52] 福建省博物馆《福建惠安银厝尾古窑址发掘简报》，《考古》1993年第1期。
[53] 黄炳元《福建南安石壁水库古窑址试掘情况》，《文物参考资料》1957年第12期。
[54] 福建省文物管理委员会《同安县汀溪水库古瓷窑调查记》，《文物参考资料》1958年第2期。
[55] 陈鹏等《福建晋江磁灶古窑址》，《考古》1982年第5期；福建省博物馆《磁灶土尾庵窑发掘简报》，《福建文博》2000年第1期。
[56] 林德民《泉州东门窑产品及其外销》，《海交史研究》1999年第2期。
[57] 厦门市文物管理委员会《厦门海沧宋代窑址发掘简报》，《南方文物》1999年第2期。
[58] 福建省博物馆《福建漳浦县古窑址调查》，《考古》1987年第2期。
[59] 张道宏《试掘繁昌瓷窑遗址》，《文物参考资料》1958年第6期；中国科学技术大学科技史与科技考古系等《安徽繁昌县柯家冲瓷窑遗址发掘简报》，《考古》2006年第4期。
[60] 同[9]。
[61] 胡悦谦《安徽萧县白土窑》，《考古》1963年第12期。
[62] 安徽省文物考古研究所《安徽歙县松竦口窑调查》，《考古》1988年第12期。
[63] 山东淄博陶瓷史编写组《山东淄博市淄州区磁村古窑址试掘简报》，《文物》1978年第6期；淄博市博物馆《淄博市博山大街窑址》，《文物》1987年第9期。
[64] 内丘县文物保管所《河北省内丘县邢窑调查简报》，《文物》1987年第9期；河北省文物研究所《邢窑遗址调查、试掘报告》，《考古学集刊》第14集，文物出版社2004年版。

[65] 河北省文化局文物工作队《河北曲阳县涧磁村定窑遗址调查与试掘》，《考古》1965年第8期。
[66] 郭济桥《井陉窑的发现和研究》，《中国陶瓷》2001年第2期；孟繁峰等《井陉窑遗址出土金代印花模子》，《文物春秋》1997年增刊。
[67] 北京大学考古学系等《观台磁州窑址》，文物出版社1997年版。
[68] 李知宴《从隆化窑的调查看河北陶瓷的发展》，《河北陶瓷》1985年第4期。
[69] 卫本峰《安阳县古瓷窑遗址考察》，《中原文物》1986年第3期。
[70] 河南省文化局文物工作队《河南省鹤壁集古代瓷窑址发掘简报》，《文物》1964年第8期；河南鹤壁集市博物馆《河南省鹤壁集瓷窑址1978年发掘报告》，《中国古代窑址调查发掘报告集》，文物出版社1984年版。
[71] 陈万里《谈当阳峪窑》，《文物参考资料》1954年第4期。
[72] 郑州市文物工作队等《河南密县西关瓷窑遗址发掘简报》，《考古》1995年第6期；河南省文化局文物工作队《河南省密县、登封唐宋窑址调查简报》，《文物》1964年第2期。
[73] 河南省文化局文物工作队《河南省密县、登封唐宋窑址调查简报》，《文物》1964年第2期；冯先铭《河南密县、登封唐宋古窑址调查》，《文物》1964年第3期。
[74] 李辉柄等《河南鲁山段店窑》，《文物》1980年第5期。
[75] 河南省文物考古研究所《河南临汝严和店汝窑遗址的发掘》，《华夏考古》1995年第3期。
[76] 河南省文物考古研究所《宝丰清凉寺汝窑址2000年发掘简报》，《文物》2001年第11期。
[77] 李民举《宋官窑论稿》，《文物》1994年第8期。
[78] 河南省博物馆《河南禹县钧台窑址的发掘》，《文物》1975年第6期；北京大学中国考古学研究中心等《河南省禹州市神垕镇刘家门钧窑遗址发掘简报》，《文物》2003年第11期。
[79] 河南省文物研究所《河南内乡大窑店瓷窑遗址的调查》，《中国古代窑址调查发掘报告集》，文物出版社1984年版。
[80] 河南省文物研究所《河南宜阳窑调查简报》，《中国古代窑址调查发掘报告集》，文物出版社1984年版。
[81] 河南省博物馆等《河南省新安县古瓷窑遗址调查》，《文物》1974年第12期。

[82] 冯先铭《山西浑源古窑址调查》，《中国古代窑址调查发掘报告集》，文物出版社 1984 年版。
[83] 葛银平《平定窑陶瓷装饰》，《河北陶瓷》1993 年第 3 期。
[84] 陶富海《山西霍州市陈村瓷窑址的调查》，《考古》1992 年第 6 期。
[85] 吴连城《山西介休洪山镇宋代瓷窑址介绍》，《文物参考资料》1958 年第 10 期。
[86] 杨芝荣《孟家井瓷窑遗址》，《文物》1964 年第 9 期。
[87] 山西省考古研究所《山西孟县古瓷窑（磁窑坡窑）遗址调查简报》，《文物季刊》1999 年第 2 期。
[88] 山西省考古研究所《山西长治八义窑试掘报告》，《文物季刊》1998 年第 3 期。
[89] 陕西省考古研究所《陕西铜川耀州窑》，科学出版社 1965 年版；陕西省考古研究所等《宋代耀州窑址》，文物出版社 1998 年版。
[90] 咸阳地区文物管理委员会《旬邑安仁古瓷窑遗址发掘简报》，《考古与文物》1980 年第 3 期。
[91] 北京市文物研究所《北京龙泉务窑发掘报告》，文物出版社 2003 年版。
[92] 彭善国《辽代陶瓷的考古学研究》，吉林大学出版社 2003 年版。
[93] 李文信《林东辽上京临潢府故城内瓷窑址》，《考古学报》1958 年第 2 期。
[94] 洲杰《赤峰缸瓦窑村辽代瓷窑调查记》，《考古》1973 年第 4 期；王建国《赤峰缸瓦窑辽代窑址试掘简报》，《松州学刊》1987 年第 4、5 期。
[95] 中国社会科学院考古研究所《宁夏灵武窑发掘报告》，中国大百科全书出版社 1995 年版；宁夏回族自治区文物考古研究所等《宁夏灵武市回民巷西夏窑址的发掘》，《考古》2002 年第 8 期。
[96] 李怀顺《甘肃考古概论》，甘肃人民出版社 1998 年版。
[97] 叶麟趾《古今中外陶瓷汇编》，北平文奎堂 1934 年版。
[98] [宋] 周烽《清波杂志校注》卷五“定器”条载：“烽出疆时，见虏中所用定器，色莹净可爱。近年所用，乃宿泗近处所出，非真定也。”刘永翔校注本，中华书局 1994 年版。
[99] 谢明良《有关“官”和“新官”款白瓷产地问题的探讨》，《故宫学术季刊》第五卷第二期，1987 年；权奎山《关于唐宋瓷器上的“官”和“新官”字款问题》，《中国古陶瓷研究》第五辑，紫禁城出版社 1999 年版。
[100] 刘淼《对“尚食局”铭定瓷的一点思考》，《文物天地》2006 年第 1 期。
[101] 同 [1]。

［102］定县博物馆《河北定县发现两座宋代塔基》，《文物》1972 年第 8 期。
［103］李辉柄等《论定窑烧瓷工艺的发展与历史分期》，《考古》1987 年第 12 期。
［104］［清］徐松辑《宋会要辑稿》食货五二之三七“瓷器库”条记载：“瓷器库在建隆坊，掌受明、越、饶州、定州、青州白瓷器及漆器以给用，以京朝官三班内侍二人监库。宋太宗淳化元年七月，诏瓷器库纳诸州瓷器。”中华书局 1957 年版。
［105］秦大树《磁州窑的研究史》，《文物春秋》1990 年第 4 期。
［106］秦大树《论红绿彩瓷器》，《文物》1997 年第 10 期。
［107］秦大树《论磁州观台窑制瓷工艺、技术的发展》，《华夏考古》1996 年第 3 期。
［108］胡永庆《汝窑中的御用汝瓷及相关问题》，《华夏考古》1994 年第 4 期。
［109］［宋］周辉《清波杂志校注》卷五，刘永翔校注本，中华书局 1994 年版。
［110］［宋］陆游《老学庵笔记》卷二记载：“故都时定器不入禁中，惟用汝器，以定器有芒也。”李剑雄、刘德权点校本，中华书局 1979 年版。
［111］陈万里《汝窑的我见》，《文物参考资料》1951 年第 2 期。
［112］权奎山《简论钧窑系形成的过程》，《中原文物》1999 年第 3 期。
［113］冯先铭《有关钧窑诸问题》、李辉柄《钧窑系的形成与分期》，均载于《河南钧瓷汝瓷与三彩》，紫禁城出版社 1987 年版。
［114］北京大学中国考古学研究中心等《河南省禹州市神垕镇刘家门钧窑遗址发掘简报》，《文物》2003 年第 11 期。
［115］中国硅酸盐学会《中国陶瓷史》第六章第二节，文物出版社 1982 年版。
［116］［明］高濂《遵生八笺》卷十四《燕闲清赏笺上》“论诸品窑器”：“若均州窑，有朱砂红，葱翠青俗谓莺哥绿，茄皮紫，红若胭脂，青若葱翠，紫若墨黑。三者色纯无少变露者为上品。底有一、二数目字号为记。猪肝色，火里红，青绿错杂若垂涎色，皆上三色之烧不足者，非别有此色样。”文渊阁《四库全书》本。
［117］关松房《金代瓷器和钧窑问题》，《文物参考资料》1958 年第 2 期；李辉柄《钧窑的性质及其创烧年代》，《故宫博物院院刊》1982 年第 2 期。
［118］李民举《陈设类钧窑瓷器年代考辨——兼论钧台窑的年代问题》，北京大学考古系编《考古学研究》（三），科学出版社 1997 年版；罗慧琪《传世钧窑器的时代问题》，《美术史研究集刊》第 4 期，台湾大学美术史研究所发行，1997 年。

[119] 周丽丽《耀州窑在五代、北宋、金三朝的历史地位》,《文博》1999 年第 4 期。
[120] 杜葆仁《耀州窑的窑炉和烧造技术》,《考古与文物》1987 年第 1 期。
[121] 王芬等《耀州窑窑具及装烧方法》,《文博》1996 年第 3 期。
[122] 刘兰华《龙泉务窑址的窑具及其装烧工艺》,《文物天地》1995 年第 6 期。
[123] 同 [92]。
[124] 冯永谦《赤峰缸瓦窑村辽代瓷窑址的考古新发现》,《中国古代窑址调查发掘报告集》, 文物出版社 1984 年版。
[125] 李国桢等《灵武窑制瓷工艺总结和研究》,《中国陶瓷》1991 年第 1 期; 中国社会科学院考古研究所《宁夏灵武窑发掘报告》, 中国大百科全书出版社 1995 年版。
[126] 江建新《景德镇窑业遗存考察述要》,《江西文物》1991 年 3 期。
[127] 冯先铭《我国宋元时期的青白瓷》,《故宫博物院院刊》1979 年第 3 期。
[128] 刘新园《景德镇湖田窑各期典型碗类的造型特征及其成因考》,《文物》1980 年第 11 期。
[129] 江西省文物考古研究所等《景德镇湖田窑址——1988—1999 年考古发掘报告》, 文物出版社 2007 年版。
[130] 陈柏泉《吉州窑烧瓷历史初探》,《江西历史文物》1982 年第 3 期。
[131] 中国硅酸盐学会《中国陶瓷史》第六章第三节, 文物出版社 1982 年版。
[132] 任世龙《龙泉青瓷的类型与分期试论》,《中国考古学会第三次年会论文集》(1981), 文物出版社 1984 年版。
[133] 李刚《论越窑衰落与龙泉窑兴起》,《文博》1987 年第 2 期。
[134] 谢日万《建窑黑釉瓷创烧、兴盛和衰落的年代》,《东南文化》1992 年第 5 期; 曾凡《建窑考古新发现及相关问题研究》,《文物》1996 年第 8 期。
[135] 中国社会科学院考古研究所、福建省博物馆建窑考古队《福建建阳县水吉北宋建窑发掘简报》,《考古》1990 年第 12 期。
[136] [宋] 蔡襄《茶录》, [元] 陶宗仪《说郛》卷八十一, 商务印书馆 1927 年版。
[137] [宋] 赵佶《大观茶论》, [元] 陶宗仪《说郛》卷五十二, 商务印书馆 1927 年版。
[138] 陈建中《浅谈德化碗坪仑窑的黑釉器》,《福建文博》1996 年第 2 期。
[139] 曾凡《关于德化屈斗宫窑的几个问题》,《文物》1979 年第 5 期。
[140] 栗建安《从水下考古的发现看福建古代瓷器的外销》,《海交史研究》2001

年第 1 期。
[141] [元] 陶宗仪《说郛》卷十八，商务印书馆 1927 年版。
[142] [宋] 叶寘《坦斋笔衡》，[元] 陶宗仪《南村辍耕录》卷二十九引，中华书局 1959 年版。
[143] 同 [77]。
[144] 秦大树《杭州老虎洞窑址考古发现专家论证会纪要》，《文物》2001 年第 8 期；同 [5]。
[145] 杜正贤《杭州老虎洞南宋官窑窑址的考古学研究》，《故宫博物院院刊》2002 年第 5 期。
[146] 同 [6]。
[147] 刘新园等《高岭土史考——兼论瓷石、高岭与景德镇十至十九世纪的制瓷业》，《中国陶瓷》(《古陶瓷研究专辑》) 1982 年第 7 期 (增刊)。
[148] 周仁等《龙泉历代青瓷烧制工艺的科学总结》，《考古学报》1973 年第 1 期；李国桢等《龙泉青瓷釉的研究》，《龙泉青瓷研究》，文物出版社 1989 年版。
[149] 长沙窑课题组《长沙窑》，紫禁城出版社 1996 年版。
[150] 李家治主编《中国科学技术史·陶瓷卷》第六章，科学出版社 1998 年版。
[151] 同 [38]。
[152] 朱伯谦《龙泉大窑古瓷窑遗址发掘报告》，《龙泉青瓷研究》，文物出版社 1989 年版。
[153] 同 [45]。
[154] 同 [49]。
[155] 刘新园等《景德镇湖田窑考察纪要》，《文物》1980 年 11 期。
[156] 刘新园《景德镇宋元芒口瓷器与覆烧工艺初步研究》，《考古》1974 年第 6 期。

八 明清时代的瓷器

明清时代中国制瓷手工业进入了一个新的发展阶段。这时期，制瓷手工业格局发生了重大变化。入明后，宋元时代的一些瓷窑衰落或停烧，特别是宋元时代的支柱瓷窑——名窑，除景德镇窑、龙泉窑、德化窑外，其余也或衰落或停烧。与此同时，景德镇窑迅速崛起。其生产规模急剧扩大，产量和质量逐渐提高，并于明代洪武二年（公元1369年）在此设立了御器厂[1]，景德镇成为全国的制瓷手工业中心，被誉为“瓷都”。

（一）瓷窑及其分布

从目前发现的考古资料来看，明清时代制瓷手工业的区域较宋元时代缩小，瓷窑的数量减少。这时代主要瓷窑，南方地区计有，浙江龙泉窑[2]、江山窑[3]，江西赣县新湖窑[4]、吉州窑[5]、萍乡南坑窑[6]、铅山华家窑[7]、横峰窑[8]、弋阳窑[9]、靖安窑[10]、乐平窑[11]、景德镇窑[12]，湖南衡东窑[13]、湘阴乌龙嘴窑[14]、益阳窑[15]、怀化窑[16]、醴陵窑[17]，重庆云阳窑[18]，云南玉溪窑[19]、建水窑[20]、禄丰窑[21]，广西合浦窑[22]，广东始兴窑[23]、佛山石湾窑[24]、饶平九村窑[25]、高州窑[26]、廉江窑[27]、惠阳白马山窑[28]、博罗窑[29]、揭阳窑[30]、雷州窑[31]，香港大埔碗窑[32]，福建崇安窑[33]、邵武窑[34]、建阳窑[35]、政和窑[36]、泰宁窑[37]、尤溪窑[38]、德化窑[39]、永春窑[40]、安溪窑[41]、南安窑[42]、晋江窑[43]、厦门窑[44]、漳浦窑[45]、漳州窑[46]等；北方地区计有，山东枣庄齐村窑[47]，河北彭城磁州窑[48]，河南钧窑[49]，山西怀仁窑[50]、榆次窑[51]、介休窑[52]、霍州窑[53]，陕西铜川陈炉耀州窑[54]，宁夏灵武窑[55]等。约发现于15个省、市、自治区、特区，分布尚较广泛，其中以江西、广东、福建省发现的数量为多。

这些瓷窑，大部分是从宋元时代延续下来的，如龙泉窑、江山窑、吉州窑、横峰窑、景德镇窑、衡东窑、益阳窑、玉溪窑、惠阳白马山窑、佛山石湾窑、德化窑、安溪窑、南安窑、晋江窑、彭城磁州窑、钧窑、介休窑、霍州窑、陈炉耀州窑、灵武窑等，它们入明后，或继续烧造自己的传统品种，或在烧造传统品种的同时增烧青花瓷，或改烧青花瓷，大多数发展平平，有的还逐渐衰落乃至停烧；只有景德镇窑、龙泉窑、德化窑等少数窑保持了良好的发展势头，特别是景德镇窑发展尤为突出，成为时代的佼佼者。在这些瓷窑中，还有小部分是明清时代创建的，如赣县新湖窑、铅山华家窑、乐平窑、怀化窑、合浦窑、饶平九村窑、高州窑、博罗窑、揭阳窑、大埔碗窑、漳州窑等，基本上分布在南方地区，大多数是烧造青花瓷器或以烧造青花瓷器为主，其中漳州窑在明代末年至清代初期有较大的影响。

明清时代的瓷窑尽管比宋元时代有所减少，但仍保持了一定数量。景德镇窑、龙泉窑、德化窑尤其是景德镇窑代表了明清时代制瓷手工业的最高水平。其余瓷窑，产品虽算不上精细，甚至有的还很粗糙，但各有特点，且实用，为满足当地和附近地区人们对瓷器的需要作出了重要贡献。

（二）典型瓷窑及瓷器

明清时代的瓷窑以景德镇窑、龙泉窑、德化窑、漳州窑、彭城磁州窑、陈炉耀州窑等最为著名，其产品代表了这一时期瓷器的风格和特征。兹分别介绍。

1. 景德镇窑

景德镇窑是明清时代最为繁盛的窑场，其遗址分布于景德镇市区和近郊区。根据窑场性质的不同，可分为御窑和民窑。

（1）御窑

明清时期在景德镇设置御器（窑）厂，据文献记载和相关研究成果，明代御窑创建于洪武二年（公元1369年）[56]，称“御器厂”，清代沿用，改称“御窑厂”，直至清朝灭亡[57]。其遗址位于景德镇市中心的珠山地区，呈南宽向北渐窄的长梯形分布，周长约为1145米，总面积约为54300平方米[58]。

景德镇御窑瓷器制作精细，质量极高，代表了明清时期制瓷手工业的最高水平。胎料加工细腻，质坚硬、致密，多呈白色。釉面光洁、莹润。瓷器品种丰富，有青花、青花釉里红、釉里红、白釉、黑釉、紫金釉、红釉、黄釉、蓝釉、洒蓝釉、孔雀绿釉、仿龙泉青釉、仿哥釉、仿宋官青釉瓷器等，以及斗彩、五彩、粉彩、珐琅彩、素三彩等彩瓷器，各个时期呈色略有不同，绚丽多姿。其中青花瓷器为大宗，数量最多。景德镇御窑瓷器的器类很多，包括日常生活用器和陈设类、赏玩类、祭祀类瓷器等，式样繁多，主要有梅瓶（图三五）、僧帽壶、梨形壶、扁壶、壶、大罐、罐、碗、盘、鸡缸杯、杯、靶盏、

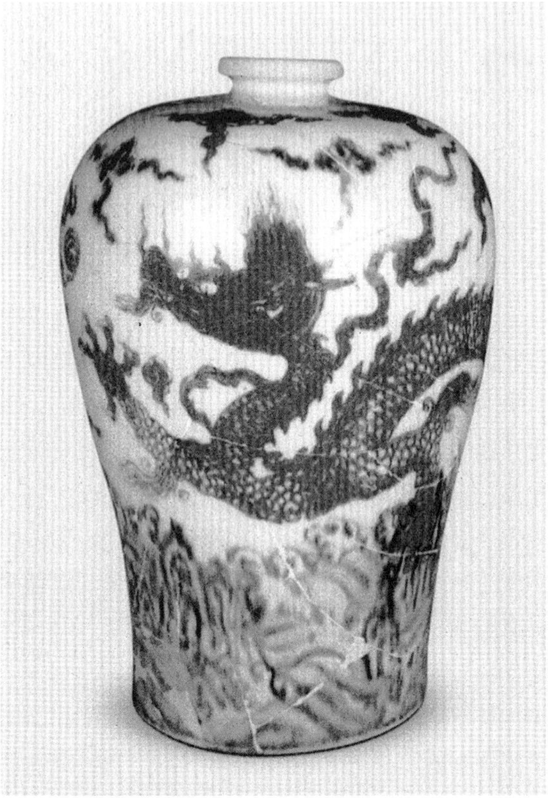

图三五 明永乐青花釉里红云龙纹梅瓶

盒、果盘、盆、缸、炉、觚、爵、尊、赏瓶、瓷塑等，以碗、盘居多。器型规整，典雅端庄，尤其是清代烧制出许多仿古瓷器，古朴大方。装饰技法有刻花、划花、印花、绘花、雕镂等，纹样以龙纹最为常见，另有凤凰纹、鱼藻纹、花卉纹等，也有许多人物故事、婴戏、山水、文字题诗、吉祥图案、宗教类等题材的内容，纹饰或简洁明快、淡雅，或繁缛复杂、华丽，展现了明清时期宫廷艺术的创造力和审美情趣。有很多瓷器上刻写或以钴料、矾红料书写官式年款，如“永乐年制”、“大明宣德年制”、“大明弘治年制”、“大明成化年制”、“正德年制”、“大明嘉靖年制”、“大明万历年制”、“大清康熙年制”、“康熙年制”、“大清雍正年制”、“大清乾隆年制”、“大清同治年制”、“大清光绪年制”、“大清宣统年制”等等，书体有篆书、楷书等，也有一些堂名款等[59]。

明清御窑专门为宫廷烧造瓷器，其管理十分严格[60]，明清时期的皇帝派人专门“督陶”，以保证瓷器的质量，也出现了一些优秀的督陶官，如唐英[61]等。瓷器的烧造一般是宫廷预定数量、品种、类别，然后依数解送至京[62]；多采取按样生产，以满足皇室需要。明代嘉靖以后还流行了“官搭民烧”的制度，临时加派的钦限瓷器可由民窑来烧造[63]。这样，大批质量上乘的瓷器解送至京，以供御用或皇帝赏赐之用。同时，一些落选的御用瓷器，则需要严格处理，明代早中期是打碎掩埋在御窑厂内，明代晚期至清初多是存储于库房，清代雍正以后有些则可以变价出售[64]。

景德镇御窑烧造瓷器的窑炉，目前考古仅发现明代的窑炉。在2002—2004年御窑遗址的发掘中，明代窑炉发现有两组，分别为葫芦形窑炉和馒头形窑炉[65]。葫芦形窑炉一组共7座，位于珠山北麓，排列整齐，形制、结构相同，大小相近。葫芦形窑炉由窑前工作面、窑门、火膛、前室、后室、护窑墙等部分组成，以楔形砖垒砌而成。窑床前低向后渐高，倾斜度8°—10°，窑炉斜长约10米余，前室宽3.2—3.78、后室宽1.8—2.5米。年代约为明代初年。馒头形窑炉一组15座，位于珠山南麓，形制、结构相同，分布比较密集，存在叠压打破关系。窑炉由窑前工作面、窑门、火膛、窑室、烟道、排烟孔、烟囱、护窑墙等部分组成，以长方形小砖砌成，窑床平整。全长约4米左右，窑室宽2—2.2米，规模较小。其年代约为明宣德至万历时期。御窑瓷器的装烧方法一般采用匣钵、套钵装烧，器物先置于套钵内，中间以瓷质垫饼作间隔具，而套钵再置于以耐火土制成的匣钵内，然后入窑烧造。

明清时代的景德镇御窑是一处特殊的窑场，它是由宫廷控制、派专人监督生产、产品专供皇家使用的御用窑场，其产品制作极为精细，也有许多创新品种，是中国古代制瓷手工业发展史上的一朵奇葩。

（2）民窑

景德镇民窑主要分布在景德镇市区和近郊区，位于昌江及其支流南河、东河、西河沿岸。根据考古调查和发掘资料，窑场数量较多，分布密集，规模较大。景德镇民窑十分兴旺，规模和产量都很大，销售范围颇广，不仅广销国内各地，许多遗址均有出土，而且大量销往国外，国外遗址、海域沉船[66]等均有发现。正如明代宋应星《天工开物》卷七《陶埏》“白瓷”条记载：“合并数郡，不敌江西饶郡产。……若夫中华四裔，驰名猎取者，皆饶郡浮梁景德镇之产也。”[67]

明清时代景德镇民窑以烧造青花瓷器为主，也烧造一些青白釉、白釉、蓝釉等单色釉瓷器，同时还生产少量的单彩、红绿彩、五彩瓷器，清代还有一些粉彩、青釉瓷器等。瓷器的发展序列清晰，尤其是青花瓷器。至明末清初，青花瓷器产量极大，有不少属于外销瓷器，如“克拉克瓷”等，这与这一阶段海外贸易的扩大有很大关系。产品的种类多为日常生活用器，如碗、盘、碟、杯、壶、瓶、罐等，制作精巧，造型简洁实用；也有一定数量的陈设用器，器型较大，庄重朴实。胎多为白色，明代早期质地略粗，明代中期以后均较细腻致密。釉层较薄，一般比较均匀，釉面光洁莹润。青花瓷、彩瓷的装饰花纹题材丰富，主要有缠枝花卉、折枝花卉、花卉、松竹梅、湖石山水、莲池水藻、蔓草、戏曲人物、历史故事、婴戏、吉祥图案、博古图案等，纹样繁多，富于变化。这些纹样构图多比较简练，用笔自如、洒脱。

明代的景德镇民窑沿用了元代后期出现的葫芦形窑炉，明代中期还发现有馒头窑（马蹄形窑）。葫芦形窑由窑门、火膛、前室、后室、护窑墙等部分组成（图三六），如湖田乌泥

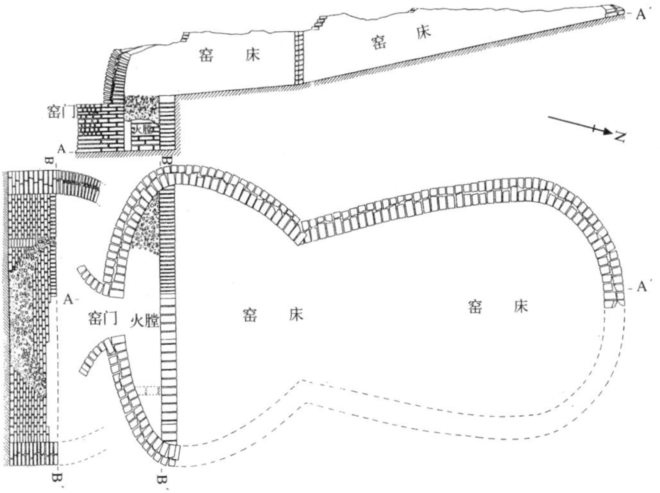

图三六　景德镇湖田窑明代葫芦窑遗迹平、剖面图
（江西景德镇湖田窑址出土，引自江西省文物考古研究所等《景德镇湖田窑址——1988—1999年考古发掘报告》，文物出版社2007年版）

岭窑址的发现[68]等。窑炉全长约10米左右，窑床前低后端渐高，呈斜坡状，它是在龙窑的基础上改进发展而来，同时吸收了半倒焰馒头窑的某些技术，有利于瓷器的烧成。馒头窑由火膛、窑室、排烟孔等组成，规模不大，如湖田乌泥岭窑址的发现等。明末至清代，景德镇的窑炉主要是蛋形窑，较之葫芦形窑又有了改进，由窑门、窑室、烟囱等部分组成，以砖垒砌而成，一直沿用至今[69]。明清景德镇民窑一般采用一匣一器的匣钵装烧方法，与瓷器之间以垫饼作间隔具。

明清时代的景德镇民窑是景德镇制瓷手工业的主体，其产品虽没有御器（窑）厂产品精细，但规模和产量很大，行销海内外，影响广泛、深远。

2. 龙泉窑

明清时代的龙泉窑继续生产，窑场分布于龙泉溪、秦溪等河流沿岸。明代前期的窑场多是沿用南宋、元代[70]，基本维持了宋元以来的制瓷规模，尤其是明代早期，分布颇广；至明代中叶逐渐衰落，一直烧造至清代[71]。

明清时期龙泉窑仍烧造青釉瓷器。明代早期的制作工艺承袭了元代风格[72]，胎体厚重，质细密，呈灰白色。釉层较薄，釉面光亮莹润，色青略泛黄或绿。明代中期逐渐衰落，“青器土垩，火候渐不及前”[73]，器型笨重，胎质粗劣，釉色灰青，制作较为粗糙。清代中叶逐渐退出历史舞台。龙泉窑器类多为日常生活用器，有碗、盘、大盘、碟、洗、罐、大罐等，也有一些陈设类瓷器，如炉、瓶、雕塑等。在明代早期，有些器物还供宫廷使用[74]，如梅瓶、执壶等。器物装饰技法有刻花、划花、印花、贴花、雕塑、露胎等，以刻划花最为常见。装饰题材丰富，有花卉纹、人物纹、游鱼纹等。

明清龙泉窑继续采用龙窑烧造，器物多是在强还原气氛中烧成[75]，一般使用一匣一器的匣钵装烧法。

龙泉窑青瓷以独特的风格，受到人们的普遍欢迎，仍有着较为广阔的国内市场，并大量销往国外。一些窑场继续受其影响，而烧造青釉瓷器，如江西[76]、福建[77]、广东[78]、广西[79]等地均有生产，御器（窑）厂宣德时期也有不少仿龙泉青釉瓷器的烧造[80]。

3. 德化窑

明清时代德化窑获得了新的发展，逐渐进入鼎盛时期，至清代后期衰落。其窑场遍布福建德化县境内，集中于浔中、三班、上涌一带。其中，明代窑址有 30 处，清代则达 177 处之多[81]。

明代德化窑以烧造白釉瓷器为主，其在元代的基础上有了较大发展，质量明显提高。产品种类有日常生活用器，如碗、盘、杯、盒等，大小不一，形制多样；还有大量的瓷塑、供器等，如观音（图三七）、达摩、西洋人物、炉、瓶、觚等，涌现出了一批制瓷名家，尤其是何朝宗所制塑像，极为精细，神态生动，十分珍贵。胎质细腻、致密，有良好的透光度，色洁白。釉质莹润，呈乳白色，有的略泛黄，色泽光莹明亮，有的略泛粉红或乳白，有“猪油白”、“象牙白”之称，外国人又称为“中国白”（Blanc de Chine）[82]。装饰技法多样，有刻花、划花、印花、模印贴花、雕塑等；花纹有花卉、花鸟、梅花、兰草、人物纹等。值得注意的是，白瓷的制作大量采用了模制法成形，不仅包括各类杯，还有常见的碗、盘、盒、炉、瓶、匙等。明代中期以后的少数白釉瓷器上还出现了青花题记或款识。

图三七 明代德化窑白釉观音像

清代德化窑主要烧造白釉瓷器、青花瓷器、五彩瓷器等。白釉瓷器以日常生活用器为主，有碗、盘、杯、盒等；也有观音、达摩、西洋人物等瓷塑和瓶、炉等供器，个别器型较大。白釉色泽略泛青，缺乏温润感。青花瓷器，器类以日常生活用器为主，有碗、盏、盘、碟、盒、杯、罐、壶，也有瓶、炉类的供器等。胎质细腻，呈白色；釉面光洁莹润，略泛青灰色。青花色泽较淡雅，花纹有动物纹、花卉纹、几何形纹、人物纹、山水纹、文字等[83]。

德化窑继续使用元代开始出现的分室龙窑，并在此基础上，进一步发展为阶级窑，至清代还采用了连房式横室阶级窑。器物多采取匣钵装烧法，可分为一匣一器、一匣多器。一匣多器又采用了多件器物并排平置装烧、对口烧、支钉叠烧等多种方式，如碗、杯等器物对口烧，再多件并排平置匣钵内烧造；炉、盒等器物多件叠烧，大小相套；碗、盘等也采用以瓷质支钉间隔叠烧。匣钵主要是平底筒形匣钵。

明清德化窑以独特的乳白釉瓷器闻名于世，被誉为“中国白”，深受人们的喜爱，行销海内外；其青花瓷器也大量销往国外。是明清时期较为重要的一处民间窑场。

4. 漳州窑

漳州窑位于福建南部的九龙江及其支流沿岸[84]，明清时代的窑场集中在平和、华安、南靖、诏安等地，尤其是平和[85]、华安[86]分布最为密集，以明末清初时期最为兴盛。

明清漳州窑烧造的瓷器品种以青花瓷器为主，还有一些五彩、素三彩、青釉、米黄釉瓷器等。青花瓷器、五彩瓷器以日常生活用器为主，尤其是大盘比较多见（图三八），多为外销产品；胎质较为粗糙，泛灰青色，釉面缺乏润泽感；纹样繁缛复杂，题材多样，有花卉纹、人物纹、花鸟纹、山水纹、文字等，常见开光布局。素三彩瓷器则以各类盒为主，形制多样，日本学者称之为“交趾香盒”[87]，多为黄、绿、褐等色；模制而成，有的做成龟、鸟等形状，生动可爱。青釉瓷器为仿龙泉窑青瓷产品。米黄釉瓷器又被称为“漳窑器”[88]，多为仿古器物，有觚、瓶、尊等。

漳州窑的窑炉为连房式横室阶级窑，其是在分室龙窑和普

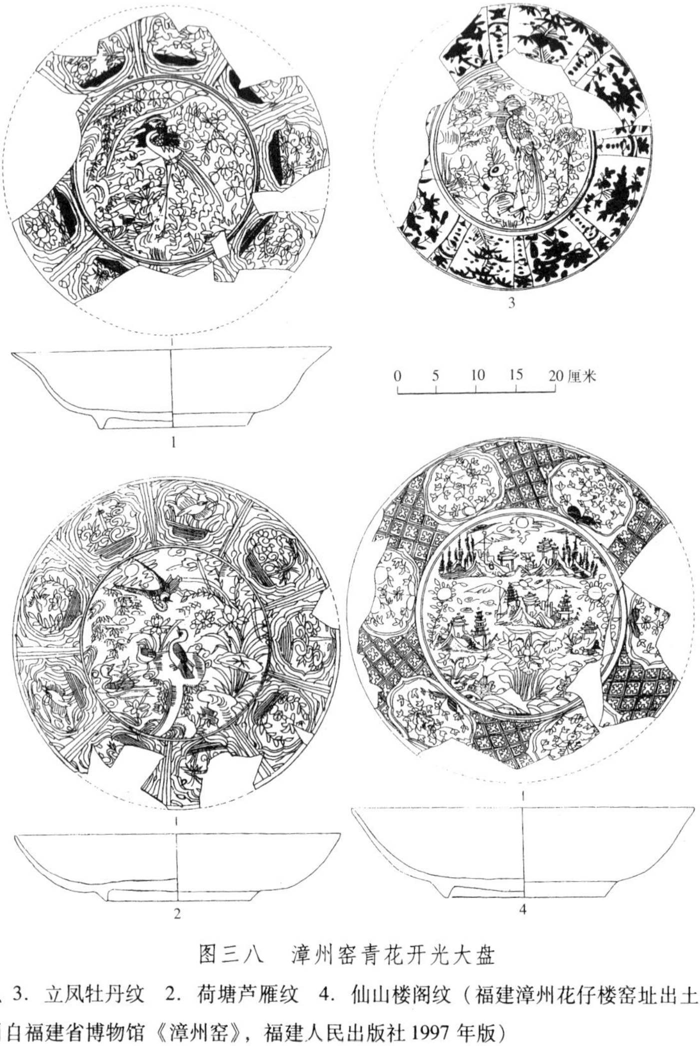

图三八　漳州窑青花开光大盘

1、3. 立凤牡丹纹　2. 荷塘芦雁纹　4. 仙山楼阁纹（福建漳州花仔楼窑址出土　引自福建省博物馆《漳州窑》，福建人民出版社 1997 年版）

通阶级窑的基础上发展而来[89]。一般采用一匣一器的匣钵装烧法，多使用M形匣钵。

漳州窑是明清时代逐渐兴起的一座主要烧造外销瓷器的窑场，它适应了东南亚、欧洲等地的市场需求，其青花、五彩瓷器明显受到景德镇民窑的影响[90]，但窑炉技术、装烧方法则是独立发展起来的。

5. 彭城窑

河北磁州窑的中心窑场在元明之际逐渐由观台镇向彭城一带转移，明清时代范围有所收缩，而主要以彭城镇为烧造中心[91]，故又称“彭城窑”，有河泉窑、半壁街、下沿店、后寨窑等窑场[92]。

明代彭城窑烧造的瓷器品种较多，以黑釉、白釉、白地黑花瓷器为主，多为日常生活用器，如碗、盘、罐、坛、瓶、壶等，尤其是酒坛颇富特色[93]。白地黑花瓷器最具代表性，一般器型较大，胎体厚重，胎质较为粗糙，釉层较薄，色泛灰。彭城窑装饰方法多样，有白地黑花、釉上彩绘、贴花等；题材丰富，有瑞兽、花鸟、人物故事等，线条粗犷，自由洒脱，生活气息浓厚。此外，彭城窑瓷器还见有不少题诗题字的装饰[94]。清代逐渐衰落，主要烧造日常生活用器，以碗、盘、罐、瓶等为主。清代晚期彭城窑还烧造青花瓷器，器类以碗、盘、罐等较多见，青花色泽泛灰，花纹有花卉纹、人物纹、动物纹等。

彭城窑是在宋元磁州窑的基础上发展起来的，其窑炉仍然为馒头窑，使用匣钵装烧。它是明清时代北方地区具有代表性的一处民间窑场。

6. 陈炉窑

陕西耀州窑的中心窑场在明清时代转移到陈炉一带，故称为“陈炉窑”，其是耀州窑后期窑场中规模最大、范围最广、分布最密集的窑场。陈炉窑初创于金末元初，元代迅速发展，明清时期进入鼎盛期，清代晚期逐渐衰落[95]，是明清时代北方地区的重要窑场。

明代的陈炉窑以烧造黑釉、白釉、白地黑花瓷器为主，特别是白地黑花瓷器最具特色；也烧造青釉、酱釉、茶叶末釉瓷器，其中青釉泛黄褐色。器类以日常生活用器为主，碗、盘、碟为大宗，还有玉壶春瓶、罐、塔形罐、高足杯、盆等；还曾烧造孔雀蓝釉、黑釉和素三彩琉璃瓦等建筑构件。装饰以绘花为主，多是白地黑花，有的黑色泛褐；纹样有缠枝花卉、菊花、花鸟、动物、水波、文字等，粗犷洒脱。

清代陈炉窑沿袭了明代的白釉、黑釉、酱釉、茶叶末釉、白地黑花瓷器等，还烧造新的香黄釉瓷器和青花瓷器。器类仍以日常生活用器为主，有碗、盘、碟、罐、盒、灯、枕、缸、盆、坛、尊等，香黄釉瓷器还多见香炉、香筒、烛插、花瓶类的供器。装饰技法以绘花为主，多见白地黑花、白地褐花、青花等，有的二者兼用；纹样多为牡丹、莲荷、菊瓣、花鸟、缠枝花卉、山水、人物故事、文字等。香黄釉瓷器装饰多见划花，纹样有文字、花卉、花鸟等。

明清时代陈炉窑使用馒头窑烧造，装烧方法有匣钵装烧法、涩圈叠烧法等。

（三）制瓷工艺的新成就

明清时代的制瓷手工业有了新的发展，逐渐形成了以景德镇为中心的制瓷手工业生产格局。制瓷工艺取得了一系列新的成就，创制了一些新的瓷器品种，并出现了新的窑炉形制，烧成技术得以改进。

明清时代瓷器的胎料精细，制备更加完善，尤以景德镇窑和德化窑最为突出。景德镇窑瓷石加高岭土的二元配方法比较成熟，胎的白度极高，SiO_2 含量趋于降低，而 Al_2O_3 则有所增加[96]，提高了瓷器的烧成温度，且稳定性好。德化白瓷的胎料属于较纯的 SiO_2—Al_2O_3—K_2O 系统的石英、绢云母质瓷，其中 Fe_2O_3 的含量非常低，而 K_2O 含量较高[97]，这使得德化窑白瓷胎质极为细腻，色呈纯白，其烧成温度在 1250℃—1280℃之间。

石灰碱釉的稳定性进一步提高，使得釉面光洁、莹润。白釉进一步发展，便于表现各类釉彩装饰的艺术效果。景德镇御窑明永乐时期烧制出“甜白釉”[98]，德化窑烧制出乳白釉，即“象牙白”[99]，釉层均匀，釉面滋润。高温铜红釉十分成熟，如景德镇御窑明永乐、宣德时期的“祭红”，清康熙时期的“郎窑红”、“豇豆红”，特色鲜明。

明清时代的彩绘装饰技法获得很大的发展，由此产生了一大批新的瓷器品种。釉下彩绘装饰中，青花瓷器发展迅速，是这一时期瓷器的主流产品，深受国内外人们的广泛喜爱。青花的纹样内容丰富，层次清晰，有花卉、瑞兽、吉祥、人物、诗文等，并融入了文人画的风格和内容，流畅洒脱。釉上彩绘技法十分发达，创制了斗彩、五彩、粉彩、珐琅彩、广彩等彩瓷，争奇斗艳，色彩明艳，绚丽多姿。其制作精致，并出现了由宫廷画家在瓷器上作画的花纹，大大改观了仅由窑工绘制纹样的局面。其中，斗彩采用釉下青花、釉上彩绘相结合的方法，达到了优雅别致的效果；珐琅彩是用各种珐琅彩料绘制而成的一种新的釉上彩，富丽华贵，以清代康、雍、乾三朝最盛。而广彩瓷器则是根据外国人的需要，在广州施彩二次烘烧而成，花纹内容西洋风味十足。

值得一提的是，雕塑作为一种装饰技法，以德化窑白瓷雕塑成就最高，一般是使用圆雕的手法，题材丰富多样，有观音、达摩、文昌、关公、西洋人物等，制作细腻，线条流畅，神态逼真，具有很好的艺术效果。

明清时代在烧成技术方面有了较大发展。

南方地区龙窑的形制有了较大改进，并有了葫芦形窑、阶级窑、蛋形窑等，窑炉长度变短，较多地吸收了龙窑装烧量大、半倒焰式馒头窑易控制窑内温度、气氛的优点。窑炉形制的变化，主要表现在三个方面。第一，葫芦形窑逐渐成熟。景德镇在元代已经开始出现了葫芦形窑，明代有了较大发展，并做了相应的改进结构更加合理，长约 10 米左右，前室小、后室大，窑床前低后渐高。明初御器厂也使用了葫芦形窑炉。第二，蛋形窑的出现。大约在明末清初，景德镇开始出现，并逐渐流行，一直沿用至清代。蛋形窑因其外形似鸭蛋而得名，又被称为“镇窑”[100]，它由火膛、窑室、烟囱等部分组成。窑床倾斜度较小，窑室前端较高、较宽，空间大，后端空间较小，后端的烟囱高大，火焰呈半倒焰式流动，保证了烧成温度。第三，阶级窑有了新的发展。它是在分室龙窑的基础上发展而来，窑床砌成阶梯状，砌制隔墙，分成若干个小室，隔墙底端有烟火孔相通，每室顶部设投柴孔，宛如多个馒头窑连于一体，这与《天工开物》所记载的“连接为数十窑，皆一窑高一级”是一致的[101]。这类窑主要流行于福建地区，一直沿用至清代。大约在明代晚期，漳州地区出现了连房式横室阶级窑，如平和南胜花仔楼、五寨大垅、二垅窑址[102]、华安东溪窑（图三九）[103]，最大的特点是阶级窑中的每个小室加宽，可达8米左右，但进深变小，约3米左右。

在窑具和装烧方法方面，也发生了一些变化。普遍采用匣钵装烧法，流行筒形匣钵和M形匣钵，而漏斗形匣钵减少。间隔具多用瓷质垫饼、支钉，有的以稻壳、砂粒来间隔，而在器物上留下了稻壳或砂粒痕迹，这在德化窑、漳州窑中比较多见。御窑在匣钵内还使用了瓷质套钵，保证了御用瓷器的烧成质量。

此外，这时期比较常见瓷器二次烧成的工艺。釉上彩瓷器和低温单色釉瓷器往往都是二次烧成的，即第一次烧是将施上

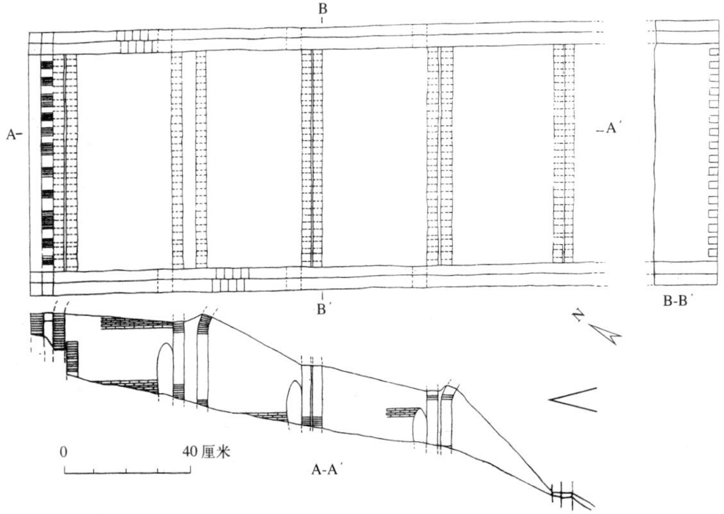

图三九　华安东溪窑阶级窑遗迹平、剖面图

（福建漳州华安东溪窑址，Y15；引自福建省博物馆《漳州窑》，福建人民出版社1997年版）

釉的坯件以高温焙烧；第二次烧是绘彩或施单色釉后以低温烘烧。第一次烧都是在瓷窑场完成。第二次烧一般也是在瓷窑场完成，少量的是在瓷窑场以外的地点进行，如清代珐琅彩是在清宫造办处珐琅作绘彩烘烧的，广彩是在广州的作坊绘彩烘烧的。

注　释

[1] 刘新园《景德镇珠山出土的明初与永乐官窑瓷器之研究》，《鸿禧文物》创刊号，1996 年。

[2] 沈岳明等《龙泉窑枫岩洞窑址考古发掘学术座谈会纪要》，《文物》2007 年第 5 期。

[3] 姜江来《江山古窑址调查》，《东方博物》2006 年第 3 期。

[4] 薛翘等《明代赣县瓷窑及其外销琉球产品的调查记略》，《江西历史文物》1983 年第 2 期。

[5] 王吉允《江西吉安地区唐至明代窑址调查》，《考古》1991 年第 11 期。

[6] 江西省文物工作队《江西萍乡南坑古窑调查》，《考古》1984 年第 3 期。

[7] 铅山县博物馆《江西铅山县发现几处古瓷窑址》，《考古》1986 年第 11 期。

[8] 陈柏泉《江西横峰、弋阳窑址调查》，《文物》1973 年第 2 期。

[9] 同 [8]。

[10] 陈定荣《江西靖安、奉新的古瓷窑》，《考古》1986 年第 4 期。

[11] 江西省文物管理委员会《乐平窑上华家瓷窑址调查记》，《文物》1964 年第 1 期；陈柏泉《江西乐平明代青花窑址调查》，《文物》1973 年第 3 期。

[12] 江西省文物工作队等《景德镇龙珠阁遗址发掘报告》，《考古学报》1989 年第 4 期；北京大学考古文博学院等《江西景德镇明清御窑遗址发掘简报》，《文物》2007 年第 5 期；江西省文物考古研究所等《景德镇湖田窑址——1988—1999 年考古发掘报告》，文物出版社 2007 年版。

[13] 周世荣《略谈湖南元明陶瓷》，《景德镇陶瓷》总第 26 期，1984 年增刊（《中国古陶瓷专辑》第二辑）。

[14] 湖南省文物管理委员会《湖南湘阴县乌龙嘴明代窑址调查记》，《考古通讯》1957 年第 3 期。

[15] 周世荣《湖南陶瓷》，紫禁城出版社 1988 年版。
[16] 湖南省文物考古研究所编《湖南古墓与古窑址》，岳麓书社 2004 年版。
[17] 同 [15]、[16]。
[18] 西北大学考古队等《重庆云阳县乔家院子遗址六朝及明代窑址的发掘》，《考古》2006 年第 5 期。
[19] 葛季芳等《云南玉溪古窑遗址调查》，《考古》1980 年第 3 期；苏伏涛《云南玉溪元末明初龙窑的发掘》，《考古》1987 年第 8 期。
[20] 葛季芳《云南建水窑的调查和分析》，《考古》1987 年第 1 期；张建农《云南省建水县碗窑村古窑址调查》，《考古》1991 年第 8 期。
[21] 李康颖《云南禄丰发现元明瓷窑》，《考古》1989 年第 9 期。
[22] 广西文物队《广西合浦上窑窑址发掘简报》，《考古》1986 年第 12 期。
[23] 申家仁《岭南陶瓷史》，广东高等教育出版社 2003 年版。
[24] 佛山市博物馆《广东石湾古窑址调查》，《考古》1978 年第 3 期。
[25] 何纪生等《广东饶平九村青花窑址调查记》，《中国古代窑址调查发掘报告集》，文物出版社 1984 年版。
[26] 钟绍益等《高州县"鬼窑"址调查发掘简报》，《景德镇陶瓷》总第 26 期，1984 增刊（《中国古陶瓷专辑》第二辑）。
[27] 曾广亿《广东瓷窑遗址考古概要》，《南方文物》1991 年第 4 期。
[28] 曾广亿《广东惠阳白马山古瓷窑调查记》，《考古》1962 年第 8 期。
[29] 曾广亿《广东博罗、揭阳、澄迈古瓷窑调查》，《文物》1965 年第 2 期。
[30] 同 [29]。
[31] 湛江市博物馆等《雷州窑瓷器》，岭南美术出版社 2003 年版。
[32] 区家发等《香港大埔碗窑青花瓷窑址——调查及研究》，香港区域市政局 1997 年版；香港文化博物馆《香港大埔碗窑青花瓷窑址——发掘及研究》，香港康乐及文化事务署 2000 年版。
[33] 曾凡《福建陶瓷考古概论》，福建省地图出版社 2001 年版。
[34] 傅宋良等《邵武四都青云窑址调查简报》，《福建文博》1988 年第 1 期。
[35] 建阳县文化馆《福建建阳古瓷窑址调查简报》，《考古》1984 年第 7 期。
[36] 同 [33]。
[37] 陈孝昭等《泰宁新桥窑址调查》，《福建文博》1991 年第 1、2 期。
[38] 李建军《福建三明地区陶瓷考古综述》，《福建文博》1995 年第 2 期。
[39] 陈建中《德化民窑青花》，文物出版社 1999 年版；福建博物院等《德化明代甲杯山窑址发掘简报》，《福建文博》2006 年第 2 期。

［40］同［33］。
［41］张仲淳《明清时期的福建安溪青花瓷器》，《考古》1989年第7期。
［42］杨小川《南安市篦点划花青瓷介述》，《福建文博》1996年第2期。
［43］陈鹏等《福建晋江磁灶古窑址》，《考古》1982年第5期。
［44］郑东等《厦门古代瓷业及其年代分期》，《福建文博》1999年增刊。
［45］福建省博物馆《福建漳浦县古窑址调查》，《考古》1987年第2期。
［46］福建省博物馆《漳州窑》，福建人民出版社1997年版。
［47］枣庄市文物管理站《山东枣庄古窑址调查》，《中国古代窑址调查发掘报告集》，文物出版社1984年版。
［48］郭学雷《明代磁州窑瓷器》，文物出版社2005年版。
［49］苗锡锦主编《钧瓷志》第二章《钧瓷史略》，河南人民出版社1999年版。
［50］叶麟趾《古今中外陶瓷汇编》，北平文奎堂1934年版。
［51］杨芝荣《孟家井瓷窑遗址》，《文物》1964年第9期。
［52］同［50］。
［53］陶富海《山西霍州市陈村瓷窑址的调查》，《考古》1992年第6期。
［54］薛东星等《陕西铜川陈炉地区瓷窑遗址考古调查的新发现》，《中国古陶瓷研究》第八辑，紫禁城出版社2002年版。
［55］中国社会科学院考古研究所《宁夏灵武窑发掘报告》，中国大百科全书出版社1995年版。
［56］同［1］。
［57］王光尧《清代御窑厂的建立与终结》，《故宫博物院院刊》2004年第2期。
［58］同［1］。
［59］中国硅酸盐学会《中国陶瓷史》第九章《明代的陶瓷》、第十章《清代的陶瓷》，文物出版社1982年版。
［60］梁淼泰《明清景德镇城市经济研究》（增订版），江西人民出版社2004年版。
［61］傅振伦、甄励《唐英瓷务年谱长编》，《景德镇陶瓷》1982年第2期。
［62］罗丽馨《明代景德镇御厂的生产形态》，《鸿喜文物》创刊号，1996年。
［63］赵宏《“官搭民烧”考》，《故宫博物院院刊》1996年第1期。
［64］权奎山《江西景德镇明清御器（窑）厂落选御用瓷器处理的考察》，《文物》2005年第5期。
［65］北京大学考古文博学院等《江西景德镇明清御窑遗址发掘简报》，《文物》2007年第5期。

[66] 主要发现于中国沿海和南中国海海域，如明末“万历号”沉船（Sten Sjostrand etc., The Wanli Shipwreck and its Ceramic Cargo, Department of Museums Malaysia, 2007）和清代康熙年间“碗礁一号”沉船（碗礁一号水下考古队编著《东海平潭碗礁一号出水瓷器》，科学出版社2006年版）。

[67] [明] 宋应星《天工开物》卷七，钟广言注释本，广东人民出版社1976年版。

[68] 刘新园等《景德镇湖田窑考察纪要》，《文物》1980年第11期。

[69] 吴海山《景德镇窑结构及其热工工艺》，《陶瓷研究》1999年第1期。

[70] 同 [2]。

[71] 朱伯谦《龙泉青瓷简史》，《龙泉青瓷研究》，文物出版社1989年版。

[72] 徐学琳《元明龙泉青瓷的若干问题》，《东方博物》2007年第2期。

[73] [清] 蓝浦《景德镇陶录》卷六，《中国陶瓷名著汇编》，中国书店1991年版。

[74] 王健华《故宫博物院藏明代龙泉青瓷掇英》，《故宫博物院院刊》1994第1期。

[75] 周仁、张福康等《龙泉历代青瓷烧制工艺的科学总结》，《考古学报》1973年第1期。

[76] 余家栋等《从江西出土龙泉釉青瓷看赣浙地区窑业的渊源关系》，《中国古陶瓷研究》第八辑，紫禁城出版社2002年版。

[77] 庄为玑《浙江龙泉与福建的土龙泉》，《中国考古学会第三次年会论文集》，文物出版社1984年版。

[78] 曾广亿《广东明代仿龙泉青瓷初探》，《广东省博物馆馆刊》创刊号，1988年。

[79] 周华等《广西沿海古瓷窑的新发现》，《中国古陶瓷研究》第十辑，紫禁城出版社2002年版。

[80] 同 [65]。

[81] 德化县文物志编委会《德化县文物志》，德化县文物管理委员会编印，1996年。

[82] (英) 唐·纳利著，吴龙清等译《中国白——福建德化瓷》，福建美术出版社2006年版；林忠干《论“中国白”——明清德化瓷器》，《东南文化》1993年第5期。

[83] 陈建中《德化民窑青花》，文物出版社1999年版；傅宋良等《论德化青花

瓷的产生与发展》，《福建文博》1996 年第 2 期。

[84] 福建省博物馆《漳州窑》，福建人民出版社 1997 年版；栗建安《明清间“漳州窑”的考古新发现》，《东南考古研究》第一辑，厦门大学出版社 1996 年版。

[85] 福建省博物馆等《福建平和县南胜、五寨古窑址 1993 年度调查简报》，《福建文博》1995 年第 1 期；福建博物馆《平和五寨洞口窑址的发掘》，《福建文博》1998 年增刊。

[86] 栗建安《东溪窑调查纪略》，《福建文博》1993 年第 1、2 期；福建省博物馆等《华安东溪窑 1999 年度调查》，《福建文博》2001 年第 2 期。

[87] 茶道资料馆《交趾香盒——福建省出土文物与日本的传世品》，京都茶道资料馆 1998 年版。

[88] 吴其生《中国古陶瓷标本·福建漳窑》，岭南美术出版社 2002 年版。

[89] 栗建安《明清福建漳州地区的窑业技术》，《福建文博》1999 年增刊；熊海堂《东亚窑业技术发展与交流史研究》第三章第六节，南京大学出版社 1995 年版。

[90] 薛翘等《明末清初景德镇陶瓷外销路线的变迁与福建平和县窑址的发现》，《福建文博》1995 年第 1、2 期。

[91] 郭学雷《明代磁州窑瓷器》，文物出版社 2005 年版；张子英等《磁州窑》，天津人民出版社 2003 年版。

[92] 刘志国《明代磁州窑艺术》（上、下），《陶瓷科学与艺术》2007 年第 2、3 期。

[93] 郝良真《磁州窑白地黑绘花酒坛及相关问题探析》，《文物春秋》2002 年第 5 期。

[94] 陈瑞青等《磁州窑酒坛铭文研究》，《文物春秋》2006 年第 5 期。

[95] 耀州窑博物馆编《陈炉耀州瓷精萃》，文物出版社 2007 年版。

[96] 周仁、李家治《景德镇历代瓷器胎、釉和烧制工艺的研究》，《硅酸盐》1960 年第 4 卷第 2 期。

[97] 郭演仪等《历代德化白瓷的研究》，中国科学院上海硅酸盐研究所编《中国古陶瓷研究》，科学出版社 1987 年版。

[98] 周仁等《景德镇历代瓷器胎、釉和烧制工艺的研究》，《硅酸盐》1960 年第 4 卷第 2 期。

[99] 同 [97]。

[100] 周仁等《景德镇瓷器的研究》，科学出版社 1958 年版。

[101] 同 [67]。
[102] 福建省博物馆《漳州窑》，福建人民出版社 1997 年版。
[103] 栗建安《东溪窑调查纪略》，《福建文博》1993 年第 1、2 期。

九 瓷器的外销与制瓷技术交流

中国古代海上交通发达，航海技术进步，与国外尤其是亚非地区之间的交往频繁，特别是唐代以来海外贸易逐渐繁荣。中国古代的瓷器，不仅受到国内人们的普遍喜爱和广泛使用，同时也受到了外国人的欢迎，是海外贸易中十分重要的输出商品。国外发现的中国古代瓷器，大体可以分为两类：一类是非商品类瓷器，如赏赐品、礼品等；另一类则是作为商品对外销售的瓷器，数量很大，这类一般称之为“外销瓷”或“贸易陶瓷”[1]，下文所说即是这类瓷器。

早在汉晋时期，中国的瓷器在国外就有使用，如朝鲜半岛、日本、东南亚一些地区等，已有少量流传[2]。到了唐代以后，特别是晚唐、五代时期，瓷器开始大批销往国外一些地区，特别是东北亚的日本、朝鲜半岛，东南亚各地区，远至西亚、非洲东海岸等地区。宋元时期，掀起了中国瓷器外销新的高潮，特别是华南沿海地区出现了一批以国外市场为主的窑场，尤其是南宋、元代，以名窑为主体的各大窑场各类瓷器大量输往东北亚、东南亚、西亚、非洲等地。明清时期，特别是明末清初阶段，江西景德镇、福建、广东等地瓷器继续行销海外地区。

在此基础上，逐渐形成了与北方陆路贸易的“丝绸之路”相对应的海上贸易路线。主要有二条，一条由明州等地向北航行，到达朝鲜半岛、日本等地；一条由泉州、广州等地向南航行，至东南亚南海诸国，再至南亚、西亚、非洲东海岸，直至欧洲、美洲等地。这便是中国古代陶瓷的外销路线，即“陶瓷之路”[3]。

在瓷器外销的过程中，国外市场的需求不仅刺激了中国制瓷手工业的发展，而且不少瓷器也吸收了一些外来因素，包括瓷器的品种、器类等。同时，中国的制瓷技术对国外地区也产生了重要影响，如日本、朝鲜半岛制瓷手工业的发展和公元18世纪欧洲瓷器的烧制成功。

（一）唐五代时期

唐代早期瓷器的对外输出，多是通过陆路进行，一条经由汉唐时期的“丝绸之路”，向西至中亚、西亚等地；一条则是经东北至朝鲜半岛，再浮海到日本。因瓷器易碎，陆路运输比较困难，故数量不多。随着航海技术的发展和海外贸易的扩展，晚唐时期已主要依靠海路对外输出，由当时的主要港口扬州、广州、明州等地出发，销往东南亚、西亚和朝鲜半岛、日本等地。由于船舶装载量较大，瓷器外销的数量激增[4]。

唐五代时期的外销瓷器主要发现于日本、朝鲜半岛、东南亚各国、西亚、非洲等地，日本的福冈太宰府鸿胪馆遗址[5]、博多遗址群[6]、京都府长冈京遗址[7]、平安京遗址与奈良平城京遗址[8]，朝鲜半岛的海州龙梅岛[9]，东南亚的沙捞越地区[10]，西亚的伊拉克萨玛拉（Samara）、伊朗西拉夫（Siraf）[11]、非洲埃及福斯塔特（Fostat）[12]等遗址均有大量中国瓷器出土。此外，印度尼西亚勿里洞海域“黑石号”沉船[13]、印坦沉船[14]、爪哇海域井里汶10世纪沉船[15]也打捞出水了大批中国瓷器，处于贸易航线上的西沙群岛也有发现[16]。

这些地区发现的中国外销瓷器，以浙江越窑的青瓷[17]、河北邢窑和定窑的白瓷、河南巩县窑瓷器、湖南长沙窑瓷器[18]等为主，还有福建福州怀安窑[19]、广东地区[20]所产的一些瓷器。越窑青瓷多为日常生活用器，器类有碗、盘、唾盂、罐、盒、执壶、盆等，以碗、盘居多。白釉瓷器的外销主要是河北的邢窑、定窑产品，器类有碗、盘、杯、执壶、唾盂等，以碗居多。唐代晚期长沙窑瓷器大量行销海外，其与越窑、邢窑、定窑等瓷器不同的是，它为适应海外市场的需要，造型和装饰方法方面吸收了不少西亚的风格。器物以青釉瓷器为主，器型以执壶、双系或四系罐数量最多。此外，印度尼西亚“黑石号”沉船曾出土3件完整的唐代青花瓷盘（图四〇），十分珍贵。

随着唐五代时期中国瓷器的外销，商人不仅将大批的瓷器输往国外各地，而且也促进了制瓷技术的交流。一方面，一些

图四〇　印度尼西亚海域“黑石号”沉船出水青花瓷盘

瓷器风格受到海外因素的影响，如长沙窑一些器物的装饰风格和图案，唐青花瓷器及青花菱形花草纹图案等，受到了伊斯兰风格的影响[21]。而一部分瓷器的器物造型也模仿自中亚、西亚一带的陶器、金银器[22]。另一方面，中国的制瓷技术这一时期开始流传到国外。公元10世纪初的五代时期，朝鲜半岛从中国引进了龙窑技术，并开始烧造青瓷，其窑址集中于朝鲜西南部的京畿道仁川、全罗南道高兴郡[23]、全罗北道高敞郡等地[24]。

（二）宋元时期

宋元时期的海外贸易十分活跃，瓷器成为对外输出的重要商品之一[25]。据《萍洲可谈》记载："舶船深阔各数十丈……货多陶器，大小相套，无少隙地。"[26]随着海外贸易的发展，瓷器的外销和制瓷技术交流也达到了新的高峰[27]。古代文献中对此已有相当详尽的记述，最为集中的是南宋赵汝适的《诸蕃志》[28]和元代汪大渊的《岛夷志略》[29]。赵汝适曾任福建路市舶提举，记述了当时海外各国概况，其中提到了番商以瓷器"博易"的有占城、真腊、三佛齐等十多个国家或地区，分属今越南、柬埔寨、马来西亚、印度尼西亚、菲律宾、印度、坦桑尼亚等国家[30]，提到了"青瓷器"、"青白瓷"、"白瓷器"三个品种。汪大渊则曾两次浮海南洋，根据见闻记述成书，其中提及作为"贸易之货用"的瓷器有琉球、三岛、无枝拔、占城、丹马令、日丽、麻里噜等50多个地区，分属今日本、菲律宾、马来西亚、印度尼西亚、越南、泰国、孟加拉、印度、伊朗等国家和地区[31]，涉及的瓷器品种有

“青白花”、“青白”、“青磁器”、“青器”等，有的还具体到窑口如“处州磁器”，有的则谈到器类如盘、碗、壶、瓶等，为我们留下了十分宝贵的瓷器外销资料。

这一时期，不仅国外发现中国瓷器的地区扩大[32]，遍及日本[33]、朝鲜半岛[34]、东南亚[35]、南亚[36]、西亚[37]、非洲东海岸[38]各地，而且数量众多，品种丰富，规模远远超过了唐五代时期。此外，在当时的航线上，还发现了一批宋元时代的沉船遗迹，其中具代表性的沉船有西沙华光礁1号沉船[39]、广东南海1号沉船[40]、福建连江定海沉船[41]、韩国新安元代沉船[42]等。

通过国外遗址以及沉船的考古发现可知，这一时期外销的瓷器不仅有磁州窑、定窑、越窑、龙泉窑[43]、景德镇窑、赣州窑[44]、吉州窑、建窑等各大名窑产品，而且还有华南沿海地区和港口附近窑场的产品，如泉州德化窑、南安窑、磁灶窑[45]、广州西村窑等，这些窑场多是仿烧名窑瓷器，并在此基础上逐渐形成了一个外向型的制瓷手工业生产体系[46]。外销瓷器的品种以青釉和青白釉瓷器为主，也有不少黑釉、白地黑花、酱釉、白釉瓷器等，元代则还有青花瓷器。器类大体可以分为两类：一类普通日常生活用器，主要有碗、盘、碟、盒（图四一）、执壶、罐、瓶等；一类是国内极少使用或专门用于满足海外市场需要的器物，如军持[47]、小口瓶[48]、小罐、大罐等，而元代后期的青花瓷器，特别是一些器型较大、花纹复杂的罐、大盘、大碗等，多见于中东伊斯兰地区。

瓷器的输出，往往伴随着制瓷技术的交流，宋元时期尤为明显。瓷器的风格，一方面受到外来因素的影响，器型、器类、纹饰等均有体现，包括青花瓷器、华南沿海窑场的个别器

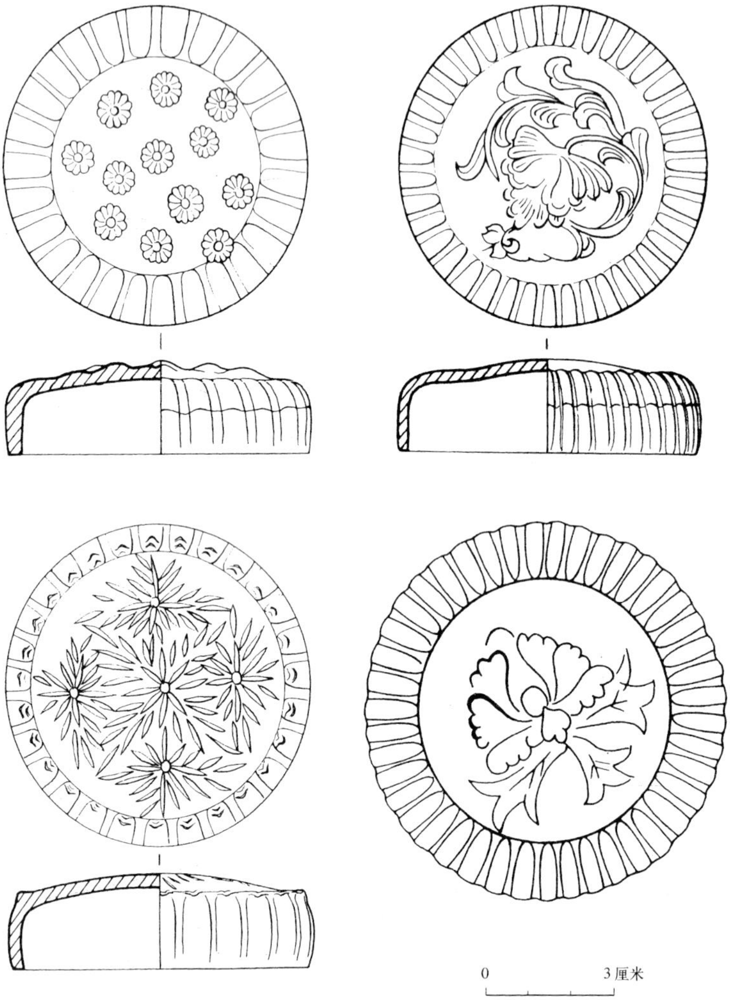

图四一　西沙华光礁1号沉船出水青白釉瓷盒

（引自中国国家博物馆水下考古研究中心等《西沙水下考古（1998—1999）》，科学出版社2006年版）

类等。另一方面，宋元瓷器对国外瓷器又有着一定的影响，如“大概相类”于“越州古秘色、汝州新窑器”[49]的高丽青瓷，包括镶嵌青瓷[50]。

朝鲜半岛在公元10世纪初引入青瓷和龙窑、M形匣钵等技术之后，烧制出了质量较高的瓷器，其窑炉仍采用龙窑，多是平焰式斜坡状龙窑，如全罗南道康津郡大口面桂栗里窑[51]、龙云里窑[52]等。其后，大概在南宋末至元初，约公元13世纪左右，分室龙窑由华南沿海地区传至朝鲜半岛，如全罗北道扶安郡山内里镇西里窑[53]，这与福建德化屈斗宫窑址有着密切关系。

（三）明清时期

明清时期，海外贸易制度发生较大变化[54]。明初郑和船队七下西洋，是古代航海史的创举，其后因沿海局势不稳，而采取闭关政策，至明代后期开放海禁[55]，东印度公司等欧洲商船频繁来华贸易[56]，使得明末清初成为这一阶段海外贸易最为活跃的时期，清代中期以后，逐渐衰落。这一阶段瓷器的外销也是随着贸易制度的变化而兴衰的。明代前期瓷器的对外输出，虽实行海禁，但东南沿海的走私贸易一直不断[57]。明代后期至清代中期，欧洲商船竞相来华贸易，而瓷器是其重要采购商品之一，是中国瓷器外销新的发展阶段[58]，并且出现了一些新的销售形式和瓷器类别，如定烧、纹章瓷等。

这时期瓷器外销的区域进一步扩大，有东北亚的日本、朝鲜半岛，东南亚的越南[59]、泰国[60]、菲律宾、印度尼西亚[61]、马来西亚[62]、文莱等[63]，西亚的伊拉克、伊朗等[64]，非洲埃及[65]、坦桑尼亚[66]、肯尼亚等[67]。最为突出的是，明清时期的瓷器开始大量销往欧洲各国，甚至美国[68]。瓷器已成为东印度公司来华贸易的重要物品之一。这在东印度公司大量的文献档案中均有记录[69]，瓷器的使用已经遍及欧洲各地。20世纪70年代以来，随着水下考古在亚洲地区的开展，特别是南中国海海域，发现了一批明清时代的沉船，打捞出水了大量的中国瓷器，如明代的泰国帕塔亚海域西昌岛一号、二号沉船[70]，巴拉望岛海域“皇家舰长号”、“皇家舰长暗沙”二号明代沉船[71]，公元1600年沉没于吕宋岛好运岛海域的西班牙战舰“圣迭戈号”[72]，公元1613年沉没于非洲西部圣赫勒拿岛海域的“白狮号”沉船[73]，马来西亚海域万历号沉船[74]，印度尼西亚海域“中国帆船”号沉船[75]；清代沉船有越南南部昆仑岛海域沉船[76]，清代中期中国福建平潭海域的“碗礁一号”沉船（图四二）[77]，公元1752年沉没于印度尼西亚海域的荷兰东印度公司“吉特摩森”号商船[78]，公元1822年沉没于南海的“泰兴号”沉船[79]等等。

从国外一些地区及沉船中发现的明清时代瓷器，可知这时期瓷器的外销以景德镇民窑、漳州窑、德化窑产品为主，青花瓷器为大宗，五彩瓷器和德化窑白釉瓷器也较为多见。青花、五彩瓷器多是日常生活用器，有碗、盘、碟、壶、瓶等，一般用作餐具、茶具、咖啡具等，多成套使用。器型较大的罐、瓶等较多，往往用于盛储或者摆设。其中有一类青花瓷器，装饰为多开光图案，绘制山水、花卉、果实、人物纹等，器类有盘、碗、瓶等，以盘最为典型，其在国内很少使用，而大量输往欧洲。这类瓷器，因葡萄牙商船“克拉克号”装载，欧洲人

图四二　福建平潭碗礁1号沉船出水青花瓷罐

不明其产地，而称之为“克拉克瓷”。五彩瓷器以红、蓝、绿、黄等色绘制图案，色彩明快艳丽。有的白瓷在景德镇烧制，至广州上彩烘烧，制成彩瓷，即“广彩”，图案多西洋题材。德化窑白釉瓷器的对外输出也颇具规模，欧洲人称之为“中国白”（Blanc de Chine）[80]，胎质细腻，色白莹润，器类有盒、碗、盘、杯、塑像等，还有不少是西洋人物的雕像，生动逼真。

这一时期，出现了国外定烧的瓷器。据《景德镇陶录》记载："洋器，专售外洋者，商多粤东人，贩去与洋鬼子互市。式多奇巧，岁无定样。"[81]这类瓷器多是餐具和咖啡具，式样不一，样式均有详细说明。还有定制带有徽章的瓷器，即"纹章瓷"[82]，种类多样，颇有特色。

明清时期制瓷技术的交流，可以通过两个方面来说明。一方面，大量吸收外来因素，尤其是定烧的瓷器，融入了西洋风格的造型、图案等，促进了中外文化交流[83]。另一方面，制瓷技术进一步影响朝鲜半岛，并传入了日本、欧洲各地。朝鲜半岛李朝时代（公元1392—1910年）受到明清制瓷手工业的影响，白瓷得到迅速发展，并且烧造了青花瓷器、铁锈花瓷器等品种；窑炉技术方面进一步发展了分室龙窑，如忠清南道公州郡反浦面鹤峰里窑[84]、鸡笼山窑[85]，并从福建漳州地区引入了阶级窑，逐渐发展为横室连房式阶级窑，使用了伞状支烧具，如京畿道丽州郡今五里窑[86]。日本于公元16世纪后半期出现了分室龙窑，如岐阜县土岐市泉町定林寺窑[87]；公元16世纪末、公元17世纪初，引入了连房式横室阶级窑，如长崎县大村市阴平町土井浦窑、佐贺县西松浦郡有田町原明窑[88]、上白川区天狗谷窑[89]等，这些窑炉的形制与装烧方法与福建漳州窑、华安东溪窑等华南沿海地区的连房式横室阶级窑基本一致[90]；还烧制成功了青花、五彩瓷器，日本称为"染付"、"赤绘"，多仿自景德镇青花、五彩瓷器，在欧洲市场上与中国瓷器相竞争。这一时期，欧洲一些国家烧制了仿中国样式的陶器，如荷兰代尔夫特陶器等。更为重要的是，经过多次反复试验，德国的伯特格尔利用优质高岭土于公元1709年烧制出欧洲第一件白釉瓷器，公元1710年建立新的迈森瓷厂，烧制白瓷和彩绘瓷器，轰动了整个欧洲。公元18世纪，法国瓷器迅速发展，以巴黎郊区的塞佛雷斯瓷器为代表。此外，公元18世纪英国的威基伍德烧制的奶色陶瓷也风靡一时。毫无疑问，欧洲瓷器的烧制成功，受到了明清时期中国瓷器的影响，这也是中国古代制瓷手工业对世界文明的重大贡献。

由于清政府采取了保守的闭关锁国政策，加之日本瓷器在国际市场的竞争，清代中期以后，随着德国、法国等欧洲瓷器的烧制成功，中国瓷器的外销逐渐减少。

注　释

[1] 冯先铭《中国古代瓷器的外销》，《海交史研究》1980年总第2期；（日）阪井隆夫《遺品に基づく：贸易古陶磁史概要》，京都株式会社京都书院1989年版。

[2] 唐星煌《汉唐陶瓷的传出和外销》，《东南考古研究》第一辑，厦门大学出版社1996年版。

[3] "陶瓷之路"是指中国古代陶瓷海外贸易的路线，首先由日本学者三上次男于20世纪60年代提出，参看（日）三上次男著，李锡经等译《陶瓷之路》，文物出版社1984年版。

[4] 苏垂昌《唐五代中国古陶瓷的输出》，《厦门大学学报》（哲学社会科学版）1986年第2期。

[5]（日）福冈市教育委员会《アジアとの交流——鸿胪馆迹出土贸易陶磁》，1990年。

[6]（日）福冈市教育委员会《博多Ⅱ》，《福冈市埋藏文化财调查报告书》第84集，1982年。

[7]（日）京都府教育委员会《埋藏文化财发掘调查概报》，1976年；（日）京都市埋藏文化研究所《京都市埋藏文化财调查概要》，1978年。

8]（日）橿原考古学研究所附属博物馆编《贸易陶磁——奈良・平安の中国陶磁》，临川书店1993年版。

[9] 同 [2]。

[10] 苏来曼著，傅振伦译《东南亚出土的中国外销瓷器》，载《中国古外销陶瓷研究资料》第一辑，1981 年。

[11] 欧志培《中国古代陶瓷在西亚》，《文物资料丛刊》第 2 辑，文物出版社 1978 年版；（日）三上次男著，魏鸿文译《伊朗发现的长沙铜官窑瓷与越州窑青瓷》，载《中国古外销陶瓷研究资料》第三辑，1983 年。

[12] 秦大树《埃及福斯塔特遗址中发现的中国陶瓷》，《海交史研究》1995 年第 1 期。

[13] 谢明良《记黑石号（Batu Hitam）沉船中的中国陶瓷器》，《美术史研究集刊》第 13 期，台湾大学美术史研究所发行，2002 年。

[14] Michael Flecker, *The Archaeological Excavation of the Tenth Century Intan Shipwreck, Java Sea, Indonesia*, Oxford: BAR International Series 1047, 2002.

[15] （印度尼西亚）Adi Agung Tirtamarta《井里汶海底十世纪沉船打捞纪实》，《故宫博物院院刊》2007 年第 6 期。

[16] 广东省博物馆《广东省西沙群岛文物调查简报》，《文物》1974 年第 10 期；广东省博物馆等《广东省西沙群岛第二次文物调查简报》，《文物》1976 年第 9 期。

[17] 董忠耿《论唐宋时期越窑青瓷的对外输出》，《南方文物》1994 年第 4 期。

[18] 李知宴《论越窑和铜官窑瓷器的发展和外销》，《考古与文物》1982 年第 4 期。

[19] 福建省博物馆、日本博多研究会《福州怀安窑贸易研究》，《福建文博》1999 年第 2 期。

[20] 杨少祥《广东唐至宋代陶瓷对外贸易述略》，《广东唐宋窑址出土陶瓷》，香港大学冯平山博物馆 1985 年版。

[21] 马文宽《长沙窑装饰艺术中的某些伊斯兰风格》，《文物》1993 年第 5 期；马文宽《唐青花瓷研究》，《考古》1997 年第 1 期。

[22] 张东《唐代金银器对陶瓷造型影响问题的再思考》，《上海博物馆集刊》第八期，上海书画出版社 2000 年版。

[23] （日）后藤茂树监修《世界陶磁全集 18 · 高丽》，东京小学馆 1978 年版。

[24] 熊海堂《东亚窑业技术发展与交流史研究》第六章第六节，南京大学出版社 1995 年版。

[25] 陈高华等《宋元时期的海外贸易》，天津人民出版社 1981 年版。

[26]［宋］朱彧《萍洲可谈》卷二，李伟国点校本，中华书局2007年版。
[27] 李知宴《十二至十四世纪中国瓷器的发展和外销》,《中国历史博物馆馆刊》1992年总第17期;（日）三上次男著，杨琮译《13—14世纪中国陶瓷的贸易圈》,《东南文化》1990年第3期。
[28]［宋］赵汝适《诸蕃志》，杨博文校释本，中华书局2000年版。
[29]［元］汪大渊《岛夷志略》，苏继庼校释本，中华书局1981年版。
[30] 冯先铭《元以前我国瓷器销行亚洲的考察》,《文物》1981年第6期。
[31] 中国硅酸盐学会《中国陶瓷史》第八章第四节，文物出版社1982年版。
[32] 叶文程《试论中国古外销陶瓷的国家和地区》,《福建文博》1989年第1、2期。
[33]（日）长谷部乐尔、今井敦《日本出土の中国陶磁》,《中国の陶磁》第12卷，东京平凡社1995年版；苌岚《7—14世纪中日文化交流的考古学研究》，中国社会科学出版社2001年版。
[34] 彭善国《宋元时期中国与朝鲜半岛的瓷器交流》,《中原文物》2001年第2期。
[35]（日）龟井明德《东南アジアの陶磁遗迹出土地名》（第一稿）,《贸易陶磁の研究》第9集，1989年；（日）青柳洋子著，梅文蓉译《东南亚发掘的中国外销瓷器》,《南方文物》2000年第2期；Sumarah Adhyatman, *Antique Ceramics found in Indonesia*, *Various Uses and Origins*, Second Edition (First Published 1981), Jakarta, Ceramic Society of Indonesia, 1990。
[36]（日）三上次男著，奚国胜译《斯里兰卡发现中国瓷器和伊斯兰国家陶瓷——斯里兰卡出土的中国瓷器调查纪实》,《江西历史文物》1986年第1期。
[37] 欧志培《中国古代陶瓷在西亚》,《文物资料丛刊》第2辑，文物出版社1978年版。
[38] 马文宽等《中国古瓷在非洲的发现》，紫禁城出版社1987年版。
[39] 中国国家博物馆水下考古研究中心等《西沙水下考古（1998—1999)》，科学出版社2006年版。
[40] 张威《南海沉船的发现与预备调查》,《福建文博》1997年第2期。
[41] 中澳合作水下考古专业人员培训班定海调查发掘队《中国福建连江定海1990年度调查、试掘报告》,《中国历史博物馆馆刊》1992年总第18、19期。
[42]（韩）韩国文化公报部文化财管理局《新安海底遗物》（综合篇），高丽书

籍株式会社 1988 年版。

[43] 叶文程等《宋元时期龙泉青瓷的外销及其有关问题的探讨》,《海交史研究》1987 年第 2 期。

[44] 薛翘《宋元时期外销日本的赣州陶瓷》,《江西历史文物》1981 年第 4 期。

[45] 栗建安《从水下考古的发现看福建古代瓷器的外销》,《海交史研究》2001 年第 1 期;孟原召《宋元时期泉州沿海地区瓷器的外销》,《边疆考古研究》第 5 辑,科学出版社 2006 年版。

[46] 苏基朗《两宋闽南、广东、浙东外贸瓷产业空间模式的一个比较分析》,《江南城市工业化与地方文化(960—1850)》,清华大学出版社 2004 年版。

[47] “军持”的生产中以福建窑场居多,类型多样,时间也较长,宋、元、明、清均有烧造。可参看:李知宴等《关于军持的几个问题》,《古陶瓷研究》第一辑,1982 年;L. Katherine Lane, Chinese Kendi Produced for the South East Asian Market(《为东南亚市场生产的中国军持器皿》),《古陶瓷科学技术 5——2002 年国际讨论会论文集(ISAC'02)》,上海科学技术文献出版社 2002 年版。

[48] 陈信雄《曾竹山陶瓶——最具代表性的澎湖宋元陶瓷》,《宋元海外发展史研究》,台南甲乙出版社 1992 年版。

[49] [宋] 徐兢《宣和奉使高丽图经》卷三十二,《丛书集成初编》第 3236—3239 册,上海商务印书馆 1937 年版。

[50] 秦大树《中国古代瓷器镶嵌工艺与高丽镶嵌青瓷》,《宿白先生八秩华诞纪念文集》,文物出版社 2002 年版。

[51] (日)野守健《高丽陶磁の研究》,东京国书刊行会 1972 年版。

[52] (韩)国立中央博物馆《康津龙云里青磁窑址发掘调查报告书》,汉城国立中央博物馆印行,1997 年。

[53] 熊海堂《东亚窑业技术发展与交流史研究》第六章,南京大学出版社 1995 年版。

[54] 徐明德《论明清时期的对外交流与边治》,浙江大学出版社 2006 年版。

[55] 晁中辰《明代海禁与海外贸易》,人民出版社 2005 年版。

[56] (美)马士著,区宗华译《东印度公司对华贸易编年史(1635—1834)》,中山大学出版社 1991 年版。

[57] 林仁川《明末清初私人海上贸易》,华东师范大学出版社 1987 年版。

[58] 陈万里《再谈明清两代我国瓷器的输出》,《文物》1964 年第 10 期。

[59] (日)菊池诚一《越南中部会安出土的陶瓷器》,《福建文博》1999 年增刊。

[60] Bhujjong Chandavij 著，李培俊译《中国陶瓷在泰国》，《中国古陶瓷研究——'82 第一届中国古代陶瓷科学技术国际讨论会论文集》，科学出版社 1987 年版。

[61] Sumarah Adhyatman, *Antique Ceramics found in Indonesia, Various Uses and Origins*, Second Edition (First Published 1981), Jakarta, Ceramic Society of Indonesia, 1990。

[62] Othman B. M. Yatim 著，李培俊译《马来西亚发现的商业陶瓷》，《中国古陶瓷研究——'82 第一届中国古代陶瓷科学技术国际讨论会论文集》，科学出版社 1987 年版。

[63] 韩槐准《南洋遗留的中国古外销陶瓷》，新加坡青年书局 1960 年版。

[64] 同 [37]。

[65]（日）金泽阳《埃及出土的漳州窑瓷器——兼论漳州窑瓷器在西亚的传播》，《福建文博》1999 年增刊。

[66]（日）铃木重治等《坦桑尼亚出土的中国陶瓷器》，《考古与文物》1992 年第 1 期。

[67] 菲利司著，叶文程译《东非海岸发现的中国瓷器》，《中国古外销陶瓷研究资料》第三辑，1983 年。

[68]（美）卡麦尔·阿拉—奥格鲁著，郝镇华译《美国佛罗里达州文化遗址出土的中国明末清初瓷器碎片》，（美）奎尔马兹著，郝镇华译《从北美太平洋沿岸遗址发掘的中国瓷器》，《中国古外销陶瓷研究资料》第三辑，1983 年。

[69] T. Volker, Porcelain and the Dutch East India Company (1602 - 1682), Leiden, Holland: Rijksmuseum voor Volkenkunde, 1954.

[70] Jeremy Green etc., *The excavation of the Pattaya wreck site and survey of three other sites, Thailand*, Australian Institute for Maritime Archaeology Special Publication No. 1, 1983; Jeremy Green etc., *The Kosichang one shipwreck excavation 1983 - 1985, A progress report*, IJNA, 1986, vol. 15 (2).

[71] Franck Goddio, Discovery and Archaeological excavation of a 16th century trading vessel in the Philippines, World Wide First, 1988.

[72] Cynthia Ongpin Valdes etc., Saga of the San Diego (AD1600), National Museum, Inv. Philippines, 1993; Franck Goddio, Treasures of the San Diego, Paris, 1996;（日）森村健一著，曹建南译《菲律宾圣迭戈号沉船中的陶瓷》，《福建文博》1997 年第 2 期。

[73] C. L. van der pijl - Ketel, ed., The Ceramic Load of the 'Witte Leeuw' (1613), Amsterdam, Rijksmuseum, 1982.

[74] Sten Sjostrand etc., The Wanli Shipwreck and its Ceramic Cargo, Department of Museums Malaysia, 2007.

[75] Colin Sheaf & Richard Kilburn, The Hatcher Porcelain Cargoes: The Complete Record, Phaidon - Christies, Oxford, 1988; Hugh Edwards & Michael Hatcher, Treasures of Deep, The Extraordinary Life and Times of Captain Mike Hatcher, Australia, Harper Collins, 2000.

[76] Michael Flecker, *Excavation of an oriental vessel of c.* 1690 *off Con Dao*, *Vietnam*, IJNA, 1992, vol. 21 (3).

[77] 碗礁一号水下考古队编著《东海平潭碗礁一号出水瓷器》，科学出版社 2006 年版。

[78] Antony Thorncroft, The Nanking Cargo, Hamish Hamilton, London, 1987; 黄时鉴《从海底射出的中国瓷器之光——哈契尔的两次沉船打捞业绩》，《中西交流论集》，上海文艺出版社 1998 年版。

[79] Nagel Auctions, Tek Sing Treasures, Stuttgart, 2000 ；郑炯鑫《从"泰兴号"沉船看清代德化青花瓷器的生产与外销》，《文博》2001 年第 6 期。

[80]（英）唐·纳利著，吴龙清等译《中国白——福建德化瓷》，福建美术出版社 2006 年版。

[81]［清］蓝浦《景德镇陶录》卷二，《中国陶瓷名著汇编》，中国书店 1991 年版。

[82] David Sanctuary Howard, Chinese Armorial Porcelain, Faber and Faber, London, 1974.

[83] 朱培初《明清陶瓷和世界文化的交流》，轻工业出版社 1984 年版。

[84]（韩）姜敬淑《韩国陶磁史》，汉城一志社 1989 年版。

[85]（日）野守健《鸡笼山麓窑址调查报告》，日占期间朝鲜总督府发行，1925 年。

[86] 同［24］。

[87] 熊海堂《东亚窑业技术发展史与交流史研究》第七章第三节，南京大学出版社 1995 年版。

[88]（日）西有田町教育委员会《原明古窑迹》，佐贺县西有田町教育委员会 1981 年版。

[89]（日）三上次男《有田天狗谷窑调查报告》，东京中央公论美术出版社 1972

年版。
[90] 熊海堂《东亚窑业技术发展与交流史研究》第六章第七节，南京大学出版社 1995 年版。

十 结束语

陶瓷手工业是中国古代手工业的一个重要门类，它与人们的生活密切相关，其产品历来是人们尤其是普通百姓的主要生活用器，可以说是家喻户晓，在古代的手工业品中占有重要的地位。因此，早在清代乾隆年间朱琰就对中国陶瓷发展史做过总结，写成《陶说》一书。然而，由于古代文献中对陶瓷手工业及其产品的记载很少，清代以前几乎没有专著，明代以前的记录大多都很简略和零散；再加上古代陶瓷器流传下来的实物资料数量不多，且集中于明清时期。资料的严重缺乏，很难写成一部全面、系统的陶瓷史，也很难开展深入研究。

早在20世纪初，陈万里等古代陶瓷研究者就觉察到了这个问题，于是他们从20世纪20年代后期开始对古代瓷窑遗址进行考古调查，旨在获取新的丰富的研究资料，开始了古代陶瓷研究的新纪元。

70多年来，经过几代学人的不懈努力，陶瓷文物考古发现与研究取得了令人瞩目的成果。首先是大体搞清楚了古代陶瓷窑址尤其是瓷窑址的分布情况和各地区、各时期陶瓷手工业的生产面貌；其次是了解了各地区、各陶瓷窑（各文化）、各时期陶瓷器的基本特点、制作工艺技术、使用对象等；第三是勾勒出了古代陶瓷手工业发展的基本情况。这些考古发现及其研究成果，基本建立起了中国陶瓷史的框架，为撰写一部全面、系统的中国陶瓷史奠定了坚实的基础，同时也为深入研究古代陶瓷提供了丰富的资料和借鉴。

20 世纪陶瓷文物考古发现与研究成绩斐然，其实这只是一个大的阶段性成果。之后，还有许多考古工作要做，例如，有的地区、有的陶瓷窑（或文化）特别是瓷窑的资料尚显不足或有明显的缺环，文献中记载的鼎州窑、柴窑、北宋官窑、哥窑等窑址尚未发现或还没确定等，都还需要新的考古调查、发掘资料去补充、去揭示。也还有许多学术问题需要去探讨、去深入研究。例如，陶器和瓷器出现的时间，新石器时代各文化陶器之间的关系，商周时代原始瓷器的分区分期，汉代釉陶，南北朝时期南方与北方制瓷手工业的关系，唐代长沙窑的彩绘瓷器，青花瓷器在唐代出现后为什么发展缓慢，宋代官窑及官窑概念，传世钧窑瓷器的年代，元代青花瓷器，景德镇明清时期民窑瓷器，瓷器的外销与制瓷技术交流，历代建筑陶瓷，陶瓷手工业的生产组织形式等等问题。同时也要加强对某一区域或某一时段的陶瓷手工业和某一瓷窑的综合研究。研究思路也要有所创新。总之，要做的工作很多，任重而道远。

展望 21 世纪，中国陶瓷文物考古发现与研究必将掀开新的一页，定会取得更大的成绩。

参考文献

一 古代文献

1. ［唐］陆羽《茶经》，［宋］左圭《百川学海》本，武进陶氏涉园景宋刻本，1927 年版。

2. ［宋］赵汝适撰《诸蕃志》，杨博文校释本，中华书局 2000 年版。

3. ［宋］蒋祈《陶记》，白焜校注本，《景德镇陶瓷》总第 10 期，1981 年（《陶记》研究专刊）。

4. ［元］汪大渊撰《岛夷志略》，苏继庼校释本，中华书局 1981 年版。

5. ［明］曹昭撰《格古要论》，文渊阁《四库全书》本，台湾商务印书馆 1986 年版。

6. ［明］宋应星《天工开物》，钟广言注释本，广东人民出版社 1976 年版。

7. ［清］朱琰《陶说》，傅振伦译注本，轻工业出版社 1984 年版。

8. ［清］蓝浦《景德镇陶录》，《中国陶瓷名著汇编》，中国书店 1991 年版。

二 陶瓷窑址考古发掘报告、简报

1. 陕西省考古研究所《陕西铜川耀州窑》，科学出版社

1965 年版。

2. 广东省博物馆《潮州笔架山宋代窑址发掘报告》，文物出版社 1981 年版。

3. 广州市文物管理委员会等《广州西村窑》，香港中文大学中国艺术研究中心 1987 年版。

4. 福建省博物馆《德化窑》，文物出版社 1990 年版。

5. 陕西省考古研究所《唐代黄堡窑址》，文物出版社 1992 年版。

6. 中国社会科学院考古研究所《宁夏灵武窑发掘报告》，中国大百科全书出版社 1995 年版。

7. 长沙窑课题组《长沙窑》，紫禁城出版社 1996 年版。

8. 中国社会科学院考古研究所等《南宋官窑》，中国大百科全书出版社 1996 年版。

9. 陕西省考古研究所《五代黄堡窑址》，文物出版社 1997 年版。

10. 福建省博物馆《漳州窑》，福建人民出版社 1997 年版。

11. 北京大学考古学系等《观台磁州窑址》，文物出版社 1997 年版。

12. 陕西省考古研究所等《宋代耀州窑址》，文物出版社 1998 年版。

13. 香港文化博物馆《香港大埔碗窑青花瓷窑址——发掘及研究》，香港康乐及文化事务署 2000 年版。

14. 慈溪市博物馆《上林湖越窑》，科学出版社 2002 年版。

15. 浙江省文物考古研究所等《寺龙口越窑址》，文物出版社 2002 年版。

16. 北京市文物研究所《北京龙泉务窑发掘报告》，文物出版社 2002 年版。

17. 耀州窑博物馆等《立地坡 · 上店耀州窑址》，三秦出版社 2004 年版。

18. 浙江省文物考古研究所《龙泉东区窑址发掘报告》，文物出版社 2005 年版。

19. 河北省邢台市文物管理处《邢台隋代邢窑》，科学出版社 2006 年版。

20. 重庆市文物考古所《重庆涂山窑》，科学出版社 2006 年版。

21. 江西省文物考古研究所等《景德镇湖田窑址——1988—1999 年考古发掘报告》，文物出版社 2007 年版。

22. 洛阳市文物工作队《洛阳东周王城内的古窑址》，《考古与文物》1983 年第 3 期。

23. 浙江省文物考古研究所《浙江上虞县商代印纹陶窑址发掘简报》，《考古》1987 年第 11 期。

24. 江西省文物工作队《江西鹰潭角山窑址试掘简报》，《华夏考古》1990 年第 1 期。

25. 中国社会科学院考古研究所汉城队《汉长安城窑址发掘简报》，《考古学报》1994 年第 1 期。

26. 山西省考古研究所《垣曲宁家坡陶窑址发掘简报》，《文物》1998 年第 10 期。

27. 江西省文物工作队等《江西吉州窑遗址发掘简报》，《考古》1982 年第 5 期。

28. 山东大学历史系考古专业等《山东枣庄中陈郝瓷窑址》，《考古学报》1989 年第 3 期。

29. 中国社会科学院考古研究所、福建省博物馆建窑考古队《福建建阳县水吉北宋建窑发掘简报》，《考古》1990年第12期。

30. 桂林博物馆《广西桂州窑遗址》，《考古学报》1994年第4期。

31. 中国社会科学院考古研究所、福建省博物馆建窑考古队《福建建阳县水吉建窑遗址1991—1992年度发掘简报》，《考古》1995年第2期。

32. 福建省博物馆《武夷山遇林亭窑址发掘报告》，《福建文博》2000年第2期。

33. 河南省文物考古研究所《宝丰清凉寺汝窑址2000年发掘简报》，《文物》2001年第11期。

34. 杭州市文物考古所《杭州老虎洞南宋窑址》，《文物》2002年第10期。

35. 浙江省文物考古研究所等《慈溪上林湖荷花芯窑址发掘简报》，《文物》2003年第11期。

36. 北京大学中国考古学研究中心等《河南省禹州市神垕镇刘家门钧窑遗址发掘简报》，《文物》2003年第11期。

37. 中国科学技术大学科技史与科技考古系等《安徽繁昌县柯家冲瓷窑遗址发掘简报》，《考古》2006年第4期。

38. 北京大学考古文博学院等《江西景德镇明清御窑遗址发掘简报》，《文物》2007年第5期。

三　古陶瓷研究专著、论文

1. 陈万里《中国青瓷史略》，上海人民出版社1956年版。

2. 江西省轻工业厅陶瓷研究所《景德镇陶瓷史稿》，三联书店1959年版。

3. 中国硅酸盐学会《中国陶瓷史》，文物出版社1982

年版。

4. 轻工业部陶瓷工业科学研究所《中国的瓷器》，轻工业出版社 1983 年版。

5. （日）三上次男著，李锡经等译《陶瓷之路》，文物出版社 1984 年版。

6. 李家治等《中国古代陶瓷科学技术成就》，上海科学技术出版社 1985 年版。

7. 马文宽等《中国古瓷在非洲的发现》，紫禁城出版社 1987 年版。

8. 李国桢等《中国名瓷工艺基础》，上海科学技术出版社 1988 年版。

9. 浙江省轻工业厅《龙泉青瓷研究》，文物出版社 1989 年版。

10. （日）阪井隆夫《遗品に基づく：贸易古陶磁史概要》，京都株式会社京都书院 1989 年版。

11. Ho Chuimei ed. New Light on Chinese Yue and Longquan Wares：Archaeological Ceramics Found in Eastern and Southern Asia, A. D. 800 – 1400, Centre of Asian Studies the University of Hong Kong, 1994.

12. 熊海堂《东亚窑业技术发展与交流史研究》，南京大学出版社 1995 年版。

13. （日）长谷部乐尔等《日本出土の中国陶磁》，《中国の陶磁》第 12 卷，东京平凡社 1995 年版。

14. 李文杰《中国古代制陶工艺研究》，科学出版社 1996 年版。

15. 李家治主编《中国科学技术史・陶瓷卷》，科学出版社 1998 年版。

16. 苌岚《7—14 世纪中日文化交流的考古学研究》，中国社会科学出版社 2001 年版。

17. 彭善国《辽代陶瓷的考古学研究》，吉林大学出版社 2003 年版。

18. Rose Kerr ed. , Ceramic Technology: Science and Civilisation in China, Joseph Needham ed. Vol. 7 Part VII , Cambridge University Press, 2004.

19. 王光尧《中国古代官窑制度》，紫禁城出版社 2004 年版。

20. 叶喆民《中国陶瓷史》，三联书店 2006 年版。

21. （英）唐·纳利著，吴龙清等译《中国白——福建德化瓷》，福建美术出版社 2006 年版。

22. 陈万里《中国瓷器史上存在着的问题》，《文物》1963 年第 1 期。

23. 冯先铭《记志书中一批有待调查的瓷窑》，《文物》1973 年第 5 期。

24. 刘新园《景德镇宋、元芒口瓷器与覆烧工艺初步研究》，《考古》1974 年第 6 期。

25. 任世龙《龙泉青瓷的类型与分期试论》，《中国考古学会第三次年会论文集》（1981），文物出版社 1984 年版。

26. 李德金、蒋忠义《南宋永和镇的考察》，《中国考古学会第七次年会论文集》（1989），文物出版社 1992 年版。

27. 权奎山《试论南方古代名窑中心区域移动》，《考古学集刊》第 11 集，中国大百科全书出版社 1997 年版。

28. 李伯谦《我国南方几何形印纹陶遗存的分区、分期及其有关问题》，《中国青铜文化结构体系研究》，科学出版社 1998 年版。

29. 马文宽《明代瓷器中伊斯兰因素的考察》，《考古学报》1999 年第 4 期。

30. 刘毅《论“窑系”》，《中国古陶瓷研究》第八辑，紫禁城出版社 2002 年版。

31. 秦大树《宋代陶瓷礼器的生产和生产机构》，《文物》2005 年第 5 期。

32. 周仁、李家治《中国历代名窑陶瓷工艺的初步科学总结》，《考古学报》1960 年第 1 期。

33. 李家治《我国瓷器出现时期的研究》，《中国古陶瓷论文集》，文物出版社 1982 年版。

34. 陈尧成、郭演仪、张志刚《历代青花瓷器和青花色料的研究》，《中国古陶瓷论文集》，文物出版社 1982 年版。

35. 郭演仪、王寿英、陈尧成《中国历代南北方青瓷的研究》，《中国古陶瓷论文集》，文物出版社 1982 年版。

36. 李虎侯等《龙泉青瓷中微量元素的活化分析》，《硅酸盐学报》1984 年第 12 卷第 3 期。

四　出土瓷器图录、相关专刊

1. 炎黄艺术馆《景德镇出土元明官窑瓷器》，文物出版社 1999 年版。

2. 杭州市文物考古所《杭州老虎洞窑址瓷器精选》，文物出版社 2002 年版。

3. 内蒙古自治区文物考古研究所《内蒙古集宁路古城遗址出土瓷器》，文物出版社 2004 年版。

4. 碗礁一号水下考古队编著《东海平潭碗礁一号出水瓷器》，科学出版社 2006 年版。

5. 张柏主编《中国出土瓷器全集》，科学出版社 2008 年版。

6. （韩）韩国文化公报部文化财管理局《新安海底遗物》（综合篇），高丽书籍株式会社1988年版。

7. 张威主编《绥中三道岗元代沉船》，科学出版社2001年版。

8. 中国国家博物馆水下考古研究中心等《西沙水下考古（1998—1999）》，科学出版社2006年版。

9. 北京市文物研究所《毛家湾：明代瓷器坑考古发掘报告》，科学出版社2007年版。

后　　记

我在《20世纪中国文物考古发现与研究丛书》开始编写时，就接受了编著其中的《古代陶瓷》一书的任务。由于近几年工作比较繁忙，编著时断时续，进展非常缓慢。去年孟原召同学参加编著工作。编著工作于今年上半年完成。

本书前言、一、五、六、十部分由权奎山撰写，二、三、四、七、八、九部分由孟原召撰写，插图由孟原召制作。完稿后，由权奎山统改、定稿。

本书得以完成，要特别感谢该丛书的执行主编朱启新先生的信任和鼓励，朱先生为本书的编撰工作花了不少的时间和精力。

权奎山

2008年6月

图书在版编目（CIP）数据

古代陶瓷/权奎山，孟原召著．--北京：文物出版社，2008.11（2022.5重印）

（20世纪中国文物考古发现与研究丛书）

ISBN 978-7-5010-2480-3

Ⅰ.古… Ⅱ.①权…②孟… Ⅲ.石刻陶瓷-考古-中国 Ⅳ.K876.34

中国版本图书馆CIP数据核字（2008）第069723号

20世纪中国文物考古发现与研究丛书

古代陶瓷

著　　者　权奎山　孟原召

封面设计　张希广
责任印制　张　丽
责任编辑　陈　峰
出版发行　文物出版社
社　　址　北京市东直门内北小街2号楼
网　　址　http：//www.wenwu.com
邮　　箱　web@wenwu.com
印　　刷　文物出版社印刷厂有限公司
开　　本　850mm×1168mm　1/32
印　　张　9.25
版　　次　2008年11月第1版
印　　次　2022年5月第3次印刷
书　　号　ISBN 978-7-5010-2480-3
定　　价　40.00元